Führe doch Du!

Sven Lüngen · Margarete Volbers

Führe doch Du!

44 Impulse für Deinen Weg zur authentischen Führungskraft

Sven Lüngen
Luengen Managementberatung
Backnang, Deutschland

Margarete Volbers
Volbers | beratung & coaching
Stuttgart, Deutschland

ISBN 978-3-658-42588-3   ISBN 978-3-658-42589-0 (eBook)
https://doi.org/10.1007/978-3-658-42589-0

Die Deutsche Nationalbibliothek verzeichnet diese Publikation in der Deutschen Nationalbibliografie; detaillierte bibliografische Daten sind im Internet über https://portal.dnb.de abrufbar.

© Der/die Herausgeber bzw. der/die Autor(en), exklusiv lizenziert an Springer Fachmedien Wiesbaden GmbH, ein Teil von Springer Nature 2024

Das Werk einschließlich aller seiner Teile ist urheberrechtlich geschützt. Jede Verwertung, die nicht ausdrücklich vom Urheberrechtsgesetz zugelassen ist, bedarf der vorherigen Zustimmung des Verlags. Das gilt insbesondere für Vervielfältigungen, Bearbeitungen, Übersetzungen, Mikroverfilmungen und die Einspeicherung und Verarbeitung in elektronischen Systemen.
Die Wiedergabe von allgemein beschreibenden Bezeichnungen, Marken, Unternehmensnamen etc. in diesem Werk bedeutet nicht, dass diese frei durch jedermann benutzt werden dürfen. Die Berechtigung zur Benutzung unterliegt, auch ohne gesonderten Hinweis hierzu, den Regeln des Markenrechts. Die Rechte des jeweiligen Zeicheninhabers sind zu beachten.
Der Verlag, die Autoren und die Herausgeber gehen davon aus, dass die Angaben und Informationen in diesem Werk zum Zeitpunkt der Veröffentlichung vollständig und korrekt sind. Weder der Verlag noch die Autoren oder die Herausgeber übernehmen, ausdrücklich oder implizit, Gewähr für den Inhalt des Werkes, etwaige Fehler oder Äußerungen. Der Verlag bleibt im Hinblick auf geografische Zuordnungen und Gebietsbezeichnungen in veröffentlichten Karten und Institutionsadressen neutral.

Planung/Lektorat: Ann-Kristin Wiegmann
Springer Gabler ist ein Imprint der eingetragenen Gesellschaft Springer Fachmedien Wiesbaden GmbH und ist ein Teil von Springer Nature.
Die Anschrift der Gesellschaft ist: Abraham-Lincoln-Str. 46, 65189 Wiesbaden, Germany

Wenn Sie dieses Produkt entsorgen, geben Sie das Papier bitte zum Recycling.

Vorwort

Sicher möchten Sie zuallererst wissen, mit wem Sie es zu tun haben. Deshalb stellen wir uns gleich zu Beginn vor: Wir sind Margarete Volbers und Sven Lüngen, Berater und Coaches mit unterschiedlichen Hintergründen, Erfahrungen und Perspektiven. Wir begleiten schon seit Jahrzehnten Menschen, die Führung lernen oder vorhandene Führungskompetenzen ausbauen wollen. Die Qualität der Beziehung, die in diesem Miteinander entsteht, spielt aus unserer Erfahrung für den Erfolg der Beratung oder des Coachings eine wesentliche Rolle. Auch Führung, die sich am Menschen und der Lebendigkeit von Organisation ausrichtet, die authentisch und individuell ist und die eigene Persönlichkeit bestmöglich einbringt, basiert auf tragfähigen Beziehungen!

Unser Anliegen ist es, Sie sechs Wochen in Ihrer täglichen Arbeit als Führungskraft zu begleiten und zu unterstützen. Dafür haben wir anregende Fragestellungen, uns relevant erscheinende Themen, hoffentlich manch ungewöhnlichen Gedanken und wirksame Handlungsimpulse auf den folgenden Seiten zusammengestellt. Wir wollen keinen theoretischen, abgehobenen Diskurs anbieten, sondern uns auch sehr persönlich mit unseren Erfahrungen und Überzeugungen zeigen. All das soll dazu beitragen, dass Sie einen ehrlichen Blick auf sich selbst gewinnen, Verhaltensweisen infrage stellen und an so mancher Stelle vielleicht sogar selbsterkennend schmunzeln können. In einem Buch ist der Aufbau einer Beziehung zwischen Autorin und Leser nur begrenzt möglich, das ist uns klar. Uns ist wichtig, dass unsere Anregungen, Impulse und Fragen Sie ohne Hürde erreichen. Das eher distanzierte „Sie" erscheint uns bei diesem Anliegen wenig hilfreich, sodass wir Ihnen in diesem Buch das „Arbeits-Du" als Anrede anbieten möchten. Wir hoffen sehr, dass Du einverstanden bist!

Ein achtsamer Umgang mit Dir und den anderen Leserinnen und Lesern ist uns wichtig. Um jedoch den Lesefluss nicht zu sehr zu stören, werden wir sowohl geschlechterneutrale Endungen verwenden als auch zwischen den Geschlechtern immer wieder wechseln.

Ebenso wie Deine Führungskraft an Wirkung gewinnt, wenn Du Dir im Führungsalltag treu bleiben kannst und Dich nicht verbiegst oder versuchst, Standards zu bedienen, haben auch wir uns entschieden, Dich in unserem jeweils eigenen (Schreib-)Stil – von Margarete und Sven – zu begleiten und uns zu erkennen zu geben. Die Texte haben somit einen unterschiedlichen Charakter, wie wir im richtigen Leben auch. Was uns eint, ist ein gemeinsames Verständnis von Führung. Aus wessen Feder die jeweiligen Zeilen stammen, erkennst Du am Vornamen am Anfang eines jeden Kapitels.

Margarete teilt mit Dir ihre Gedanken zu den Themen **Identität** (Kapitel/Woche 1), **Lernen** (Kapitel/Woche 3) und **Unterstützen** (Kapitel/Woche 5) und reflektiert diese in den unterschiedlichen Zusammenhängen von Selbst, Team und Organisation. Sven stellt in vergleichbarem Duktus die Themen **Nutzen** (Kapitel/Woche 2), **Erneuern** (Kapitel/Woche 4) und **Orientieren** (Kapitel/Woche 6) dazu. Damit decken wir inhaltlich sicher nicht alles ab, was im Kontext von Führung und Management zu diskutieren ist. Und doch sind wir der Meinung, dass wir Dir mit diesen sechs Kapiteln alle Orientierungspunkte vorstellen, die für eine verantwortungsvolle und auf das Leben ausgerichtete Führung wesentlich sind.

Also, bist Du dabei? Wir würden uns freuen, Dich zu begleiten!

Stuttgart	Deine
Backnang	Sven Lüngen
im Frühjahr 2024	Margarete Volbers

Einleitung

Tag 1

Hallo,
schön, dass Du Dich dem Thema Führung widmen und Dein Führungshandeln hinterfragen möchtest! In Zeiten, in denen immer weniger Menschen bereit sind, Verantwortung in Organisationen und für Teams zu übernehmen,[1] ist es gut, wenn Du in diesem Feld aktiv sein und bleiben möchtest. Denn es ist so, dass wir in zunehmend komplexeren, intransparenteren und dynamischeren Zusammenhängen einen wachsenden Führungs- und Koordinierungsbedarf haben. Wir brauchen in unserer Gesellschaft, in Vereinen oder Unternehmen ebenso wie in Verwaltungen oder anderen Organisationen Menschen wie Dich.

Wir haben eine gute Nachricht für Dich: Führung ist erlernbar. Und es lebt eine beachtliche Zahl von Trainerinnen, Coaches und Beratern davon, Menschen beim Aufbau von Führungskompetenzen zu unterstützen. Es ist noch gar nicht so lange her, dass viele Unternehmen

---

[1] Bosten Consulting Group (2020): Studie „Human Centered Lead," S. 12.

umfangreiche Qualifizierungsprogramme anboten. Es war nicht ungewöhnlich, dass zur Ausbildung junger Führungskräfte vier Blöcke à fünf Tage in luxuriösen Hotels an wunderschönen Orten geplant und teure Consultants für die modernsten Managementinhalte gebucht wurden. Heute scheint dies eher die Ausnahme zu sein: In vielen Unternehmen sind entsprechende Budgets gekürzt, zahlreiche Ausbildungsinhalte wurden zunehmend ins Web verlagert und Menschen mit Führungsverantwortung berichten immer häufiger, dass es ihnen gar nicht möglich sei, fünf Tage ungestört auf einem Seminar zu verbringen.

In unserem Alltag als Berater und Coaches für Führungskräfte bedeutet dies oft eine paradoxe Anforderung. So melden sich immer wieder Personalentwickler von Unternehmen bei uns mit der Bitte, ein Qualifizierungsprogramm zu gestalten, welches maximal zwei Tage dauern darf, aber gleichzeitig Menschen umfassend auf möglichst alle denkbaren und undenkbaren Herausforderungen des Führungsalltags vorbereiten soll. Eine Bitte, die wir nicht erfüllen können und – wenn wir ehrlich sind – auch nicht erfüllen wollen. Wer Führungsverantwortung übernehmen möchte, entscheidet sich damit gleichzeitig auch dafür, kontinuierlich an sich selbst, der eigenen Wahrnehmung und dem persönlichen Verhalten zu arbeiten – nicht nur zwei Tage. Und wir bemühen uns als Berater und Coaches seit Jahren, genau solche fortlaufenden Lernprozesse zu gestalten und zu optimieren. Ein Ergebnis unserer Bemühungen ist dieses Buch. Wir hatten die Idee, Menschen, die nicht in ausführlichen Programmen qualifiziert werden (oder in Ergänzung dazu), Schritt für Schritt durch geeignete Impulse auf einem persönlichen Lernweg zu begleiten.

Für uns bedeutet Führung, sich im Arbeitsalltag immer wieder mit gewohnten Situationen, aber auch neuen und zum Teil unvorhergesehenen Sachverhalten intensiv auseinanderzusetzen, darüber nachzudenken, möglichst von ganzem Herzen getragene Entscheidungen daraus abzuleiten und schlussendlich gemeinsam mit anderen alles Notwendige für eine konsequente Umsetzung zu tun.

Wir bemühen uns also nicht nur darum, einen Beitrag für wirksame, menschliche und gesunde Führung in unserer Gesellschaft zu leisten, sondern möchten Dich ganz persönlich auf Deinem Weg unterstützen. Wir laden Dich auf den kommenden Seiten ein, Dich in den nächsten

Tagen von uns begleiten und Dich in Deiner individuellen Führungskraft stärken zu lassen. Dafür stellen wir Dir unser Führungswissen aus eigener Managementerfahrung, unsere Expertise aus unserem Beratungs- und Coachingalltag sowie unsere Erkenntnisse aus unseren eigenen Bemühungen einer erfolgreichen Selbstführung in 44 unterstützenden Impulsen geballt zur Verfügung. Aufbauend auf einer bewährten konzeptionellen Grundlage[2] sind diese Impulse auf sechs thematisch geordnete Wochen verteilt. Wir werden Dir dabei nicht wie in manchem Qualifizierungsprogramm konkrete Antworten und Musterlösungen für spezifische Führungsfragen liefern – ganz im Gegenteil. Wenn wir unsere Idee gut umgesetzt haben, werden Dir unsere Fragen, Impulse und Vorschläge zu eigenen Antworten verhelfen. Wir glauben nicht an Patentrezepte und kennen keine „funktionierenden" Verhaltensregeln, die immer zum gewünschten Ergebnis verhelfen. Wir sind eher davon überzeugt, dass gelingende Führung vom Kontext, von der konkreten Situation und auch von der Beziehung zwischen Führendem und Geführtem abhängen. Und wer sollte diese Aspekte besser abschätzen können als Du selbst? Deshalb bieten wir Dir Tag für Tag Handlungs- und Denkanstöße an und laden Dich ein, diese in Deinem ganz individuellen Kontext, Deiner jeweiligen Situation und Deinen bestehenden Beziehungen zu durchdenken und umzusetzen.

Jede Woche wird durch einen visuellen Impuls unseres Freundes Jo Herrmann ergänzt. Seinen, für uns ausdrucksstarken Schwarz-Weiß-Fotografien haben wir wesentliche Führungsgedanken hinzugestellt. Wir hoffen, dass damit innere Bilder entstehen, die Dich im Alltag begleiten und die Du aktiv nutzen kannst. Vielleicht ist das eine oder andere Bild genau das richtige, um ein Thema mit Deinen Mitarbeitenden aufzugreifen oder einen Vortrag einzuleiten (Du findest entsprechendes Material kostenlos auf www.fuehredochdu.de).

Abgeschlossen wird jede Woche mit einem Tag Pause, bevor Du in der neuen Woche mit einem neuen Themenblock startest. Und diese Pause liegt uns auch deshalb sehr am Herzen, weil kleine Auszeiten besonders im Führungsalltag so wichtig sind: Sie sind die Momente, um

---

[2] Sven Lüngen, Joerg Schneider (2018): ManagementMaster.

durchzuatmen, Abstand zu gewinnen, neue Kraft zu tanken und Gedanken zu sortieren. Sie sind die Voraussetzung, sich nicht im Hamsterrad zu verlieren, sondern immer wieder auch die Richtung des eigenen Handelns im Blick zu behalten. Und eines ist uns inzwischen ganz klar: Wenn diese Ruhemomente nicht aktiv eingeplant werden, wird es sie nicht geben. Ganz in diesem Sinne bitten wir Dich, die Wochenpausen ernst zu nehmen und für Dich zu prüfen, ob Du in der nächsten Woche tatsächlich mit uns weitermachen möchtest.

Wir wünschen uns natürlich, dass Du wie bei einem Workout „dranbleibst". Wahrscheinlich wird jeder Tag, den Du mit uns am Thema Führung arbeitest, etwas verändern. Doch wirklich nachhaltig wirst Du Dein Verhalten erst neu ausrichten können, wenn es Dir gelingt, neue Routinen und Automatismen aufzubauen. Genauso wie ein Tag Krafttraining noch nicht zu sportlicher Fitness führt, kann der beste Ratgeber nach einer Stunde Lektüre nichts tiefgreifend verändern. Einiges, was Du von uns erfahren wirst, hast Du vielleicht auch schon einmal gehört oder gelesen. Doch Wissen alleine ist nicht einmal die halbe Miete. Wir möchten Dir Gedanken und Impulse für den Alltag anbieten, die für Dich einen wirklichen Unterschied machen und Dich im Idealfall erfolgreich anregen, Dich neu auszuprobieren. Lass' Dich darauf ein und Du wirst sehen – nach sechs Wochen führst Du anders!

Damit das gut gelingt und Du die nächste Zeit erfolgreich für Dich und Deine Entwicklung nutzen kannst, schlagen wir Dir vor, ein Notizbuch als Ergänzung zu unseren Impulsen zu nutzen. Wir werden Dich jeden Tag in ein Führungsthema mitnehmen und Dich zum Nachdenken anregen – ob mit Reflexionsfragen oder mit Vorschlägen für Gespräche mit Kolleginnen, Freunden, Vorgesetzten oder anderen Menschen. Mache Dir dazu Notizen, schreibe Deine Antworten auf und halte Deine Gedanken und Ideen fest. Wir sind uns sicher, dass Dir dies helfen wird, Dich noch klarer zu positionieren und Erkenntnisse besser im Gedächtnis zu behalten.

Die 44 Impulse werden Dir auch helfen, Dein Verhalten noch klarer auszurichten: Wie möchtest Du führen? Was entspricht Dir und Deiner individuellen Persönlichkeit? Andere nachzuahmen oder Wissen einfach „abzuarbeiten", wirkt erfahrungsgemäß auf die meisten Menschen wenig authentisch und überzeugend. Nutze also unsere Begleitung, um Schritt für Schritt Deinen persönlichen Stil zu finden oder weiter auszugestalten. Am Ende eines jeden Impulses findest Du drei „Handlungs- und Denkanstöße", aus denen Du bitte einen auswählst – am besten geeignet ist derjenige, der zu Dir und Deiner Situation passt und den Du gerne umsetzen möchtest.

Führe Dich selbst und lasse Dich weniger von anderen oder den äußeren Umständen leiten. Nach unserer Überzeugung siehst Du Deine wichtigste Führungskraft, wenn Du in den Spiegel schaust! Also: *Führe doch Du!* Und eine selbstbestimmte, authentische und am eigenen Herzen ausgerichtete Selbstführung ist die beste Grundlage für eine gelingende Führung von Menschen und Organisationen.

Alles, was festen Rhythmen folgt, hilft Dir, „am Ball zu bleiben". Deshalb empfehlen wir Dir, am besten aus dem Lesen der Impulse eine feste Verabredung zu machen. Ganz gleich wann, ob morgens in der S-Bahn auf dem Weg zur Arbeit, am Abend bei einem Glas Rotwein oder in der Mittagspause – entscheide Du, wann und wo Du unsere Impulse am besten aufnehmen kannst, nach Möglichkeit immer zur selben Zeit.

Im Coaching würden wir jetzt mit Dir einen möglichst verbindlichen Kontrakt schließen. Dies kann uns hier nur im übertragenen Sinne gelingen: Wir gehen davon aus, dass, wenn Du nun weiterliest, das Lesen der Impulse ein festes Date in Deinem Kalender ist – Pausentage ausgenommen!

Schön, dass Du dabei bist. Wir freuen uns auf die gemeinsame Zeit mit Dir! Und wenn Du Bedarf hast, stehen wir Dir für einzelne Fragen tatsächlich per E-Mail zur Verfügung (info@volbers-beratung.de; sven.luengen@luengen.de). Wir wünschen Dir einen guten Start, viel Freude beim Lesen und spannende Erkenntnisse über Dich und Dein individuelles Führungsverhalten.

Handlungs- und Denkanstöße

So kannst Du heute den Impuls in Deinem Führungsalltag umsetzen

1. Besorge Dir bitte ein stabiles und robustes Notizbuch, welches Du ausschließlich für Dein Sechs-Wochen-Programm nutzen wirst.
2. Bitte mache Dir Gedanken, zu welcher Tageszeit Du am besten zum Lesen und Reflektieren der Führungsimpulse kommst und plane diese „Verabredung" möglichst konsequent in den nächsten Wochen ein. Vielleicht kannst Du diese Termine in Deinem digitalen Kalender hinterlegen?
3. Entscheide, ob Du jetzt gut mit dem Programm starten und dieses auch konsequent durchhalten kannst, oder ob es in ein paar Wochen einen besseren Einstiegszeitpunkt gäbe.

Inhaltsverzeichnis

Willst Du gefallen oder bist Du Dir treu? – Woche 1 (Margarete) ... 1
Tag 2 ... 1
  Was macht Dich aus? ... 1
  Identität – das Zusammenspiel von außen und innen ... 2
  Fange bei Dir an ... 5
  Handlungs- und Denkanstöße ... 6
Tag 3 ... 7
  Du und Ich ... 7
  Feedback – Einstieg in ein offenes und vertrauensvolles Miteinander ... 7
  Vier Schritte für ein konstruktives Feedback ... 9
  Handlungs- und Denkanstöße ... 12
Tag 4 ... 13
  Wie mit Feedback umgehen? ... 13
  Identität des Teams – oder: Wer sind wir? ... 13
  Handlungs- und Denkanstöße ... 18

Tag 5	19
Von der Teamebene zur Unternehmensebene	19
Was macht die Identität eines Unternehmens aus?	19
Auch Du prägst die Identität Deines Unternehmens	23
Handlungs- und Denkanstöße	24
Tag 6	25
Auch Passung unterliegt der Veränderung	25
Wenn die Passung stimmt	25
Mut zum Wechsel – wenn die Passung nicht mehr stimmt	26
Zeit für Dich	27
Handlungs- und Denkanstöße	29
Tag 7 – Fotoimpuls	30
Tag 8 – Dein Pausentag	31
Bist Du noch beschäftigt oder stiftest Du schon Nutzen? – Woche 2 (Sven)	**33**
Tag 9	33
Stunden voller Beschäftigung	33
Dein Handeln konsequent am Nutzen ausrichten	35
Suche nach dem Nutzen, den Du bereits jetzt stiftest	36
Handlungs- und Denkanstöße	37
Tag 10	38
Drei „Nutzensätze"	38
Was würden Unsere Kunden sagen?	38
Kundennutzen auf allen Ebenen	40
Mein Beitrag für den Kunden	42
Handlungs- und Denkanstöße	44
Tag 11	45
Kundenperspektive	45
Relativität von Nutzen und Zeit	45
Nutzen als Verhandlungsargument oder ehrliches Versprechen	49
Handlungs- und Denkanstöße	51
Tag 12	52
Realitätscheck Ehrlichkeit	52
Kampf um die Wahrheit	52
Erst durch Neugierde wird Vielfalt zur Chance	54

Bleibe Deinen Interessen treu	55
Handlungs- und Denkanstöße	57
Tag 13	58
Kampfbeobachterin	58
Dienen bedeutet nicht opfern	59
Verantwortung	60
Eigennutzen	63
Handlungs- und Denkanstöße	63
Tag 14	64
Tag 15 – Dein Pausentag	65

Arbeitest Du nach Norm oder lernst Du dazu? – Woche 3 (Margarete) 67

Tag 16	67
Wie lernen Organisationen?	67
Wie funktioniert Lernen?	69
Was passiert eigentlich in unserem Gehirn, wenn wir lernen?	71
Was muss passieren, damit wir etwas verändern?	73
Handlungs- und Denkanstöße	76
Tag 17	77
Was beflügelt das Lernen?	77
Vertrauen ist der Schlüssel – wie kann es gelingen?	79
Zuhören – mehr als „nicht sprechen"	81
Gemeinsam lernen	83
Handlungs- und Denkanstöße	84
Tag 18	85
Mich zumuten? Aber sicher!	85
Jeder Widerstand ist eine kostenlose Beratung	87
Handlungs- und Denkanstöße	91
Tag 19	92
Gemeinsames Lernen will geplant sein	92
Am Netzwerk des Lernens bauen	94
Von der Arbeit im Silo zur „Netzwerkdenke"	96
Bist Du schon vernetzt?	97
Handlungs- und Denkanstöße	98

Tag 20	99
Zelebrierst Du schon oder arbeitest Du noch?	99
Fehler – ein großes Lernpotenzial	101
Handlungs- und Denkanstöße	105
Tag 21 – Fotoimpuls	106
Tag 22 – Dein Pausentag	107

Hältst Du Bestehendes fest oder gestaltest Du Zukunft? – Woche 4 (Sven)

	109
Tag 23	109
Was tun, wenn lernen nicht reicht?	109
Mit Megatrends Veränderungsbedarfe erkennen	111
Wahrnehmungshilfen	113
Gesprächshilfen	115
Handlungs- und Denkanstöße	116
Tag 24	117
Siehst Du jetzt klarer?	117
Paradoxie	118
Sich auf etwas Neues einlassen	119
Bestehendes loslassen	121
Handlungs- und Denkanstöße	123
Tag 25	124
Hast Du eine „Rechenmaschine" bei Dir entdeckt?	124
Proaktivität als Chance zur Mitgestaltung	124
Und noch eine Paradoxie	126
Ehrliche Sicherheiten	127
Handlungs- und Denkanstöße	129
Tag 26	130
Wenn Menschen Orientierung benötigen, braucht es Aufrichtigkeit	130
Passung	131
Werte zählen	133
In den Dienst stellen können	135
Handlungs- und Denkanstöße	136

Tag 27	137
Arbeitsheimat	137
Kairos	137
Geduld	138
Sich auf Gegenwind einstellen	140
Handlungs- und Denkanstöße	142
Tag 28 – Fotoimpuls	143
Tag 29 – Dein Pausentag	144

Machst Du alles selbst oder sorgst Du für Unterstützung? – Woche 5 (Margarete) — 145

Tag 30	145
Was heißt denn Unterstützung?	145
Ohne Loslassen geht's nicht	148
Handlungs- und Denkanstöße	151
Tag 31	152
Wie Geben und Annehmen gelingt	152
Dienen – häufig verkannt	153
Zum Annehmen gehört die Dankbarkeit	155
Handlungs- und Denkanstöße	158
Tag 32	159
Einsatz von Ressourcen – zwischen Verschwendung und Kaputtsparen	159
Gemeinsam das rechte Maß ausloten	161
Handlungs- und Denkanstöße	163
Tag 33	164
Weiß Dein Gegenüber, was Du willst?	164
Forderst Du noch oder bittest Du schon?	165
Anerkennung ist gesundheitsfördernd	167
Handlungs- und Denkanstöße	170
Tag 34	171
Unterstützung für Dich – wie geht das?	171
Was nährt Dich?	173
Zeit – nur für Dich	174
Führung fängt bei Dir an	177
Handlungs- und Denkanstöße	178

Tag 35 – Fotoimpuls	179
Tag 36 – Dein Pausentag	180

Willst Du alles schaffen oder schaffst Du Orientierung? – Woche 6 (Sven) 181

Tag 37	181
Wo sollte ich Zeit, Aufmerksamkeit und andere Ressourcen investieren?	181
Was mache ich den ganzen Tag?	183
Was sollte ich eigentlich den ganzen Tag tun?	184
Aspekte unter die Lupe nehmen	187
Handlungs- und Denkanstöße	189
Tag 38	190
Fehlende oder unklare Prioritäten	190
Lethargie	191
Wenn der nächste Dominostein nicht umfällt	192
Die Perspektive umdrehen	194
Handlungs- und Denkanstöße	195
Tag 39	196
Perfektionismus	196
Pragmatismus	197
Neben dem „Ob?" auch das „Wie?"	199
Nichtstun	200
Handlungs- und Denkanstöße	202
Tag 40	203
Ohne einen persönlichen Maßstab geht es nicht	203
Persönlicher Kompass	204
Kraft nach außen	207
Spannungsfelder	208
Handlungs- und Denkanstöße	209
Tag 41	210
Herz über Kopf	210
KI und Chatbot	212
Orientierung als Prüfstein	213
Eine zweite Jokerfrage	215
Handlungs- und Denkanstöße	216

Tag 42 – Fotoimpuls 217
Tag 43 – Dein Pausentag 218

Nachwort – Tag 44 219

Dank 221

Übersicht Handlungs- und Denkanstöße 223

Literatur- und Werkverzeichnis 235

Über uns.

Sven Lüngen (www.luengen.de; sven.luengen@luengen.de) ist Experte für systemisches Management. Als Impulsgeber berät er mittelständische Unternehmen und Organisationen. Der gelernte Sozialpädagoge und Betriebswirt weiß, dass es nicht reicht, lediglich das Gute zu wollen. In einer immer komplexeren Welt sind systemisches Managementwissen und -können gefordert. Er verfügt über mehr als zehn Jahre Erfahrung als Geschäftsführer und ist überzeugt: Klares Denken über die Aufgaben und Funktionen des Managements sind unverzichtbare Voraussetzung dafür, das Gute auch zu erreichen. Sven Lüngen lebt und arbeitet in Backnang, ist verheiratet und hat drei Kinder. Er ist Mitautor des ManagementMaster, der 2018 erschienen ist.

Margarete Volbers (www.volbers-beratung.de; info@volbers-beratung.de) ist seit 2000 als Beraterin und Coach selbstständig. Ausbildungen zum Berater und Coach sind die Grundlage ihres Tuns, das von konstruktivistischer und systemischer Denkweise geprägt ist. Seit über 20 Jahren begleitet und unterstützt sie Organisationen, Teams und Führungskräfte bei persönlichen und beruflichen Veränderungsprozessen. Die Menschen im beruflichen Alltag zu begleiten und in der Hektik und Dynamik des

Alltags gangbare und stimmige Wege zu gestalten, ist ihr Fokus. Mehrere intensive Auslandsaufenthalte haben zu ihrem großen Interesse an Menschen in anderen kulturellen und professionellen Kontexten beigetragen. Margarete Volbers ist verheiratet, hat zwei Kinder und lebt in Stuttgart.

Jo Herrmann (www.jo-herrmann.com; mauherr1@gmail.com) ist Künstler und Manager. In seiner Fotografie versucht er, das Menschliche in seine Werke einzubringen – im Führungsalltag als Geschäftsführer, das Menschliche zu erhalten. Die Schönheit seiner Bilder entsteht in der Bearbeitung durch Reduktion auf das Wesentliche und in der Konfrontation mit dem Imperfekten und Brüchigen. Aufgrund seiner jahrzehntelangen Erfahrung in internationalen Unternehmen weiß er, dass sich wirklich wirksame Führungskräfte genau hier beweisen müssen: im Umgang mit Imperfektem und Unvorhergesehenem und dem Fokus auf das Entscheidende. Jo Herrmann ist verheiratet und hat eine erwachsene Tochter. Er lebt in Esslingen und arbeitet in der Schweiz.

Willst Du gefallen oder bist Du Dir treu? – Woche 1 (Margarete)

Tag 2

Was macht Dich aus?

Heute machst Du einen Anfang. Du hast diesen Zeitpunkt selbst gewählt und Dich entschieden, Dir und Deinem Tun Zeit zu widmen, Zeit um hinzuschauen. Zeit in Deinem ohnehin gefüllten Arbeitstag. Ich möchte Dich dazu beglückwünschen, im wahrsten Sinne des Wortes, möchte ich Dir Glück wünschen in dieser Zeit. Glück, das sich äußert in Erkenntnissen, die Dich beschenken, in Sichtweisen, die Dich inspirieren, in Verhaltensweisen, die Du ausprobierst oder darin, dass Du mit Freude ganz neue Facetten von Dir entdeckst.

Über viele Jahre durfte ich Menschen begleiten, die oftmals vom einen Tag auf den anderen „gezwungen" waren, sich beruflich neu zu orientieren. Und für jeden Menschen, den ich begleiten durfte, bin ich dankbar. Ich durfte erleben, wie Menschen, die eine erfolgreiche Karriere gelebt hatten, plötzlich und unerwartet die Gelegenheit bekamen, die Zeit anzuhalten. Stehen zu bleiben und zu schauen, wo sie jetzt in ihrem Leben stehen – in all seinen Facetten. Ein wesentlicher Schritt in diesem Beratungsprozess ist, zu schauen, was der Mensch an Fähigkeiten, Kompetenzen, Talenten, Eigenschaften und Erfahrungen mitbringt. Nicht wenige konnten auf die Frage: *„Was können Sie denn besonders gut?"* und *„Was machen Sie gern?"* zunächst gar nicht antworten.

Mit welchen Talenten bin ich gesegnet? Welche davon habe ich schon entfalten können und zum Nutzen anderer einbringen können? Was macht mich als Mensch aus und welche Eigenschaften und Verhaltensweisen schätzen die Menschen, mit denen ich zusammenarbeite, besonders? Was sind meine Grundüberzeugungen und was gibt mir Orientierung bei meiner Arbeit? Es sind Fragen wie diese, deren Antworten ein Bild unserer Identität entstehen lassen. Ich möchte Dich einladen, heute einen Blick auf Deine Identität zu werfen. Damit Du Dich, dort, wo Du jetzt als Führungspersönlichkeit stehst, in einem neuen und vielleicht auch anderen Licht sehen kannst.

Die Suche nach Antworten fällt vielen schwer, und doch ist die Auseinandersetzung mit diesen Fragestellungen hilfreich, wenn nicht notwendig, um den für Dich richtigen Platz im (Arbeits-)Leben zu finden und letztlich auch, um wirksam zu sein.

Identität – das Zusammenspiel von außen und innen

Aus psychologischer Sicht bezeichnet Identität das Bedeutungsnetz, in dem ein Mensch erfasst wird. Mithilfe dieses Bedeutungsnetzes können wir uns individuell sozial verorten. Wer bin ich im subjektiven Innen und wie passt dies zum gesellschaftlichen Außen? Erst durch die Auseinandersetzung mit der eigenen Identität wird eine Selbstverortung möglich. Identität bedient unsere Bedürfnisse nach Anerkennung und Zugehörigkeit. Dabei ist Identität nicht in Stein gemeißelt, sondern in Bewegung. Je nachdem in welchem Kontext ich mich bewege, hat das Umfeld eine Wirkung auf meine Identität. Und es gilt immer wieder zu schauen: Wie passt das, was ich im Innen erlebe zu dem Außen, in dem ich mich bewege? Diese Passung ist für Deine persönliche Zufriedenheit und nicht zuletzt auch für Deine Entwicklung von Bedeutung: in einer Partnerschaft, als Mitglied einer Familie, sei es als Vater oder Mutter, Tochter oder Sohn, Schwester oder Bruder, als Mitglied in einem Verein oder einer anderen Gruppierung genauso wie in Deiner Aufgabe als Führungskraft.

Wie soll ich denn meine Identität beschreiben? Das ist ja ein Fass ohne Boden, magst Du vielleicht denken. Wir wollen an dieser Stelle den Fokus auf drei Bereiche richten, die in Deinem beruflichen Kontext aus unserer Sicht von Bedeutung sind: Was Du glaubst, was Du hast und was Du tust.

Beginnen wir mit dem, was Du glaubst: Wir alle haben Glaubenssätze in uns, die Auswirkungen auf unser Tun haben. *„Ich schaffe alles!"* oder *„Mir macht keiner was vor."* oder *„Was die anderen denken ist wichtig"*. Diese Glaubenssätze sind oftmals schon früh angelegt und steuern uns aus dem Unterbewussten. Wir alle agieren auf Basis von mehr oder weniger reflektierten Überzeugungen und Glaubenssätzen. Vielleicht möchtest Du einen Moment überlegen:

> **Frage**
> Was sind eigentlich meine Glaubenssätze (im beruflichen Tun)?

Bei dem Aspekt „Was Du hast", geht es um all das, was Du Dir im Laufe Deines beruflichen Weges angeeignet hast: um Deine Erfahrungen, um Deine Kompetenzen, um die Techniken und Methoden, die Du erlernt hast und mit denen Du vielfache Erfahrungen gesammelt hast. Es geht auch um Branchenkenntnisse und Produkterfahrungen. Dieser Aspekt des Habens ist zu verstehen als das, was Du nicht in Händen halten kannst, sondern in Dir trägst, als wertvolles Gut, das Du wirksam einsetzen kannst. Die Führungserfahrung und die Erfahrung im Umgang mit Veränderungsprozessen im Unternehmen gehören ebenso dazu wie das erworbene Gespür für die Veränderungen des Marktes, die Du durch Beobachtung und womöglich eigene Mitgestaltung erworben hast. Es ist die Summe all dessen, was durch die Verbindung von Wahrnehmung, Kompetenz und Aktivität „Dein" geworden ist. Zu diesem Aspekt des Habens gehören auch die Beziehungen, die Du zu Menschen hast. Das können Menschen im Privaten sein, die Dir viel bedeuten und Dir nahestehen, wie Dein Partner, Deine Familie oder Freunde. Ebenso sind Netzwerkpartnerinnen, Lieferanten und Kundinnen im Beruflichen ein Teil davon. Dazu stellt sich das Haben, das in Hab und Gut greifbar ist. Dazu gehören Dein Auto, Dein Musikinstrument, Deine Kapitalanlage und all die Dinge, die Du noch besitzt. Diese Güter tragen zu Deiner Identität bei und bestimmen sie in dem Maß wie Du ihnen Bedeutung beimisst. Es gibt Menschen, die sich mit ihrem Auto identifizieren und solche, die das nicht tun. Im Beruflichen können Werkzeuge, Geräte, oder eine Immobilie, die Du zur Ausübung deiner Tätigkeit nutzt, zum Haben gehören. Es kann die Augen öffnen, wenn wir einmal zusammenstellen, was wir alles „haben"!

> **Fragen**
> Was sind Deine kostbarsten beruflichen Erfahrungen? Wie gelingt es Dir, mit diesem Erfahrungsschatz in Deinem beruflichen Umfeld Nutzen zu stiften? Welches Hab und Gut ist für Dich identitätsstiftend?

Wir tun täglich vieles. Und doch wird erst dadurch, dass wir etwas tun, das Zusammenwirken von Glauben und Haben sichtbar. Mit dem Aspekt „Was Du tust" ist alles gemeint, was wir unter Verhalten zusammenfassen können. Was ist es, was Du tust, mit dem Du spürbar etwas bewirkst? Mit welchen Tätigkeiten stiftest Du einen erkennbaren Nutzen? Mit welchen Eigenschaften gelingt es Dir, erfolgreich Themen voranzutreiben, Entscheidungen herbeizuführen, kurzum: wirksam zu werden? Das Tun kann sich in einem geführten Gespräch genauso äußern, wie in dem Überreichen eines Geschenkes oder dem Schreiben eines Antrags. Auch das Joggen durch den Wald, das Verkünden einer Entscheidung oder das Schreiben einer E-Mail gehören dazu. Wann immer Du einen Schritt aus Deinem Inneren ins Außen machst und mit der Welt in Kontakt kommst, sprechen wir vom „Tun".

Wie spielen diese drei Bereiche Glauben, Haben und Tun nun zusammen? Eine „stimmige" Identität wird erst dann erkennbar, wenn diese Bereiche zueinanderpassen. Wenn der Geschäftsführer eines karitativen Vereins, der beteuert, alle Mittel dem karitativen Zweck zur Verfügung zu stellen, eine Luxuslimousine als Dienstwagen führe, würde er schnell seine Glaubwürdigkeit verlieren. Ebenso würde sich eine Beratung unglaubwürdig machen, die sich die Professionalisierung von Trennungskultur in Unternehmen auf die Fahne schreibt und das Arbeitsverhältnis mit eigenen Mitarbeitenden wenig wertschätzend vollzieht. Die Passung dieser drei Bereiche führt letztendlich zu einer stimmigen Identität. Und doch wissen wir, auch von uns selbst, dass wir nicht immer nach unseren Glaubenssätzen handeln. Wenn wir davon überzeugt sind, dass es ökologisch sinnvoll und notwendig ist, die Produkte aus der Region zu erwerben und dann doch aus Zeitmangel in den nahegelegenen Discounter gehen und die Kohlrabi aus Italien kaufen, handeln wir gegen unsere Glaubenssätze und Überzeugungen. Es ist nicht immer leicht oder einfach, diese selbstgegebenen Überzeugungen umzusetzen. Und doch sind wir der Überzeugung, dass es guttut, sich dieser Aspekte der Identität bewusst zu sein und den Versuch der Balance zu unternehmen.

Fange bei Dir an

In den Handlungs- und Denkanstößen lade ich Dich ein, Dir heute Zeit zu nehmen, zusammenzustellen, was Du besonders gut kannst. Du wirst sehen, dass es sehr wichtig ist, klar und bewusst benennen zu können, was Du kannst. Führungskräfte in meinen Beratungen bitte ich immer, Situationen zu sammeln, die sie im Berufsleben erfolgreich gemeistert haben. Die Herausforderungen, die uns gut gelungen sind, sind im Gedächtnis und rufen das gute Gefühl der Stimmigkeit wach: *„Hier bin ich am richtigen Platz."* Wenn Du einmal aus drei Erfolgsgeschichten diejenigen Eigenschaften herausfilterst, die Du eingesetzt hast, um eine schwierige Situation zum Erfolg zu führen, wirst Du schnell feststellen, dass sich einige Eigenschaften wiederholen: Das sind Deine persönlichen Erfolgsfaktoren!

Am häufigsten höre ich allerdings den Satz: *„Aber das ist doch selbstverständlich, das war doch mein Job!"* Ja, es ist der Job einer Führungskraft im Einzelhandel, die ich kennenlernen durfte, die Ware so zu präsentieren, dass die Kunden sich angesprochen fühlen. Und doch zeugt die Art und Weise wie sie es macht, von einem extrem hohen Maß an Kreativität und einem sehr stark ausgeprägten Gespür für die Zielkundschaft. Dass durch eine außergewöhnlich wertschätzende Ansprache der Kundinnen die Anzahl der Stammkunden extrem hoch ist und sie damit zu außergewöhnlichen Umsätzen beiträgt, überrascht nicht. Hier werden langjährige Erfahrung in der Branche, ein sehr feines Gespür für Menschen, Begeisterung für den Verkauf und vor allem viel persönliches Engagement und Freude am Tun eingebracht. All dies ist nicht selbstverständlich! Der betriebswirtschaftliche Erfolg lässt sich in Zahlen ablesen, das Wissen und Erleben, am richtigen Platz zu sein, ist spürbar, weil die Führungskraft große Zufriedenheit ausstrahlt. Du wirst es kaum glauben, doch auch diese Führungskraft sagt mit großer Überzeugung: *„Aber das ist doch mein Job!"*

Du hast Dich aus gutem Grund für die Position entschieden, die Du zurzeit innehältst. Was hat Dich damals motiviert, diese Position anzunehmen? Ich bin sicher, es gab sehr gute Gründe. Wenn Du heute ehrlich schaust, wohin Du Dich entwickelt hast und wohin sich die Position entwickelt hat, passt Ihr beide dann noch zusammen oder mangelt es lediglich an Alternativen? Um die eigenen Fähigkeiten und Stärken zu wissen, hilft uns, immer wieder überprüfen zu können, ob wir dort, wo wir sind, am richtigen Platz sind. Und vergiss nicht: Deine Kompetenzen und vor allem Erfahrungen erweitern sich ständig und damit verändert sich auch Deine Identität!

Mir ist bewusst, dass diese Fragen Dein derzeitiges Tun infrage stellen. Ich kann Dir jedoch nur empfehlen, Dich damit zu beschäftigen, denn ich bin fest überzeugt, dass nur in der bewusst getroffenen Entscheidung für den beruflichen Wirkungsort, die stets überprüft wird, eine solide Basis für eine berufliche Aufgabe liegt, die Dich nicht nur kurzfristig glücklich, sondern längerfristig zufrieden macht.

Handlungs- und Denkanstöße

So kannst Du heute den Impuls in Deinem Führungsalltag umsetzen

1. Was kannst Du besonders gut? Welche Teile Deiner Identität (Glauben, Haben, Tun) kannst Du an Deinem derzeitigen beruflichen Platz leben?
2. Welche Eigenschaften haben Dir dabei geholfen, Erfolge zu erzielen – ob beruflich oder in anderen Bereichen? Leite aus Deinen Beiträgen zu Erfolgen Deine persönlichen Erfolgsfaktoren ab.
3. Was sind die wesentlichen Veränderungen, die Du bei Deiner Position und in Deinem Umfeld wahrnimmst, seit Du die Stelle angetreten hast? Wie hoch ist heute die Passung?

Tag 3

Du und Ich

Wie ist es Dir beim Sammeln von Kompetenzen, Erfahrungen, Wissen und Erfolgen ergangen? Ich bin sicher, Du bist fündig geworden. Ich hoffe, dass ein paar Dinge dabei waren, die Dich Energie und Kraft schöpfen lassen in Deinem Tun. Vielleicht war auch einiges dabei, was Du schon länger nicht mehr getan hast und das Dir doch am Herzen liegt.

Warst Du erstaunt, dass die Liste der Erfolgsfaktoren gar nicht so lang war? Die Eigenschaften, die wir als selbstverständlich ansehen und deshalb gar nicht im Blick haben, liegen oftmals für die Menschen, die täglich mit uns zu tun haben, klar auf der Hand. Manchmal bringt es uns daher nicht wirklich weiter, wenn wir allein über uns selbst nachdenken. Wir brauchen Rückmeldungen von anderen, die uns einen neuen Blick ermöglichen, eine andere Perspektive geben und damit unseren eigenen Horizont erweitern und unsere Liste verlängern.

Feedback – Einstieg in ein offenes und vertrauensvolles Miteinander

Bist Du gerne Führungskraft? Diese Frage solltest Du aus vollem Herzen mit „Ja" beantworten können, sonst wird Dein Alltag schnell zur Tretmühle. Eine entscheidende Voraussetzung, um eine wirklich gute Führungskraft zu sein, nimmt aus unserer Sicht die folgende Aussage in den Blick:

> Man muss Menschen mögen!

Das mag trivial klingen und doch entsteht bei uns immer wieder der Eindruck, dass so manche Führungskraft zwar gerne die fachliche Verantwortung übernimmt, aber nicht wirklich in der Verantwortung für die Menschen aufgeht. Ich erinnere mich gut an ein Gespräch mit der Leitung eines Pflegebereiches, die mir nach nur einem halben Jahr in ihrer neuen Aufgabe gestand: *„Wissen Sie, ich mache meinen Beruf wirklich gerne und bin unterstützend und pflegend für die Patienten da, aber die tägliche Auseinandersetzung mit dem Team ist nicht wirklich mein Ding und strengt mich über die Maßen an."* Eine solche Situation ist belastend. Für die Führungskraft selbst, weil sie täglich einer Aufgabe nachgehen muss, die ihr nicht entspricht, und sie für das, was ihr wirklich am Herzen liegt, keine Zeit findet. Für das Team, weil es nicht die Unterstützung und Aufmerksamkeit bekommt, die ihm zusteht und die es völlig zurecht einfordert. Und für die Organisation, die einen Bereich mittragen muss, der nicht „lebendig" und vital seinen Nutzen im Rahmen der Gesamtorganisation stiftet. Das ganze Konstrukt beginnt zu „hinken".

Führung besteht zum größten Teil darin, Beziehung zu Menschen zu gestalten. In meiner Haltung als Führungskraft sollte die Freude, sich Menschen zuzuwenden, verankert sein. In diesem Zusammenhang von Zuneigung zu sprechen, würde wahrscheinlich missverstanden, das englische Wort *affection* trifft es aus unserer Sicht besser: dem Menschen zugewandt sein, offen für das Leben des anderen sein, ein aufrichtiges Interesse an den Talenten, Fähigkeiten, Kompetenzen und Erfahrungen haben und sich an der Entwicklung der Mitarbeitenden mitfreuen können – aus ganzem Herzen!

Aus dieser Haltung kann ein tragfähiges Miteinander entstehen. Aber: Wie kann das gelingen?

Wir sind der Überzeugung, dass Feedback eine sehr kraftvolle Möglichkeit ist, die Beziehung zwischen Menschen aufzubauen und die Verbundenheit miteinander wachsen und reifen zu lassen. Dafür sollte es mit konstruktiver Grundhaltung gegeben werden und alles beinhalten, was dem Gegenüber die Möglichkeit gibt, sein Verhalten zu überdenken. Das, was wir „tun" oder „äußern", ist sichtbarer Ausdruck unserer Haltung, unseres Denkens, unserer Gefühle. Nur wenn wir erfahren, wie das, was wir „gesagt" oder „getan" haben, auf andere wirkt, ist eine Auseinandersetzung damit möglich. Ja, uns ist klar, dass Du schon von Feedback gehört hast und es womöglich schon eingesetzt hast. Uns ist es ein Anliegen, dass Feedback nicht zu einer Aussage wie *„Ich fand das nicht gut."* reduziert wird, sondern so konstruktiv wie möglich formuliert ist. Deshalb stellen wir Dir die Form von Feedback, die wir am aussagekräftigsten finden, etwas ausführlicher vor.

Vier Schritte für ein konstruktives Feedback

Die folgenden Schritte werden Dir dabei helfen, konstruktiv Feedback zu geben und mit Deiner Mitarbeiterin ins Gespräch zu kommen:

Schritt 1: Benenne die Situation, in der Du das Verhalten des anderen wahrgenommen hast (z. B. im Meeting, bei der Videokonferenz, in der Teeküche, bei der Präsentation …).

Schritt 2: Beschreibe wie Du das Verhalten der Person wahrgenommen hast. Dies ist der anspruchsvollste Teil, denn hier geht es darum, das, was der andere gesagt oder getan hat, in Worte zu fassen. Hierfür ist etwas Übung nötig, da wir uns zum einen oft gar nicht so genau erinnern, was denn genau der andere getan bzw. gesagt hat. Zu sehr sind wir mit unserer eigenen (oft emotionalen) Reaktion beschäftigt. Und zum anderen fällt es uns schwer, dieses Verhalten in Worte zu fassen, die tatsächlich nur beschreiben und nicht bewerten! *„Du hast zu lange gesprochen!"* beinhaltet mit dem kleinen Wörtchen „zu" bereits eine Bewertung. *„Du hast vier Minuten über das Thema gesprochen",* ist eine Beschreibung. Es mag für Dich pedantisch klingen, die Wirkung ist jedoch sehr unterschiedlich. Während es Deiner Gesprächspartnerin noch gut gelingen kann, anzunehmen, dass sie einen vierminütigen Monolog gehalten hat, reagiert sie womöglich empfindlich, wenn Du von „zu lange" sprichst. Kleine Kinder beschreiben übrigens noch erstaunlich gut, wie etwas passiert ist *(„Die hat mir den Ball weggenommen."),* nur etwas später in der Entwicklung wird die Beschreibung übersprungen und direkt die eigene Wahrnehmung oder der Unmut zum Ausdruck gebracht *(„Die ist doof!").*

Wenn Identität im Verhalten wahrnehmbar ist und ich als Führungskraft sowohl an meiner eigenen Entwicklung als auch an der Entwicklung meiner Mitarbeitenden interessiert bin, dann ist es notwendig, zu erfahren, welches Verhalten sich wie auf den anderen auswirkt. Wird das Verhalten nicht beschrieben, ist das Feedback für das Gegenüber jedoch nur wenig nutzbar. Die positive Rückmeldung wird als Kompliment und die negative als „Watschen" verbucht. Was soll ich anders machen, wenn ich nicht weiß, welches Verhalten zu dieser Rückmeldung geführt hat?

Schritt 3: Formuliere eine Ich-Aussage zu der Wirkung des Verhaltens auf Dich. Wie habe ich das Verhalten erlebt? Welches Gefühl hat es bei mir hervorgerufen? Welcher Eindruck entstand bei mir? Das Gefühl wahrzunehmen, das bei mir ausgelöst wurde, ist eine Sache. Es tatsächlich klar und nachvollziehbar zu benennen, eine andere. *„Ich hatte den Eindruck, dass …", „Ich fand es befremdlich, dass …", „Ich habe es als … erlebt."*

Schließlich gibt es noch einen vierten Schritt. Wir möchten Dich gerne einladen, auch diesen Schritt zu gehen.

Schritt 4: Reflektiere Dein Feedback: Aus welchem Grund ist mir diese Situation aufgefallen? Was hat diese Situation mit mir persönlich zu tun?

Du hast im vorigen Schritt Deine Gefühle benannt, die das Verhalten des anderen bei Dir hervorgerufen haben. Die spannende Frage ist ja: Aus welchem Grund werden diese Gefühle wachgerufen? Und was macht es so bedeutend für Dich, dass Du es zurückmelden möchtest?

Zwei weitere Fragen zur Selbstreflexion möchten wir Dir dazu vorstellen:

> **Frage**
> Was ist mir wirklich wichtig in dieser Situation?

Hier geht es um Deine Werte! Wenn Dir Verlässlichkeit wichtig ist, wirst Du Sorge tragen, dass klare Strukturen und Prozesse vorhanden sind. Werden diese verletzt, wird Dich das unter Umständen verärgern oder gar enttäuschen. Sich darüber im Klaren zu sein, kann Deine Reaktion in Zukunft verändern oder Dich anders mit dem Verhalten der Mitarbeitenden umgehen lassen.

> **Frage**
> Welches Bedürfnis wird hier berührt, das Deinen Werten zugrunde liegt?

Menschen, denen Verlässlichkeit besonders wichtig ist, haben oftmals ein großes Bedürfnis nach Sicherheit. Anerkennung, Liebe, Selbstausdruck, Freiheit, Wachstum und Zugehörigkeit sind weitere Bedürfnisse. Welches davon ist in dieser Situation bei Dir berührt worden?

Besonders an diesen Fragen merkst Du, dass das, was Dir auffällt und Deine Reaktion auf Gesagtes immer mit Dir selbst zu tun haben – mit Deiner Geschichte, mit Deiner persönlichen Welt, auf die die Aussagen treffen. Wenn Du Dich darin übst, diese Fragen der Selbstreflexion zu stellen und eine Antwort für Dich zu finden, lernst Du Dich selbst und die Menschen, mit denen Du zusammenarbeitest, immer besser kennen. Es wird Dir gelingen, das Verhalten des Gegenübers mit etwas Distanz zu betrachten und es nicht ausschließlich auf Dich zu beziehen.

Wie das Feedback formuliert wird, sagt viel über die Haltung des Feedbackgebers aus. Als Führungskraft, die an einem guten Miteinander und an der Entwicklung der Mitarbeitenden interessiert ist, ist Dir daran gelegen, es möglichst konstruktiv zu formulieren. Vergiss nicht:

> Der einzige Mensch, über den Du an dieser Stelle etwas aussagst, bist Du selbst!

Ich teile meine eigene Wahrnehmung des anderen mit – nicht mehr und nicht weniger – und so wird jedes Feedback zu einer Offenbarung, nicht nur meiner Wahrnehmung, sondern auch meiner Werte, meiner Interessen und Bedürfnisse und all dessen, was mir so wichtig ist, dass ich es als Feedback formulieren möchte.

Noch eine Vorgehensweise, die sich bewährt hat: Bitte um Feedback, wenn Du selbst eine Rückmeldung möchtest und frage, ob Du Feedback geben darfst, wenn Du es geben möchtest. So stellst Du sicher, dass Dein Gegenüber bereit ist, es zu empfangen bzw. zu geben.

Gib Dein Feedback zeitnah und unter vier Augen. Das hat mindestens zwei Gründe: Zum einen verblasst nach ein bis zwei Wochen die Erinnerung an Details aus der Situation und der Feedbacknehmer wird nicht im gewünschten Umfang profitieren können. Zum anderen ist es für Dich als Feedbackgeber wichtig, das, was dich gestört oder gefreut hat, möglichst bald sagen zu können. Alles, was Du an Vorbehalten, Ärger, Wut, Enttäuschung mit Dir herumträgst, „vergiftet" Dich (Nelson Mandela soll einmal gesagt haben, dass Vorbehalte, die man für sich behält, wie Gift sind, das man trinkt und darauf wartet, dass der andere daran stirbt.) – und Freude will frisch geteilt sein! Das Feedback in konstruktiver Form auszusprechen, wird Dir und der Beziehung zum Gegenüber guttun und Euer Miteinander bereichern.

Und noch etwas: In Feedbackübungen erleben wir oft, dass Menschen sich für ihr Verhalten rechtfertigen, nachdem sie ein Feedback bekommen haben. Wenn wir Feedback als ein Geschenk verstehen, das mich bereichern soll, gibt es wenig Gründe, sich dafür zu rechtfertigen. Ein Dank ist sinn- und wertvoller – für beide Seiten.

Wir werden Dich in unserem Sechs-Wochen-Programm immer wieder bitten, zu bestimmten Fragestellungen Feedback einzuholen oder selbst zu geben. Du kannst also gleich heute beginnen, die Form, die ich Dir vorgestellt habe, anzuwenden.

In einem Raum, wo aufrichtiges und konstruktives Feedback gegeben werden kann, kann Beziehung und Verbundenheit entstehen. Dort kann sich Offenheit und damit auch Vertrauen entwickeln, dort ist Raum für neue Ideen und Gedanken, dort ist Raum für gegenseitiges Hören und die Bereitschaft, miteinander um nächste Schritte zu ringen. Wenn das Feedback gelebte Haltung und Teil Deiner Identität ist, so wird es auch Auswirkungen auf die Identität Deines Teams haben. Als Führungskraft hast Du die Chance und die Verantwortung mit Deinem Verhalten die Identität und letztlich auch die Kultur in Deinem Unternehmen mitzugestalten. Nutze sie!

Handlungs- und Denkanstöße

So kannst Du heute den Impuls in Deinem Führungsalltag umsetzen
1. Gib heute einem Mitarbeiter oder einer Kollegin Feedback. Bereite das Feedback vor und orientiere Dich an der beschriebenen Vorgehensweise. Wie wird das Feedback angenommen?
2. Du hast heute oder in den letzten Tagen etwas vorgetragen, eine Aufgabe erledigt oder intensiv mit anderen zusammengearbeitet. Bitte eine Person Deines Vertrauens um Feedback, bedanke Dich und beobachte, wie Du mit der Rückmeldung umgehst.
3. Wie ist die Feedbackkultur in Deinem Verantwortungsbereich? Was müsste passieren, damit sich die Feedbackkultur spürbar verbessert?

Tag 4

Wie mit Feedback umgehen?

Was hast Du gestern Neues erfahren, als Du Feedback bekommen hast? Vielleicht hast Du Dinge gehört, die Dir bereits bekannt waren: ein gutes Zeichen dafür, dass Dein Selbstbild mit dem Fremdbild Deines Gegenübers zumindest in Teilen übereinstimmt. Vielleicht hast Du aber auch Aspekte gehört, die Dir neu waren. Es ist nicht immer leicht, Feedback anzunehmen. Aber Feedback ist auch keine Aufforderung, Dein Verhalten anschließend danach auszurichten. Vielmehr ist die Auseinandersetzung mit dem Feedback von Bedeutung. Triff eine Entscheidung, wie Du mit diesem Feedback umgehen willst. Möchtest Du an Deinem Verhalten etwas ändern, es anpassen oder ist es Dir so wichtig, dass Du es doch lieber beibehalten möchtest? Wir freuen uns sehr, wenn es Dir gelungen ist, das Feedback nicht zu diskutieren oder Dich womöglich sogar zu bedanken.

Feedback kann Ausdruck einer Unternehmenskultur sein. Wir erleben es häufiger, dass sich die Ausprägung der Feedbackkultur von Team zu Team unterscheidet, je nachdem wie klar dies vom Vorgesetzten selbst gelebt wird und ob dazu eingeladen wird. Je mehr Du Feedback nutzt, desto mehr wirst Du feststellen, dass sich nicht nur der Blick auf Dich selbst, sondern auch auf Dein Team und damit das Miteinander und die Identität des Teams verändern werden. Aber: Was zeichnet denn die Identität eines Teams aus?

Identität des Teams – oder: Wer sind wir?

Vor einiger Zeit wurde ich zu einem Unternehmen gebeten, das sich mit einem Konflikt schwertat. In einem Team schwelten mehrere Konfliktherde, die es zu lösen galt. Es war so dramatisch, dass sogar die Geschäftsführung einbezogen wurde und man eine externe Beratung für notwendig hielt. Als ich mit dem Team (ohne die Führungskraft!) gearbeitet hatte, wurde mir bald klar, dass jeder einzelne im Team kaum noch einen Sinn in seiner Tätigkeit sah. Es galt, technische Montagen durchzuführen.

Wer genau sie durchführte, war völlig unbedeutend – und das wurde auch so vom Vorgesetzten kommuniziert. Viel entscheidender aber war aus meiner Sicht ein Fehler, der bei einer konzernweiten Umstrukturierung drei Jahre früher gemacht worden war: Das Team sprach noch immer von den Zeiten vor der Umstrukturierung. Von der Verbundenheit und dem Miteinander, das vorher ein wesentlich anderes war: der Geschäftsführer hatte sich sehen lassen, man war als Mitarbeiterin bekannt, man wusste, was man zu tun hatte, für wen man es tat und wofür es gut war.

Die Konflikte unterschiedlichster, sogar auch privater Art, waren zustande gekommen, weil das Unternehmen versäumt hatte, die Mitarbeitenden bei der Umstrukturierung einzubeziehen und auf den Weg der Veränderung mitzunehmen. Die Prozesse, die Strukturen und die Abläufe waren gut beschrieben und „funktionierten". Die Mitarbeitenden hatten die neue Identität, die das Unternehmen sich gegeben hatte, aber noch immer nicht akzeptiert, geschweige denn verstanden oder verinnerlicht: es herrschte Unverständnis, das zu großen Widerständen führte. Die Identität des Unternehmens hatte sich geändert! Die Mitarbeitenden befanden sich emotional aber noch in ihrer „alten" Unternehmensidentität. Und das Team, wie es seither bestand, war seitdem nicht zusammengekommen, um eine neue Identität zu formulieren:

> **Fragen**
> Wer sind wir? Welche Auswirkungen hat die neue Unternehmensidentität auf unser Team? Was ist unsere Aufgabe und was unser Zweck in dieser neuen Struktur?

Die Forderung nach Klarheit, der Wunsch, gehört zu werden, der Ruf nach Kommunikation und Transparenz seitens des Vorgesetzten, der Wunsch, ernst genommen zu werden und schließlich auch nach Verbundenheit waren extrem – und hatten sich ihren Weg in Konflikten gebahnt. Wenn ein Team nicht den Zweck seiner Existenz kennt oder ihn nicht versteht, kann ein konstruktives Miteinander kaum gelingen. Und die Identität des Teams kann nur miteinander definiert und vereinbart werden. Allein die Beteiligung an dieser wesentlichen Frage kann zu einem hohen Maß an Verbundenheit und Identifikation führen, wenn alle gehört werden.

Wenn Du mit Deinem Team dessen Identität anschauen willst, greifen hier genauso wie an Tag 2 die drei Bereiche der Identität Glauben, Haben und Tun. Dabei können Dir folgende Fragen behilflich sein:

> **Fragen**
> Was glaubt das Team? Wovon ist das Team überzeugt? Was kann es besonders gut?

Gemeinsam zu überlegen, welcher Glaubensgrundsatz vom Team mehrheitlich getragen wird und auch in kritischen Momenten ein Orientierungspunkt sein kann, ist für das ganze Team eine Bereicherung und hilft, sich im Kontext zu verorten.

Für das Team, von dem ich berichtet habe, könnte beispielsweise folgender Satz stehen: *„Wir finden für jede technische Herausforderung auf unserem Spezialgebiet eine Lösung."*

> **Frage**
> Was haben wir als Team?

Hier ist zunächst die Summe all dessen gemeint, was jeder Einzelne im Sinne von Erfahrungen, Kompetenzen und Wissen mitbringt. Vieles von dem, was in Teams an Wissen „schlummert", wird erst dann zutage gefördert, wenn gemeinsam darüber gesprochen wird. Es ist Wissen, auf das der Einzelne zugreifen kann, das dem Team aber nicht bewusst ist. Letztendlich kann dieser Schatz an „Haben" nur gehoben werden, wenn ein offenes Miteinander möglich ist. Die gute Nachricht: durch das Miteinander wird noch viel mehr entstehen als Du jemals zu hoffen gewagt hast! Hinzukommt all das, was das Team an Ausstattung und

Inventar hat, von Räumlichkeiten über technisches Equipment bis hin zu Kapazitäten und Ressourcen. Gerade in den letzten Jahren haben wir in vielen Unternehmen einen zunehmenden Fokus auf die Gestaltung von Räumlichkeiten wahrgenommen. Auch die Art, wie der Arbeitsbereich vom Team gestaltet wird, ist Ausdruck einer Teamidentität. In Zeiten, in denen das Homeoffice zunimmt, ist die Frage, wie sich räumliche Identität ausdrücken kann, ungleich anspruchsvoller und aus unserer Sicht unbedingt zu thematisieren: Wo kann sich das Team begegnen?

Unser Beispielteam könnte folgenden Satz formulieren: *„Mit unserer Erfahrung und unserem technischen Know-how sowie den technisch besten Geräten können wir die Entwicklung unserer Produkte wesentlich vorantreiben."*

> **Frage**
> Was tun wir?

Die Liste der Dinge, die zusammengetragen werden, wenn Ihr diese Frage beantwortet, wird vielleicht viel länger sein als erwartet. Das Tun beschränkt sich ja nicht auf die eine zentrale Aufgabe, sondern gliedert sich in viele verschiedene Tätigkeiten auf. Die Aufstellung der Tätigkeiten aller Teammitglieder trägt oft dazu bei, dass alle einen Gesamtblick erhalten, der ihnen hilft, auch die Tätigkeiten der Kolleginnen einschätzen zu können. Oftmals zeigt sich bei der Sammlung großes Potenzial für Synergien, die bis dahin noch nicht genutzt wurden (*„Du machst das auch? Das wusste ich ja gar nicht!"*) Die letztlich entscheidende Frage, die dem Tun zugrunde liegt, ist: Was konkret tragen wir bei, um der Kundin Nutzen zu stiften?

So könnte unser Team aus meiner Erzählung beispielsweise formulieren: *„Durch unser handwerkliches Können tragen wir dazu bei, dass unser Kunde seine Arbeiten durch unsere Geräte noch präziser erledigen und die Qualität seiner Leistungen deutlich verbessern kann."*

Im Bereich des Tuns wird die Verbindung zum Kunden sehr direkt spürbar und sichtbar. Als Führungskraft hast Du die Aufgabe, diesen Bezug herzustellen und immer wieder sichtbar zu machen. Es ist kein Geheimnis, dass Menschen, die direkt mit dem Kunden in Kontakt kommen, wesentlich motivierter sind, sich für dessen Belange einzusetzen: Wie wäre es, wenn Du Dein Team mit einer Kundin zusammenbringst? In unserem Beispiel hätte eine Begegnung mit einer Kundin mit sehr großer Wahrscheinlichkeit zur Identitäts- und Sinnstiftung des Teams beigetragen.

Du magst Dich vielleicht fragen, wie Du bei den unterschiedlichen Charakteren, die in Deinem Team vertreten sind, *eine* Identität herausarbeiten sollst. Das Wesentliche ist aus unserer Sicht, dass diese Identität, das gemeinsame Verständnis darüber, was das Team ausmacht, gemeinsam erarbeitet wird und so auch die unterschiedlichen Kompetenzen und Erfahrungen ihren Platz finden. Erst wenn jede Einzelne sieht, welchen Beitrag sie im Gesamtbild und Gesamtwirken leisten kann, kann der eigene Platz gefunden werden. Wenn hier der Fokus auf den Stärken, dem Wissen und der Erfahrung eines jeden Einzelnen gelenkt wird, kann es gelingen, diese Unterschiedlichkeiten als Stärken und als Potenzial des Teams zu erkennen. Die Ausrichtung des Teams auf einen gemeinsamen Zweck stellt sicher, dass der Fokus auf den Stärken liegt – nicht auf den Unzulänglichkeiten. So wird auf der einen Seite Verbindung innerhalb des Teams geschaffen, weil der eigene Beitrag als wertvoll und notwendig für das Gesamtergebnis erkannt wird. Gleichzeitig ermöglicht die Ausrichtung auf einen gemeinsamen Zweck im beruflichen Alltag Orientierung: Was ist heute wirklich wichtig und was muss heute nicht erledigt werden? Für die Mitarbeitenden persönlich entsteht durch die gewonnene Klarheit die Möglichkeit der sinnvollen persönlichen Abgrenzung.

Aus unserer Sicht ist die Zeit, um eine gemeinsame Teamidentität zu entwickeln, sinnvoll investierte Zeit. Alle zwischenmenschlichen Ungereimtheiten können sinnvoll kanalisiert werden, wenn ein gemeinsamer Zweck bekannt und akzeptiert ist. Die Einsicht, dass verschiedene

Kompetenzen erforderlich sind, um letztendlich den Zweck des Unternehmens zu erreichen, ist bei einer gemeinschaftlichen Ausrichtung nachvollziehbar.

Nun magst Du Dich fragen:

> **Fragen**
> Welche besonderen Fähigkeiten habe ich denn in meinem Team versammelt?
> *und*
> Wo sind noch Fähigkeiten, die wir in meinem Team gar nicht nutzen?

Als Führungskraft stellst Du Dich der Herausforderung, die unterschiedlichen Stärken im Team sichtbar zu machen und die Talente sinnvoll einzubinden. Unterschiedliche Begabungen sind wertvoll, solange sie als Bereicherung und nicht als Konkurrenz erlebt und kommuniziert werden.

Handlungs- und Denkanstöße

> **So kannst Du heute den Impuls in Deinem Führungsalltag umsetzen**
> 1. Was ist aus Deiner Sicht der Beitrag, den Dein Team zum Erfolg des Unternehmens leistet? Wie gut ist dieser Zweck allen Mitgliedern des Teams bekannt?
> 2. Achte bei der nächsten Teambesprechung besonders darauf, inwieweit der Zweck des Teams verfolgt wird und thematisiere ggf. die Ausrichtung.
> 3. Wer aus Deinem Team leistet welchen Beitrag? Gibt es darüber hinaus Fähigkeiten und Kompetenzen in Deinem Team, die (in anderer Weise) für die Zweckerfüllung genutzt werden könnten?

Tag 5

Von der Teamebene zur Unternehmensebene

Wie gut ist es Dir gelungen, die Identität Deines Teams zu erfassen? Warst Du Dir darüber ohnehin im Klaren oder gab es noch Erkenntnisse, die Dich überrascht haben? Wie heterogen ist Dein Team? Ist allen Mitgliedern die Ausrichtung und der Zweck des Teams bewusst? Aus unserer Sicht ist es eine der anspruchsvollsten Aufgaben einer Führungskraft, die Ausrichtung des Teams mit dem Zweck des Unternehmens in Einklang zu bringen. Es hilft wenig, wenn einzelnen Experten die Ausrichtung klar ist, sie diese Klarheit aber nicht im Team wiederfinden oder sie gar den Eindruck haben, für alle anderen mitzuarbeiten. Es kommt zum Ungleichgewicht und die Balance des Teams wird empfindlich gestört. So wie es wertvoll für ein Team ist, sich über seine Identität zu verständigen, so ist es auch für ein Unternehmen sinnvoll, sich seiner Identität bewusst zu sein.

Was macht die Identität eines Unternehmens aus?

Wir haben von Identität als dem Verorten zwischen dem Innen und dem erlebten Außen gesprochen. Bestimmt hast Du Dir auch das Unternehmen, für das Du arbeitest, genau angeschaut und hast recherchiert und gefragt, inwieweit Deine Werte, Dein Verhalten, Deine Kompetenz und Deine Erfahrung zum Unternehmen passen.

Habe ich in den vergangenen Tagen die drei Identitätsbereiche Glauben, Haben und Tun aufschlüsseln und mit Inhalten füllen können, so fällt mir dies zugegebenermaßen bei einer gesamten Organisation echt schwer! Wie will man für ein Unternehmen mit 10.000 Mitarbeitenden eine Identität bestimmen? Die Unternehmen sind oftmals so groß, dass sich aus unserer Erfahrung in Teams und Abteilungen mehrere, oftmals unterschiedliche Identitäten ausbilden. Eine wirkliche Innenschau, um die Identität zu bestimmen, gelingt uns nur bei uns selbst. Bei einem Team ist es noch möglich, ein gemeinsames Verständnis von Identität zu formulieren. Das fällt bei einer Organisation wesentlich schwerer.

Doch was macht denn die Identität eines Unternehmens aus? In den Jahren der Beratung von Menschen, die sich beruflich neu orientieren, habe ich viele Unternehmen aus der Sicht von Bewerberinnen kennengelernt. Mit der Zeit war es frappierend, wie schnell – nur nach wenigen Kontakten – ein Bild vom Unternehmen entstanden ist. Da ist zunächst die Werbung für eine Position, dann, auf der einen Seite, das freundliche Telefonat mit hoher Verbindlichkeit, die moderne Erreichbarkeit über Social-Media-Plattformen und eine unkomplizierte und freundliche Ansprache und auf der anderen Seite die E-Mail, die nicht beantwortet wird, die Zusage, die nicht eingehalten wird, die Absage, die vor der Eingangsbestätigung versendet wird. Es sind die vielen kleinen Puzzleteilchen, die sich zu einem Bild formen. Die Haltung, die das Unternehmen gegenüber Menschen einnimmt, die sich für eine Mitarbeit interessieren, spricht Bände. Aber können wir deshalb schon von der Identität des Unternehmens sprechen? Und lassen die Verhaltensweisen einzelner Repräsentantinnen Rückschlüsse auf die Identität des Unternehmens zu? Wir sprechen vom *Image* eines Unternehmens, wenn wir von dem Bild sprechen, das wir uns als Außenstehende machen. Und doch erleben wir immer wieder, dass das, womit ein Unternehmen für neue Mitarbeitende wirbt, längst nicht mit dem übereinstimmen muss, was intern gelebt wird.

Wenn wir uns nun noch einmal die drei Bereiche anschauen, die wir in den vorigen Beschreibungen von Identität genutzt haben, dann ist wohl der Bereich des Habens noch am einfachsten zu beantworten: Das Kapital des Unternehmens kann beschrieben und festgestellt werden. Auch das Know-how, die Erfahrungen und das Wissen lassen sich mit etwas Mühe zusammentragen.

Der zweite Bereich ist der des Tuns. Was tun wir als Unternehmen, um damit beim Kunden Nutzen zu stiften? Schon hier wird deutlich, dass der Nutzen für den Kunden und die Identität gar nicht getrennt voneinander betrachtet werden können. Wie beschreiben wir als Unternehmen unseren Zweck, der auch zukünftig unser Handeln bestimmt? Was ist die Idee unseres Tuns, die nicht nur heute gilt, sondern aus der heraus wir Entscheidungen für die Zukunft treffen können und an der wir Entscheidungen ausrichten, die für den Erhalt des Unternehmens von Bedeutung sind? Das Tun beschreibt also nicht ausschließlich das Tun von heute, sondern schafft einen Orientierungspunkt, an dem ich mein Handeln im Unternehmen ausrichten kann. Ich habe es schon oft erlebt, dass sich Bereiche oder auch Abteilungen verzettelt haben, weil nicht ganz klar war, was eigentlich der Zweck ist, der dem Tun zugrunde liegt. In einer kleineren Organisation im Sozialbereich, die auf Wachstumskurs war, kam als Antwort auf die Frage „*Was genau tun Sie denn?*" die Antwort: „*Eigentlich alles, was der Kunde braucht, der zu uns kommt.*" Das Ergebnis dieser Aussage ließ sich in dem Erschöpftheitsgrad der Mitarbeiter wiedererkennen. Wer sagt, er macht alles, hat sich auf keinen klaren und abgegrenzten Zweck verständigt, der hilft, das eigene Tun abzugrenzen und sich zu fokussieren. Und dieser Zweck hilft auch, sich bewusst gegen ein Engagement zu entscheiden, weil das die ohnehin knappen Ressourcen unnötig überstrapazieren würde.

Wenn Du nun auf Dein Unternehmen schaust, können Dir zwei Fragen helfen, den Blick für die Identität zu schärfen:

Fragen
Wie würdest Du den Zweck Deines Unternehmens formulieren?
und
Was könntest Du tun, um Dein Team noch besser auf diesen Zweck auszurichten? Wie viel von dem, was Du tust, ist wirklich auf den Zweck Deines Unternehmens ausgerichtet?

Der Teil der Identität, der am schwierigsten zu greifen ist, sind die Glaubenssätze. Und doch sind es gerade diese, die uns täglich „verhalten" lassen. Gerade die im Verhalten sichtbar werdenden Glaubenssätze sind es, die ein Unternehmen zu einem Teil von mir werden lassen – oder eben nicht. Sie zeigen sich darin, *wie* die Arbeit getan wird.

Vielleicht können wir uns aus der Perspektive der Mitarbeiterin, die ein Teil des Systems ist und im Bezug zum Unternehmen steht, diesem Teil der Identität von Unternehmen annähern.

In Abhandlungen, die sich damit auseinandersetzen, wie sich der Bezug vom Mitarbeiter zum Unternehmen verändert hat, werden aus historischer Sicht verschiedene Formen der Identifikation beschrieben.[1] Dazu gehört die Identifikation mit dem Unternehmensgründer, der eine Figur sein kann, die mich als Mitarbeiterin mit dem Unternehmen verbunden fühlen lässt. Im süddeutschen Raum gibt es nicht wenige automobilnahe Unternehmen und sogar Konzerne, die sich noch bis heute auf ihren Gründer beziehen und daraus ein Verständnis für die Unternehmensidentität ableiten. Ebenso gibt es viele Unternehmen, deren Mitarbeitende sich in höchstem Maße mit dem Produkt ihres Unternehmens identifizieren – oder sollte ich sagen: mit dem Image des Produktes?

Fehlt dieser „konkrete" Bezugspunkt, wird oftmals von Unternehmenskultur gesprochen, um das zu beschreiben, was ein Unternehmen ausmacht. Für diesen Zweck werden Leitbilder formuliert, in denen ein gemeinsames Verständnis von Werten zum Ausdruck gebracht wird. Diese Werte wiederum sollen in konkrete Verhaltensweisen münden. In diesen Leitbildern finden wir dann Formulierungen, die wir unter dem Oberbegriff „Was wir glauben und wovon wir überzeugt sind" zusammenfassen würden.

Leider müssen wir allzu oft feststellen, dass die Werte, die dort formuliert sind, im Alltag nicht anzutreffen sind. Da steht im Leitbild „Wir gehen fair miteinander um" und bei Neueinstellungen werden Gehälter vereinbart, die weit unter dem Niveau der restlichen Belegschaft liegen. Offensichtlich ist hier ein ganz anderer Glaubenssatz zum Einsatz gekommen: „Solange der Mitarbeiter sich nicht beschwert, gebe ich so wenig wie möglich." Diese schmerzhafte Diskrepanz zwischen dem, was im Leitbild formuliert ist, und was die Führungskraft daraus macht, trägt nicht zur Vertrauensbildung bei! Als Führungskraft werde ich mich doch nur für ein Unternehmen einsetzen und engagieren,

---

[1] Beispielsweise in Rupert Lay (1997): Über die Kultur des Unternehmens.

wenn ich mich als Teil dieses Unternehmens erlebe und die Kultur des Unternehmens – und damit auch die unausgesprochenen Glaubenssätze – kritisch hinterfragt habe.

Wenn für mich das Produkt des Unternehmens Gegenstand der Identifikation ist, sollte ich als Führungskraft kritisch reflektiert haben, ob ich für ein Unternehmen tätig sein möchte, das Panzer und anderes Kriegsgerät herstellt. Und die wesentliche Frage ist, ob ich das mit mir, meinen Werten und Glaubenssätzen vereinbaren kann. Wenn der Vertrieb Deines Unternehmens dazu übergeht, im Vertrieb unlautere Methoden einzusetzen, um den Gewinn zu maximieren, stellt sich doch die Frage: Will ich weiterhin für dieses Unternehmen tätig sein?

Auch Du prägst die Identität Deines Unternehmens

Als Führungskraft wird von Dir erwartet, dass Du Dich für den Zweck des Unternehmens einsetzt – so gut Du es vermagst. Du wirst Dich aber nur in dem Maße engagieren, wie Du Dich zugehörig fühlst. Zugehörigkeit ist ein Bedürfnis, das wir Menschen in uns tragen und erleben wollen. Zugehörig fühle ich mich, wenn es etwas gibt, das von allen gleichermaßen akzeptiert und gelebt wird. Und wenn ich im Kontext wirksam werden kann. Erst wenn ich mich als ein Teil des Unternehmens fühle und verstanden habe, welchem Zweck unser Tun gilt, werde ich mich engagieren!

Wir sind davon überzeugt, dass es höchst sinnvoll wäre, sich mit allen Führungskräften gemeinsam darüber zu verständigen, welche Glaubenssätze des Unternehmens sie sich zu eigen gemacht haben und ob diese Glaubenssätze tatsächlich diejenigen sind, die alle leben wollen – aus Überzeugung. Ein sicherlich spannendes und erkenntnisreiches Unterfangen.

Auch Du prägst mit Deinem Verhalten und Deinen Entscheidungen die Identität des Unternehmens mit! Und im Zweifelsfall wird man beobachten, wie Du Dich verhältst und inwieweit Du das tust, was Du sagst, und sich an Dir orientieren. *Walk the talk* sagt man im englischsprachigen Raum dazu.

Wenn wir Identifikation als ein „zu eigen machen von etwas" verstehen, ist die Frage:

> **Fragen**
> Was hast Du Dir von Deinem Unternehmen gerne zu eigen gemacht, weil es zu Deiner Identität passt? Welche Werte, die Dir wichtig sind, werden auch in Deinem Unternehmen gelebt?

Mit welchen Teilen der Unternehmensidentität haderst Du? Wo gibt es für Dich Diskrepanzen, die Du nur schwer ertragen kannst? Was davon hast Du schon einmal adressiert?

Wir sind davon überzeugt, dass eine Reflexion Deiner Identität und die Auseinandersetzung mit der Identität Deines Unternehmens Dir mehr Führungs „kraft" bescheren wird.

Handlungs- und Denkanstöße

> **So kannst Du heute den Impuls in Deinem Führungsalltag umsetzen**
> 1. Welche Glaubenssätze schätzt Du in Deinem Unternehmen am meisten? Unterhalte Dich mit jemandem, der schon lange im Unternehmen arbeitet, und mit einer Person, die erst kürzlich ins Unternehmen gekommen ist.
> 2. Wo erlebst Du Verbundenheit mit dem Unternehmen und wo fehlt sie Dir am meisten? Was glaubst Du, woran es liegt?
> 3. Welche unausgesprochenen Glaubenssätze lebst Du selbst und welche kannst Du bei Deinen Mitarbeitenden beobachten? Welche Deiner eigenen Glaubenssätze möchtest Du noch authentischer leben?

Tag 6

Auch Passung unterliegt der Veränderung

Du hast gestern einen anderen Blick auf Dein Unternehmen oder Deine Organisation geworfen. Vielleicht hast Du in den Gesprächen und Überlegungen Facetten kennengelernt, die Dir den Arbeitsalltag erleichtern, vielleicht auch Aspekte, die es Dir schwerer machen. Wir hoffen, dass es in jedem Fall eine Bereicherung war.

Du hast Dich in dieser Woche intensiv mit dem Thema Identität auseinandergesetzt. Womöglich hast Du Dich noch nie so intensiv auf allen Ebenen des Unternehmens mit diesen Fragestellungen beschäftigt – und dies nicht alleine für Dich oder außerhalb des „Systems", sondern vor allem im Gespräch mit Kolleginnen. Zu einer Gemeinschaft von Menschen gehören immer das Ich, das Du und das Wir, wenn gemeinsam etwas bewegt werden soll. Das „Gemeinsame" kann aber nur entstehen, wenn wir miteinander im Gespräch sind, wenn wir in Beziehung treten, wenn immer wieder neu Klarheit geschaffen wird, über das, was wir tun, wie wir es tun und zu welchem Zweck.

Wenn die Passung stimmt

Wird die Übereinstimmung dieser Parameter als groß wahrgenommen und erlebt, fange ich an, die Identität des Unternehmens zu verinnerlichen. Ich beginne mich zu *identifizieren*, d. h. ich „mache" mir die Identität im wahrsten Sine des Wortes „zu eigen", ich gehe eine Verbindung ein. Das Innen öffnet sich für das, was im Außen geschieht. Das Außen wird letztlich ein Teil des Innen: Das, was im Unternehmen gelebt wird, lebe auch ich – gänzlich oder teilweise – in meinem Innen, ich erkenne die Werte und die Haltungen, die Verhaltensweisen und Glaubenssätze, die ich dort vorfinde, an.

Für alle Beteiligten kann dies ein großes Glück sein, weil davon auszugehen ist, dass der Mitarbeiter im Sinne des Unternehmens handelt und mit großer Loyalität agiert. Das Erleben von Stabilität und Sicherheit wird spürbar und vermittelt Stärke und Wirksamkeit.

Mut zum Wechsel – wenn die Passung nicht mehr stimmt

Doch ebenso wie die persönliche Identität unterliegt auch die Identität des Unternehmens dem Wandel. Es gilt also immer wieder die Passung zu prüfen: Wie hoch ist die Schnittmenge der Passung zwischen der Identität des Unternehmens und meiner persönlichen? Nicht immer nimmt die Organisation den Weg einer Veränderung, die auch zu meiner Identität passt.

Vor einiger Zeit durfte ich einen Manager coachen, der seinen zukünftigen Karriereweg bei seinem damaligen Arbeitgeber überdenken wollte. Nachdem er seinen beruflichen Weg mit allen Höhenflügen und tiefen Tälern geschildert hatte, war klar, dass er die Tätigkeiten, die ihm wirklich Freude bereitet und ihn beruflich und persönlich vorangebracht hatten, schon lange nicht mehr ausüben konnte. Er war nicht der erste, der mir zunächst die Frage stellte, ob er etwas falsch gemacht habe!

Das Unternehmen, bei dem er vor vielen Jahren begonnen hatte, hatte seine Ausrichtung grundlegend verändert. Die Werte, die anfänglich noch hochgehalten wurden, hatten sich drastisch verändert. Es dauerte noch eine Weile, bis er die Entscheidung getroffen hatte, das Unternehmen zu verlassen. Dann galt es, nach einem Umfeld zu schauen, in dem die eigene Identität gelebt und die berufliche Erfahrung und Kompetenz wirksam eingebracht werden konnten. Sooft ich es erlebt habe, dass Menschen die Entscheidung zum Wechsel getroffen haben, so sehr habe ich jedes Mal den mutigen Schritt mit großem Respekt begleitet.

Aus unserer Sicht ist es keine Kür, sondern eine Pflicht, dass Du von Zeit zu Zeit genau hinsiehst und prüfst, ob sich Deine eigene oder die Identität Deines Unternehmens gewandelt hat und ob die Passung noch stimmig ist. Und das nicht nur aus Gründen der beruflichen

Zufriedenheit. Im Zusammenhang mit Unternehmen stellt man oftmals die Frage, ob es „gesund" sei. Dieser Gesundheitsgedanke lässt sich ebenso auf Führungskräfte und Mitarbeitende in Unternehmen übertragen. Ein Mensch, der jahrelang auf einer Position tätig ist, die nicht zu ihm passt, wird über kurz oder lang an Leib und Seele „erkranken". Je früher Du Dir über eine fehlende Passung klar wirst, desto besser.

Es geht um Passungen. Welche Veränderungen nehme ich an mir wahr und welche Veränderungen nehme ich in der Organisation wahr? Ist das neue Leitbild, das entwickelt wurde, so, dass ich mit gutem Gewissen und mit voller Überzeugung das tun kann, wofür ich ursprünglich angetreten bin? Was hat sich so gewandelt, dass es jetzt besser zu meiner Identität passt? Diese Prüfung ist nicht nur für Dich als Führungskraft wichtig, sondern auch im Hinblick auf Deine Mitarbeitenden.

Erst kürzlich habe ich eine Führungskraft beraten, die sich von einer Mitarbeiterin trennen wollte: *„Schon lange kann diese Mitarbeiterin nicht mehr das tun, wofür wir sie ursprünglich eingestellt haben. Das Produkt hat sich wesentlich verändert und wir benötigen an der Stelle eine andere Kompetenz."* Lange Zeit hatte man versucht, die Mitarbeiterin dazu zu bringen, auf der Position bessere Leistungen zu vollbringen. Ohne Erfolg. Die Entscheidung, sich von der Mitarbeiterin zu trennen, fiel der Führungskraft nicht leicht, die Mitarbeiterin hingegen hatte schon länger damit gerechnet, ja, sie war beinahe erleichtert, zu hören, dass der Wunsch nach einem Wechsel ausgesprochen wurde. Hier wurde viel Energie, Zeit und Geld in den Versuch investiert, eine Passung herzustellen, die nicht herzustellen war!

Zeit für Dich

Solche Entscheidungen kosten Kraft! Und wir haben nur wenige Führungskräfte kennengelernt, die davon zu viel haben. Auf nahezu allen Führungskräften, mit denen wir arbeiten dürfen, lastet ein enormer Druck. Ein Druck, der von außen aufgebaut wird, durch hohe

Arbeitslast und gleichzeitig durch ein hohes Tempo, das immer selbstverständlicher wird. Hinzu kommt häufig noch eine unzureichende Ausstattung mit Personal. Diese Tatsache ist uns nicht nur aus dem Segment der Pflege vertraut, sondern auch aus anderen Branchen. Und dann machst Du Dir selbst noch Druck. Weil Du einen sehr hohen Anspruch an Dein eigenes Tun hast und die vermeintlichen Erwartungen anderer hinzukommen. Die Gefahr, in diesem Szenario zu „verbrennen" ist groß. Und es kostet Mut und Entschlossenheit, dem etwas entgegenzustellen.

Aus-brennen kann ich nur, wenn es mir nicht gelingt, Holz nachzulegen. Das heißt, dass Du Zeiten und Aktivitäten, Räume und ein Erleben Deines Selbst brauchst, um wieder für Deine Aufgabe „brennen" zu können. Die Grenze zwischen Identität und Identifikation ist hier ein guter Gradmesser. Wie viel meiner Zeit verbringe ich mit der Arbeit und wie viel Zeit nehme ich mir für mich und für das, was mich nährt und bereichert? Welche Teile meiner Identität lebe ich? Welche Kontakte pflege ich? Eine Führungskraft antwortete auf die Frage, wie es ihm denn gehe nach drei Monaten „ohne Job": *„Meine Frau ist zwar nicht so begeistert, aber sie sagt, jetzt hast du wenigstens wieder Freunde!"* Das zeigt, wie schnell das rechte Maß verloren geht. Auch hier gibt es keinen Zustand, der in Beton gegossen werden kann, nur das Üben, in Balance zu sein.

Wir haben es leider häufig erleben müssen, dass Menschen, die wir nach ihrem Netzwerk gefragt haben, antworteten, dass sie keines haben – weil der Beruf „alles" war, dem sie nachgegangen sind. Es ist nicht nur eine valide Verhinderung von Burn-out, sogenannte Parallelwelten zum beruflichen Tun zu haben, in denen persönliche Entfaltung stattfindet, es ist im wahrsten Sinne auch „belebend", identitätsstiftend und im besten Fall inspirierend.

Welchen Interessen und Hobbys gehst Du nach? Wann und wie verbringst Du „absichtsfreie" Zeit? Ja, Du hast richtig gelesen: mit „absichtsfrei" meinen wir eine Zeit, in der Du einfach nur „sein" darfst, ohne ein bestimmtes Ziel zu verfolgen. Dazu gehören Spaziergänge im Wald genauso wie das Sitzen auf einer Bank in der Sonne. Wann und wo tankst Du auf? Zu Beginn der Woche haben wir gesagt: *Man muss*

Menschen mögen, wenn man Führungskraft werden will. Nun fragen wir Dich, wenn auch etwas ungewöhnlich:

> **Frage**
> Magst Du Dich?

Wenn es Dir schwerfällt, darauf zu antworten, fällt Dir diese Frage vielleicht leichter:

> **Frage**
> Was magst Du an Dir?

Wir sind sicher, Dir fällt einiges ein, das Du an Dir magst. Wir haben in unserem Sechs-Wochen-Programm ganz bewusst an den Samstagen und Sonntagen eine Pause eingelegt. Die Versuchung, auch den Sonntag noch besonders zu gestalten und Dich schon einen Blick in die nächste Woche werfen zu lassen, war groß – und doch haben wir uns letztlich entschieden, ein Zeichen dafür zu setzen, dass mindestens dieser Tag alleine Dir und den Menschen in Deinem Leben gehört, die Dir viel bedeuten.

Handlungs- und Denkanstöße

> **So kannst Du heute den Impuls in Deinem Führungsalltag umsetzen**
> 1. Tausche Dich mit einer vertrauten Kollegin in Deinem Unternehmen darüber aus, wie sie die Identität des Unternehmens wahrnimmt und welche Veränderungen sie besonders freuen oder stören.
> 2. Wie viel Zeit hast Du Dir in dieser Woche für Dich selbst genommen? Plane schon heute „Zeiten für Dich" in der folgenden Woche ein.
> 3. Mache einen 20-minütigen Spaziergang im Wald mit der Frage: Was mag ich an mir?

Tag 7 – Fotoimpuls

Gestalte aktiv Deine Beziehungen!

Du bestimmst nicht alleine, wer Du bist – Deine privaten und beruflichen Netzwerke beeinflussen Deine Identität.

Foto: © Jo Herrmann (2012): post-all, seillans
u.a. abgedruckt in Jo Herrmann (2020): A Walk through Black & White.

Tag 8 – Dein Pausentag

# Bist Du noch beschäftigt oder stiftest Du schon Nutzen? – Woche 2 (Sven)

Tag 9

Stunden voller Beschäftigung

Wer kennt sie nicht? Die Tage, an denen alles Schlag auf Schlag geht, ständig jemand in der Tür steht und etwas von Dir will, das Telefon permanent klingelt oder unzählige E-Mails oder Messenger-Nachrichten Deine Aufmerksamkeit verlangen. Du hetzt durch den Tag und oft reicht es nicht einmal für eine Mittagspause: Ein Kaffee auf dem Weg zum nächsten Termin und ein Sandwich am Schreibtisch müssen genügen.

Fix rasen die geplanten Arbeitsstunden vorbei und fast unbemerkt geht es in die Verlängerung: nur noch schnell die wichtige E-Mail schreiben, nur kurz die Notiz festhalten, nur eben noch den Kollegen Maier informieren – und dann geht es aber wirklich in den Feierabend. Und trotz der Überstunden quält auf dem Heimweg die Frage:

> **Frage**
> Was habe ich eigentlich heute geschafft?

Klar gibt es viel, was an diesen Tagen abgearbeitet wurde. Niemand dreht einfach nur Däumchen! Doch war etwas wirklich Wichtiges, etwas Wertvolles dabei? Haben sich die Stunden gelohnt und hast Du durch Dein Tun tatsächlich etwas bewirkt? Es gibt solche frustrierenden Tage, an denen einem keine befriedigende Antwort einfällt. Ist man dann ehrlich zu sich selbst, sind es die Tage, an denen Überlegungen zum Sinn und Zweck des eigenen Engagements aufkommen. Tage, an denen sich Unzufriedenheit breitmacht, und einen mehr oder weniger Selbstzweifel zu den persönlichen Kompetenzen plagen.

Doch es gibt auch richtig gute Tage. Momente, in denen der Sinn und Zweck des eigenen Bemühens deutlich spürbar werden, in denen die Wirksamkeit des eigenen Handelns und der Wert des eigenen Tuns klar erkennbar werden. Das muss gar nicht zwingend etwas „Großes" sein: Vielleicht eine Teamsitzung, in der der eigene Beitrag ankommt und die Kolleginnen sich mit den eingebrachten Gedanken ernsthaft auseinandersetzen. Oder der Augenblick, wo etwas Neues entsteht, weil die unterschiedlichen Talente im Team genutzt werden und das gemeinsame Anliegen einen spürbaren Schritt vorwärtskommt.

Wir wissen, dass im Alltag einer Führungskraft sowohl die einen als auch die anderen Tage dazugehören – die inspirierenden und kraftspendenden Momente genauso wie die selbstkritischen Fragen zur eigenen Wirksamkeit. Doch was kannst Du konkret tun, um häufiger positive Erfahrungen zu machen und die Wirksamkeit deines Tuns zu erhöhen? Wir haben persönlich und in der Begleitung von Führungskräften die Erfahrung gemacht, dass hierfür zwei Aspekte besonders wirksam sind:

> **Wichtig**
> 1. Das eigene Handeln so auszurichten, dass es möglichst konsequent und bewusst Nutzen für das Unternehmen bringt.

und

2. Das eigene Handeln zu hinterfragen und den Nutzen, den es bereits jetzt stiftet, zu realisieren.

Dein Handeln konsequent am Nutzen ausrichten

„Muss denn immer alles ganz rational und an einem Zweck ausgerichtet sein? Was ist mit Müßiggang, hat der denn keine Berechtigung?" – diese Fragen sind berechtigt. Müßiggang und absichtsloses Tun haben ihren Sinn. Und natürlich „darf" Dein Leben nicht rein funktional ausgerichtet sein. Uns geht es nicht darum, jegliches Handeln oder gar Deine Person einem Zweck unterzuordnen. Vielmehr werben wir für einen bewussten und gezielten Einsatz Deiner Ressourcen im Beruf. Nach unserem Verständnis sind Organisationen und Unternehmen – abstrakt formuliert – eine Gruppe von Menschen, die sich arbeitsteilig für die Erfüllung eines gemeinsam vereinbarten Zwecks engagieren. Auf der Grundlage dieses Verständnisses ist klar, dass, wenn ein Unternehmen den Zweck hat, richtig gute Schokolade herzustellen, sich eine Führungskraft die Frage gefallen lassen muss, welchen Beitrag sie hierzu im Alltag leistet. Ebenso muss eine Vorgesetzte in einem Stahlkonzerns beschreiben können, was sie zur Qualität des Stahls beiträgt, und eine Pflegedienstleitung im Krankenhaus sollte sich ihres Beitrags für die Gesundheit beziehungsweise Genesung der Patienten bewusst sein. Wir gehen davon aus, dass jeder, der für sich erkennt, welcher Nutzen für andere durch das eigene Engagement entsteht und welcher Beitrag für die Erfüllung des Unternehmenszwecks geleistet wird, deutlich zufriedener im Job ist. Es wirkt motivierend zu wissen, was das eigene Tun bewirkt. Und es hilft, durchzuhalten und dranzubleiben, wenn der Alltag besonders herausfordernd ist.

Wenn Du den Zweck des Unternehmens, in dem Du beschäftigt bist, klar erkennst, wirkt dies hoffentlich auch als deutlicher Orientierungspunkt für Dein Tun. Im Idealfall vermittelt er Dir, was in Deinem Job wirklich wichtig und wertvoll ist. Und an diesem Zweck kannst

Du Dein Handeln konsequent ausrichten. Dann wird sich einiges verändern: Aus einer reinen Beschäftigung wird ein sinnvolles, sinnstiftendes Tun, aus dem notwendigen Ausüben unangenehmer Aufgaben eine sinnvolle (wenn vielleicht auch nicht so spannende) Tätigkeit. Und selbst unangenehme Aufgaben lassen sich motivierter bearbeiten, wenn Dir bewusst ist, welchen Nutzen diese Tätigkeiten stiften, um letztendlich zur Erfüllung des Unternehmenszwecks beizutragen.

Daher schlagen wir Dir vor, Dich intensiv mit dieser Frage auseinanderzusetzen:

> **Frage**
> Welchen Nutzen stifte ich wem?

Nimm diese Frage ruhig immer mal wieder in den Blick – es lohnt sich.

Suche nach dem Nutzen, den Du bereits jetzt stiftest

Wahrscheinlich stiftest Du an mehr Stellen Nutzen, als Dir bewusst ist. Wir sind sicher, dass im Berufsalltag vieles eine Berechtigung hat und oft auch dann ein Nutzen entsteht, wenn Du diesen selbst nicht erkennen kannst. Wir empfehlen Dir, herauszufinden, wem genau Du welchen Nutzen stiftest: Das Gespräch mit anderen hilft, die Beiträge besser aufzuspüren, die Du bereits heute leistest. Und vielleicht machst Du die Erfahrung, dass auch an den ganz hektischen, oben beschriebenen Tagen etwas Sinnvolles zustande gekommen ist, das Dir bis dahin noch gar nicht bewusst war. Daher schlagen wir Dir vor, mit Kolleginnen, Vorgesetzten oder auch Mitarbeitenden ins Gespräch zu kommen und Dir Feedback zu der Frage einzuholen:

> **Frage**
> Welchen Nutzen stifte ich (dir)?

Diese Außensicht wird wertvoll sein. In den meisten Fällen bringt sie die Erkenntnis, dass wir uns selbst meist kritischer betrachten, als es andere tun. Du erkennst vielleicht, dass selbst an den für Dich unbefriedigenden Tagen andere dankbar für Dein Tun sind. Wir sind überzeugt, dass solche Tage zukünftig weniger frustrierend sein werden, wenn andere Dir Feedback zu Deiner Wirksamkeit geben, wenn sie Dir den Unterschied beschreiben können, den Du mit Deinem Handeln machst. Es lohnt sich daher, auf die Suche nach dem Nutzen zu gehen, den Du bereits jetzt stiftest.

Beide Ansatzpunkte sind zielführend. Während der erste Dir helfen wird, Dein Engagement noch konsequenter auszurichten, wird der zweite Dir einen wohlwollenden, wertschätzenden Blick auf Dich selbst ermöglichen. Beides ist wichtig, um an möglichst vielen Tagen motiviert und inspiriert in die Arbeit zu starten!

Handlungs- und Denkanstöße

So kannst Du heute den Impuls in Deinem Führungsalltag umsetzen

1. Bitte mache Dir Gedanken, welchen Nutzen Du wem stiftest. Bringe dies in möglichst einfachen Worten in maximal drei Sätzen auf den Punkt und halte sie für Dich fest.
2. Nachdem Du die Sätze formuliert hast, suche das Gespräch zum Thema „Nutzen" mit ein, zwei Kollegen und Mitarbeiterinnen sowie (wenn möglich) mit Deiner Vorgesetzten. Erkundige Dich nach ihren Einschätzungen: Welchen Nutzen stiftest Du Deinen Gesprächspartnern und welchen dem Unternehmen als Ganzes?
3. Reflektiere nach den Gesprächen Deine drei Sätze. Schärfe Deine Formulierungen aufgrund der Rückmeldungen nochmals.

Tag 10

Drei „Nutzensätze"

Wie erging es Dir gestern? Hast Du drei Sätze formulieren können? Bist Du zufrieden mit Deinen Ergebnissen? Und was haben Deine Gesprächspartnerinnen gesagt? Haben Dir ihre Aussagen beim Schärfen Deiner Sätze geholfen? Gelingt Dir ein wertschätzenderer Blick auf Dich selbst, weil Dir Nutzen klar wurde, den Du bereits heute stiftest, aber bisher nicht erkannt hast?

Uns scheint weniger wichtig, ob die Sätze schön klingen, moderne Managementbegriffe beinhalten oder besonders klug wirken. Relevant ist, ob die Inhalte für Dich richtig gut passen, und ob es Dir gelingt, diese in wenigen klaren Worten auf den Punkt zu bringen. Lange ausschweifende Formulierungen sind meist einfacher als kurze, eindeutige Aussagen. Klare, verständliche Aussagen müssen unserer Erfahrung nach erst mit der Zeit reifen. Es ist eine Art Filterprozess, in dem alles Unklare und Unwesentliche ausgefiltert wird und am Ende die Essenz übrigbleibt. Und wenn alles gut läuft, fragst Du Dich am Ende, warum es so schwierig war, diese einfachen Sätze zu gestalten. Doch das Filtern braucht Zeit und den Blick aus verschiedenen Perspektiven. Ohne diese zusätzlichen Klärungsbemühungen bleibt vieles eher vage und kraftlos. Der Aufwand lohnt sich; am Ende haben nicht nur die Botschaften an Präzision und Aussagekraft gewonnen, sondern es wächst auch Deine innere Klarheit.

Wir würden uns freuen, wenn Deine Sätze auch in den folgenden Tagen weiter reifen dürfen. Habe ein wenig Geduld und den Mut, die Sätze immer wieder weiterzuentwickeln. Wir hoffen sehr, dass auch Du am Ende zu dem Schluss kommst: Der Aufwand hat sich gelohnt!

Was würden Unsere Kunden sagen?

Gestern haben wir Dir empfohlen, Dein berufliches Verhalten möglichst konsequent am Interesse des Unternehmens auszurichten. Heute möchten wir diesen Gedanken nochmals kritisch durchleuchten. Ein

Unternehmen hat einen Zweck und dieser Zweck sollte immer auf Dritte ausgerichtet sein. Beim Textilhersteller ist es der Mensch, der die Kleidung hoffentlich gerne trägt, beim Sägewerk vielleicht das Bauunternehmen, welches auf die Qualität vertrauend Holzbalken in der Konstruktion eines Gebäudes verwendet oder in einer Galerie die kunstinteressierte Besucherin, die die dargebotenen Werke bestaunt. Egal in welche Branche wir schauen, gibt es immer Nutznießer, an denen Organisationen ihre Leistungen ausrichten und die den Zweck bestimmen. Doch zwischen der internen Vorstellung, wie gut dies gelingt, und der Betrachtung durch den Kunden können durchaus Welten liegen. Wir erleben interessanterweise immer wieder, dass in Organisationen zwar klare Bilder vorhanden sind, welche Vorteile und Bedeutung ihre Leistungen und Produkte für die Kundinnen oder Leistungsempfänger haben, die Kundinnen und Leistungsempfänger uns jedoch etwas anderes erzählen, wenn wir die Chance bekommen, uns mit ihnen direkt auszutauschen. Es lohnt sich daher immer, wenn in Deinem Unternehmen über den Nutzen gesprochen wird, die Frage in den Raum zu stellen: „Was würden unsere Kunden sagen?" Und es wird auch hilfreich sein, in einigen Fällen tatsächlich mit Kundinnen ins Gespräch zu kommen. Das wird schon aus zeitlichen Gründen nicht ständig möglich sein, aber vor wichtigen Grundsatzentscheidungen und Fragen der strategischen Ausrichtung ist dies aus unserer Sicht ein Muss.

Wir alle glauben allzu oft zu wissen, was andere denken, fühlen, wollen oder brauchen. Und wir tappen damit schnell in die Falle, ein Unternehmen auf einen vermeintlichen Kundennutzen hin auszurichten und zu optimieren und damit vielleicht haarscharf an den wirklichen Interessen der Menschen vorbeizuentwickeln.

Wenn zum Beispiel Kunden an ihrem Supermarkt um die Ecke die klare Struktur sowie die direkten Laufwege zur Kasse schätzen, um zügig einkaufen und schnell wieder anderen Dingen nachgehen zu können, kann es falsch sein, Laufwege zum Erlebnis werden zu lassen. Wenn dann jeder Schritt vorgedacht wird und Wege bloß nicht zu schnell zur Kasse führen, sondern die Einkaufswagen an möglichst vielen Regalen und Aktionsflächen vorbeigeschoben werden sollen, um gut gefüllt zu werden, geht die Einkäuferin verloren, die nur schnell etwas besorgen will und ihre Produkte zügig finden möchte. Als Berater haben wir genau diese Erfahrung gemacht: Im Gespräch mit dem Regionalleiter, der Marktleiterin und einigen Verkäuferinnen wurden rückläufige Verkaufszahlen mit Unverständnis aufgenommen und es wurde uns voller Überzeugung versichert, dass die Kundinnen ein Einkaufserlebnis wünschen. Das Verkaufsteam war sich vollkommen sicher, dass die Veränderungen im Markt für die Kundschaft wichtig und richtig waren. In Gesprächen mit einzelnen Kunden zeigte sich uns aber eine ganz andere Wirklichkeit: Die Kunden vermissten die Möglichkeit, schnell und auf kurzen Wegen einzukaufen.

Was würden also Eure Kunden sagen? Was ist ihnen wichtig und welchen Nutzen stiftet Ihr wirklich? Beides wird nie hundertprozentig deckungsgleich sein, aber es ist eine ausreichend große Schnittmenge notwendig. Was denkst Du, wie hoch ist diese Übereinstimmung in Deinem Unternehmen? Nur wenn diese Schnittmenge bei Deinem Unternehmen groß genug ist, bleiben wir uneingeschränkt bei der Aussage von gestern. Andernfalls würden wir ergänzen und konkretisieren: Trage mit Deinem Engagement und den Möglichkeiten, die Dir zur Verfügung stehen, dazu bei, dass Dein Unternehmen möglichst konsequent am Nutzen für die Kundinnen und Leistungsempfänger ausgerichtet ist. Denn dieser Ansatz ist auch die wirksamste Art und Weise, den Nutzen für das Unternehmen in der Gegenwart und für die Zukunft zu optimieren. Und je weniger der tatsächliche Kundennutzen bei Euch berücksichtigt wird, umso häufiger solltest Du die Frage nach der Sicht der Kundinnen stellen!

Kundennutzen auf allen Ebenen

Unsere vorgeschlagene Frage „Was würden unsere Kunden sagen?" ist wertvoll auf allen Ebenen einer Organisation, von der Basis bis zum Top-Management. Und nach unserer Erfahrung wird diese Frage, je weiter wir in der Hierarchie nach oben schauen, immer wichtiger. An der Basis im direkten Kontakt mit den Kundinnen ist meist noch ein recht gutes Gespür für die Bedürfnisse, Interessen und Belange der Leistungsempfänger oder Käufer vorhanden. Das obere Management läuft schnell Gefahr, keinen wirklichen Draht mehr zu den Kunden zu haben – auch wenn „Kundenorientierung" ein Schlagwort ist, welches in kaum einem Leitbild fehlt und auch von Vorständen und Geschäftsführungen eingefordert wird. Ähnlich wie bei der „stillen Post" kommen im Top-Management über viele Stationen weitergetragene und damit veränderte Botschaften an, was Kunden vermeintlich sagen und wünschen. Es entsteht ein trügerisches Bild. Ohne die Anbindung an die Belange der Kundinnen wird vieles von „oben", aus den Unternehmensinteressen heraus, wahrgenommen, gedacht und umgesetzt – ohne dass wirklich verstanden wird, was derjenige erwartet, der am Ende bezahlen soll.

Es ist also nicht wichtig, auf welcher Ebene Du tätig bist. Auch ist es nicht entscheidend, mit wem Du gerade zusammenarbeitest oder im Gespräch bist. Im Austausch innerhalb der Geschäftsführung ist die „Kundenstimme" ebenso wertvoll wie in der Entwicklungsabteilung, im Verkaufsteam oder für die Kollegen im Beschwerdemanagement. Auch in Projektteams, in denen Kolleginnen aus allen Bereichen und Ebenen zusammenkommen, wird diese Frage notwendig und wesentlich sein.

Wir sehen diese Frage inzwischen als eine Art „Jokerfrage". Sie erscheint uns fast immer sinnvoll und hilfreich. Wenn wir in unserem Beratungsalltag nicht mehr richtig weiterwissen, wenn wir versuchen, in festgefahrenen Konflikten Orientierung zu bieten oder uns bei der Gestaltung von Stellen einbringen, hilft uns diese Frage eigentlich immer gut weiter. Zumindest, wenn es uns gelingt, diese auch sinnvoll in den aktuellen und gegebenen Kontext einzubetten.

Vielleicht probierst Du es heute oder in den nächsten Tagen einfach einmal selbst aus. Solltest Du in einer Besprechung, einem Gespräch oder in einer Auseinandersetzung den Eindruck haben, dass es nicht wirklich in die richtige Richtung geht, stelle die Jokerfrage: „Was würden unsere Kunden sagen?" und nehme genau wahr, was passiert. Der eine oder die andere ist vielleicht irritiert oder es gibt auch Unverständnis für Deine Frage. Dann bleibe Dir aber treu und erkläre, warum du die Orientierungskraft der Kundin nutzen möchtest: „Wenn wir uns hier gerade nicht einig sind, was am besten ist oder was wir konkret tun sollen, dann lasst uns doch einmal versuchen, diese Pattsituation mit der Kundenbrille aufzulösen." So oder so ähnlich wird es Dir ganz bestimmt gelingen, zu zeigen, dass Du nicht blockieren oder mit der in diesem Moment vielleicht sonderbar klingenden Frage provozieren möchtest, sondern eine Lösungsrichtung einschlagen willst. Und wenn

Du mutig bist, probierst Du es vielleicht sogar in einem anderen Kontext mit anderen Beteiligten gleich noch einmal. Achte auch hier genau darauf, was passiert. Wir sind wirklich sicher, dass am Ende durch Deine Fragen etwas Gutes in Gang kommt – egal, auf welcher Ebene, in welchem Bereich und welchem Kontext.

Mein Beitrag für den Kunden

Wenn der Kunde auf allen Ebenen ein entscheidender, vielleicht sogar der wichtigste Orientierungspunkt ist, dann doch auch für Dich selbst und Dein Handeln, oder? Insofern kannst Du Dir die Jokerfrage auch selbst stellen. Was würden Eure Kunden dazu sagen, was Du im Alltag tust? Würden sie erkennen, dass Du einen Nutzen einbringst oder Deine Beiträge ihnen Nutzen bringen? Macht es für sie einen Unterschied, ob Du Deine Aufgaben kompetent und engagiert erledigst oder unkonzentriert und schlampig (was wir Dir natürlich auf keinen Fall unterstellen möchten!)? Denke einmal darüber nach. Oder noch besser: Gehe doch einmal mit einer Kundin ins Gespräch. Beschreibe ihr, was Du tust und frage nach dem Nutzen, der dadurch für sie entsteht. Uns ist bewusst, dass je nach Tätigkeit und Aufgabengebiet diese Frage recht einfach oder aber sehr schwierig zu beantworten sein wird. Als freundlicher Bäckereifachverkäufer bekommst Du vielleicht zu hören, dass Du mit Deinem Lächeln und deiner liebevollen Art Deiner Kundin den Start in den Tag mit guter Laune erleichterst. Als Leiter des Bereichs Finanz- und Rechnungswesen des ortsansässigen Autohauses ist der Nutzen vielleicht nicht so schnell benannt. Insbesondere, wenn der Nutzen nicht so offensichtlich ist, wie in unserem Beispiel in der Bäckerei. Der Nutzen kann auch eine verlässlich und korrekt arbeitende Buchhaltung oder das gemeinsame Gespräch in einer vertrauensvollen Geschäftsbeziehung sein. Im Gespräch mit der Kundin wird dann schnell deutlich, dass eingehaltene Zahlungs- oder Abbuchungstermine, richtig ausgestellte Rechnungen und korrekt ausgewiesene Steuern durchaus einen Vorteil für den Kunden bieten – ein Nutzen, der zunächst nicht offensichtlich ist, aber ganz entscheidend für eine vertrauensvolle Geschäftsbeziehung.

Und wenn Du keinen direkten Kundenkontakt hast, was hält Dich davon ab, einmal ein paar Tage dorthin zu gehen, wo Eure Kunden sind? Raus aus der Buchhaltung oder wo immer Du Deine Stelle hast und rein in den Verkaufsraum, den Vororttermin im Vertrieb oder den Servicepool, raus aus der Schulverwaltung und rein in den Klassenraum oder weg vom Schreibtisch eines Entsorgungsbetriebs an die Seite eines Kollegen auf dem Müllentsorgungswagen. Du wirst sehen, dass Dir sowohl Deine Kolleginnen als auch Kunden positiv interessiert begegnen werden. Keine Vorgesetzte sollte etwas dagegen haben, wenn Du erklärst: „Ich würde gerne einmal für einen oder zwei Tage im Verkauf dabei sein. Mir wäre wichtig, unsere Kunden einmal direkt zu erleben und noch tiefer zu verstehen, welchen Nutzen wir ihnen stiften." Frage nach und Du bekommst bestimmt früher oder später die Chance, der Kundin direkt gegenüberzutreten. Und wenn Du selbst entscheiden kannst – was hindert dich daran? Du hast nichts zu verlieren und kannst nur gewinnen. Wir sind sicher: Wenn Du als Führungskraft den Schritt an die Basis machst, wird Dir Anerkennung entgegengebracht. Traue Dich und Du bekommst die Chance auf ein direktes Gespräch mit Kunden! Wolfgang Grupp, der Chef von Trigema steht als alleiniger Inhaber seines Textilunternehmens bis heute immer wieder selbst an der Kasse und zieht Waren über den Scanner. Warum? Er sucht den Kontakt zum Kunden.[1] Und auch wenn wir Wolfgang Grupp nicht unbedingt als Modell für eine erfolgreiche Führungskraft der Zukunft ansehen, so ist er in diesem Punkt für uns wirklich ein Vorbild.

Was bringt Dir also ein solches Kundengespräch? Du bekommst die Möglichkeit, den Nutzen, den Du und Deine Beiträge für Dein Unternehmen schaffen, klarer zu erkennen. Es wird einen deutlichen Unterschied machen, wenn Du in Zukunft auf die Frage, wofür Du in Deinem Job eigentlich verantwortlich bist, nicht mehr als erstes antwortest: „Ich bin Leitung Finanz- und Rechnungswesen.", sondern vielleicht:

---

[1] Solveig Gode: Ich war bei Trigema einkaufen und an der Kasse stand Wolfgang Grupp höchstpersönlich https://www.businessinsider.de/wirtschaft/handel/ich-war-bei-trigema-einkaufen-und-an-der-kasse-stand-wolfgang-grupp-hoechstpersoenlich-r/, Zugriff am 19.01.2023.

„Ich engagiere mich in unserem Unternehmen dafür, dass das Vertrauen unserer Kunden in uns durch korrekte Rechnungen und Abläufe gestärkt wird. Und ich sorge für ein geringeres Risiko für unser Unternehmen durch die Einhaltung von gesetzlichen Vorgaben und durch transparente Verbuchungen." Diese exemplarische Antwort ist sicher nicht umfassend und wahrscheinlich kommt irgendwann der Punkt, wo es auch sinnvoll ist, die eigene Stellenbezeichnung dazuzustellen. Aber mit solchen Formulierungen wird klar und deutlich, „wozu" Du etwas tust. Du beschreibst dann nicht mehr, womit Du Dich den ganzen Tag beschäftigst, sondern was Du damit erreichen möchtest.

Und ja, so ähnlich hast Du wahrscheinlich bereits gestern drei Sätze in Deinem Notizbuch festgehalten. Wenn Du den Mut für das Gespräch mit einer Kundin gefunden hast und gemeinsam nach Deinem Beitrag zum Nutzen für Deine Organisation gesucht hast, besteht nun die Chance, Deine Sätze reifen zu lassen. Gibt es etwas, was Du durch die wertvolle Kundenperspektive ändern oder weiterentwickeln willst?

Handlungs- und Denkanstöße

So kannst Du heute den Impuls in Deinem Führungsalltag umsetzen

1. Bitte schreibe die Jokerfrage auf einen Zettel, eine Karte oder in den Kalender, den Du im Alltag nutzt – so hast Du eine sichtbare Erinnerung. Sei mutig und wende die Frage immer wieder an. Wir empfehlen Dir, nach Möglichkeit den Moment und Kontext, in dem Du die Frage gestellt hast, zu notieren und die Reaktionen stichwortartig festzuhalten.
2. Bitte bewerte, wie hoch die Übereinstimmung zwischen dem in Deinem Unternehmen angenommenen und dem von Dir tatsächlich vermuteten (oder im Kundengespräch erfahrenen) Kundennutzen ist. Wie groß ist die Schnittmenge (0 % = wir arbeiten völlig am Kunden vorbei – 100 % = wir wissen genau und fundiert, was unsere Kundinnen wollen)? Halte Deine Einschätzung fest.
3. Reflektiere bitte nochmals Deine drei Sätze von gestern. Lasse diese vor dem Hintergrund der heutigen Überlegungen zur Kundenperspektive nochmals reifen.

Tag 11

Kundenperspektive

Super, Du hast sowohl den Mut als auch die Möglichkeit gefunden, direkt mit einer Kundin zu sprechen? Wie war diese Erfahrung für Dich? Was ist Dir durch die Perspektive der Kundin klar geworden? Und Du hast die Jokerfrage gestellt? Was ist daraufhin passiert?

Auch wenn bei Deinen Fragen wahrscheinlich nicht nur Applaus kam und Du Dich vielleicht auch nicht bei allem und zu jeder Zeit wohlgefühlt hast – es war ein wertvoller Beitrag für Dich und Dein Unternehmen! Die Schnittmenge zwischen vermuteten Kundenmeinungen und tatsächlicher Kundenansicht ist größer geworden. Danke dafür.

Uns ist natürlich bewusst, dass Eure Kunden vielfältig sind und wahrscheinlich keine einheitliche Perspektive und keine homogenen Vorstellungen haben. Auch werden sich Erwartungen der Kundinnen mit der Zeit verändern. Die Konsequenz daraus ist klar: Es ist sehr sinnvoll, diese Fragen immer mal wieder zu stellen und auch ganz gezielt Kundenkontakte erneut einzuplanen und Begegnungen zu ermöglichen. Trage das nächste Kundengespräch schon heute in Deinen Kalender ein. Und solltest Du einmal die Stelle oder gar Deinen Arbeitgeber wechseln, weißt Du, was Du bereits in der Einarbeitung einplanen solltest: einen Tag mit Kundenkontakt.

Relativität von Nutzen und Zeit

Albert Einstein hat mit seiner Anfang des 20. Jahrhunderts veröffentlichten allgemeinen sowie der speziellen Relativitätstheorie die Struktur von Raum und Zeit sowie das Wesen der Gravitation beschrieben. Vereinfacht könnte man sagen, dass die Phänomene Raum, Zeit und Massenanziehung nicht singulär, sondern nur in Relation zueinander verstanden und auch erklärt werden können. Doch nicht nur diese universalen Beziehungen und Zusammenhänge sind relativ, sondern auch der Kundennutzen, und zwar in vielerlei Hinsicht.

So ist der Nutzen, den Ihr in Deinem Unternehmen für Kunden stiftet, nur zu beurteilen, wenn dieser in Relation zu alternativen Anbietern[2] betrachtet wird. Was nützen Dir überschwängliche Rückmeldungen von Deinen Kundinnen, wenn in Deinem Unternehmen nicht erkannt wird, dass Eure Konkurrenten am Markt noch besseren Nutzen stiften. Die Bewertung „sehr gut" sollte Euch also nur dann in Sicherheit wiegen, wenn es keine vergleichbaren Produkte und Dienstleistungen gibt, die vom Kunden eine „Eins mit Sternchen" erhalten würden. Ebenso kann ein „Befriedigend" Euren Kurs durchaus bestätigen, wenn der von Kundinnen als „Nächstbester" bewertete Konkurrent nur ein „Ausreichend" bekommt.

Doch wir wollen hier intensiver auf eine weitere Relation eingehen – nämlich das Verhältnis von Nutzen und Zeit. Ähnlich wie der Raum gekrümmt und dadurch Zeit relativ wird, bleibt der Nutzen von Leistungen und Produkten über die Zeit nicht konstant. Selbst wenn Ihr gar nicht mehr an eine Kundin denkt und Ihr vielleicht auch schon positive Rückmeldungen erhalten habt, kann sich noch etwas in der Wahrnehmung verändern.

> Die Nutzenwahrnehmung ist keine reine Momentaufnahme. Der Nutzen eines Produktes oder einer Dienstleistung entwickelt sich im Zeitverlauf.

Stelle Dir vor, Du dankst nach einem wunderbaren Essen dem Koch für das perfekte Essen und verlässt das Restaurant zufrieden und mit einem vollendeten Genusserlebnis. Würdest Du Deine gute Bewertung im Nachhinein vielleicht dennoch nach unten korrigieren, wenn es Dir Stunden später nicht gut geht, das Essen schwer im Magen liegt und Dein Bauch schmerzt?

Ein weiteres Beispiel: Die bisherige Hausdämmung hat zwar den Energiebedarf über Jahre deutlich gesenkt, stellt Dich jedoch vor unerwartete Entsorgungsherausforderungen und damit verbundene

---

[2] Fredmund Malik (2009): Management – das A und O, S. 215.

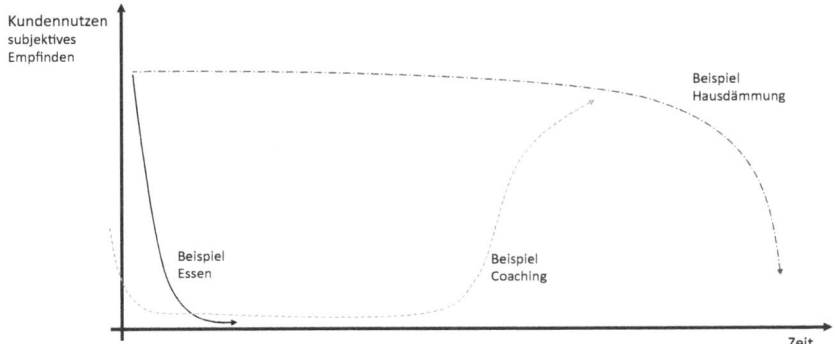

Abb. 1 Kundennutzen im Zeitverlauf

immense Kosten. Die bisherige Zufriedenheit mit der Dämmung wird deutliche Kratzer erfahren, wenn Ihr die Dämmung erneuern müsst.

Genauso kann es Teil unserer Arbeit sein, dass wir Führungskräfte im Coaching konfrontieren oder in manchen Situationen sogar provozieren, um deren Entwicklung zu fördern. Diese Situationen können dazu führen, dass Ratsuchende unsere Arbeit vielleicht infrage stellen oder – wenn es schlecht läuft – sogar keinen Nutzen mehr in unserer Begleitung sehen. Doch wir haben auch schon erlebt, dass Klienten Jahre später erneut den Kontakt zu uns gesucht haben und mit Abstand erkannten, welchen Nutzen unsere Intervention gestiftet hat. Unser Eingreifen hat dann einen guten, wenn auch anfangs beschwerlichen Weg eröffnet.

Wahrnehmung und Bewertung können zu unterschiedlichen Zeitpunkten erheblich abweichen. Wo am Anfang Zufriedenheit steht, können Enttäuschung oder gar Ärger folgen und umgekehrt. Dieser Entwicklungsverlauf ist vielleicht unterschiedlich stark ausgeprägt, aber er stellt immer eine Herausforderung dar. Abb. 1 zeigt, wie unterschiedlich die Entwicklung verlaufen kann.

> **Fragen**
> Ist mir überhaupt klar, wie sich der Nutzen für den einzelnen Kunden im Laufe der Zeit weiterentwickelt?
> und
> Was ist bei der Nutzengestaltung und -ausrichtung eigentlich das Entscheidende: der Nutzen im Moment der Kaufentscheidung oder die durchschnittliche Bewertung über den kompletten Nutzenzyklus bis zum Ende der Auswirkungen eines Produktes oder einer Dienstleistung?

Der Aspekt der dynamischen Nutzenentwicklung liegt uns sehr am Herzen. Wir nehmen wahr, dass vieles in Unternehmen und in unserem Wirtschaftssystem auf den kurzfristigen Nutzen ausgerichtet ist. Und wir Menschen scheinen dafür gerade auch als Kunden empfänglich zu sein. Der aktuelle Vorteil wird meist dem zukünftigen Vorteil vorgezogen, selbst wenn dieser größer sein sollte. Das kennst Du vielleicht vom Marshmallow-Test[3], der in der psychologischen Forschung diesen Effekt bestätigt. Ganz sicher kennst Du so etwas aber aus Deinem Betrieb. Da wird zum Beispiel bei der Beschaffung von teuren Maschinen und Geräten ein reiner Preisvergleich genutzt und dem günstigeren Angebot der Vorzug gegeben. Würde der Nutzenzyklus betrachtet, müssten neben der Beschaffung alle in der Nutzungsdauer und darüber hinaus entstehenden Kosten wie etwa für Betriebs- und Hilfsmittel sowie die Wartungs- und ggfls. Entsorgungskosten herangezogen werden. Oder Investoren machen Entscheidungen vom nächsten Quartalsergebnis abhängig, auch wenn dieses nichts über die Zukunftsfähigkeit eines Unternehmens aussagt. Oder dem Kunden wird noch schnell das alte Produkt verkauft, um aktuelle Vertriebsergebnisse zu verbessern, auch auf die Gefahr hin, dass der Kunde bald erkennt, dass es bereits eine neue Version des Produktes gab. Dir werden sicher noch einige andere Dinge und Erlebnisse einfallen, bei denen Entscheidungen nur nachvollziehbar sind, weil der Fokus ausschließlich auf den heutigen Vorteil

---

[3] Walter Mischel, Thorsten Schmidt (2016): Der Marshmallow-Effekt.

gelegt wurde. Und wenn Du Dir an die eigene Nase fasst, entdeckst Du solche Tendenzen vielleicht auch an Dir.

Wir möchten diese Form, Entscheidungen zu treffen, nicht verurteilen. Sie ist menschlich und natürlich geben auch wir in manchen Situationen dem Impuls nach, nur den kurzfristigen Nutzen zu berücksichtigen. Wir möchten aber gerne dafür werben, den Blick zu weiten, denn der vom Kunden erlebte Nutzen kann nur richtig beurteilt werden, wenn man den Gesamtnutzen über die gesamte Lebensdauer eines Produktes oder einer Dienstleistung sieht. Daher schlagen wir auch vor, nicht nur den Nutzen im Jetzt zu optimieren und anzupreisen, sondern den Nutzen in der Gesamtbilanz zu verbessern. Diese Gesamtbilanz ist für uns auch ein Schlüssel für eine ehrliche und belastbare Kommunikation in Richtung Kundin.

Nutzen als Verhandlungsargument oder ehrliches Versprechen

Uns ist Ehrlichkeit ein Herzensanliegen. Wir sind davon überzeugt, dass nur aus einer ehrlichen Begegnung heraus tragfähige Beziehungen entstehen können. Und wenn Führung bedeutet, sich selbst und anderen Orientierung zu bieten, wird die Orientierungskraft deutlich stärker sein, wenn sie auf der Basis einer ehrlichen Beziehung steht. Daher ist uns auch bei allen Nutzenüberlegungen wichtig, dass diese nicht zu reinen Verhandlungsargumenten verkommen. Egal wie gut diese formuliert sind, wird es darauf ankommen, dass Du sie als ein ehrliches Versprechen verstehst. Ein Versprechen, welches Du im Rahmen Deiner Möglichkeiten und mit aller Kraft einhalten möchtest. Deshalb schlagen wir einen Realitätscheck bei allen Nutzenformulierungen vor: Kann ich den beschriebenen Nutzen wirklich versprechen und wird es mir aller Voraussicht nach gelingen, diese Zusage auch einzuhalten?

Auch deshalb ist uns die oben beschriebene dynamische Nutzenentwicklung so wichtig. Prüfe möglichst über die gesamte Nutzungsdauer hinweg, ob Du ein tragfähiges und stimmiges Angebot formulieren kannst, das über die gesamte Dauer funktioniert. Gibt es einen Zeitpunkt für Dein Gegenüber an dem Deine Formulierung weniger überzeugend oder gar zynisch wirken könnte? Kannst Du bei Deinen Versprechen, die Du der Kundin machst, noch selbst in den Spiegel schauen? Argumentiere also möglichst nicht nur aus dem Hier und Jetzt oder der aktuellen Gesprächssituation heraus. Wenn Du Menschen langfristig überzeugen und für Dich (und Dein Unternehmen) gewinnen willst, dann denke auch langfristig. Und dies gilt sowohl für den Nutzen, den Du Kunden direkt oder mittelbar stiftest, als auch für Deine Beiträge im Unternehmen, etwa für Kolleginnen oder Vorgesetzte. Überall wirst du früher oder später an Deinen Nutzenversprechen gemessen werden. Also formuliere weise und mit bedacht.

Wir kennen Unternehmen, in denen der Schein deutlich stärker strahlt als das Sein. Da findet sich fast überall optimiertes „Marketingsprech" und scheinbar perfekte Produkte versprechen den Kundinnen Glückseligkeit und viel mehr als diese erwarten: Wir leisten Perfektion! Wir sind Klassenbeste! Sie finden nirgendwo etwas Besseres! In einer solchen Unternehmenskultur ist es mit der Ehrlichkeit nicht weit her. Den nirgendwo ist alles Gold, was glänzt. Wenn Du Dich hier um ehrliche Aussagen bemühst, wird es wahrscheinlich Gegenwind geben. Unserer Erfahrung nach ergibt sich jedoch oft ein ganz anderes Bild in den Kaffeeküchen der Mitarbeitenden oder auch bei Kundenfeedbacks: Aussagen über die vermeintliche Perfektion werden karikiert oder sogar ins Zynische gekehrt.

Wir wünschen Dir den Mut, gerade in solchen Konstellationen für Ehrlichkeit einzustehen – natürlich mit Bedacht! Vielleicht helfen Dir Anregungen aus unseren Impulsen, um für mehr Aufrichtigkeit zu werben und die damit verbundenen Vorteile für Unternehmen vorzutragen. Nochmals: Wer tragfähige Beziehungen zu Mitarbeitenden oder Kundinnen gestalten und von Bindungen zu den Menschen profitieren möchte, kommt um ein Mindestmaß an Ehrlichkeit nicht herum. In ihrem Buch „Die angstfreie Organisation[4]" beschreibt Amy Edmond-

---

[4] Amy Edmondson (2020): Die angstfreie Organisation.

son die vielfältigen Nachteile, die sich für Unternehmen ergeben, wenn unter den Mitarbeitenden nicht ehrlich gesprochen wird oder gar Angst gegenüber Vorgesetzten besteht, die Wahrheit zu sagen: Individuelle und gemeinsame Lernerfolge sind reduziert, das Engagement der Mitarbeitenden geht zurück und auch die Arbeitsleistung bleibt unter den Möglichkeiten. Mit Deinen Beiträgen für mehr Ehrlichkeit und Offenheit hilfst Du somit unter dem Strich allen.

Handlungs- und Denkanstöße

So kannst Du heute den Impuls in Deinem Führungsalltag umsetzen

1. Bitte plane verbindlich einen nächsten Termin für ein Kundengespräch und trage diesen in Deinen Kalender ein. Vielleicht machst Du in Deinem digitalen Kalender direkt eine Serie daraus?
2. Denke doch einmal über den Begriff Ehrlichkeit nach und überprüfe für Dich, welche Bedeutung Ehrlichkeit in Deinem Berufsalltag hat. Gelingt es Dir, stets ehrlich zu sein? Was hält Dich vielleicht auch davon ab? Hast Du den Mut, es anzusprechen, wenn Du in einer nächsten Besprechung etwas als unehrlich erlebst?
3. Bitte schaue ein vorerst letztes Mal Deine drei Sätze von vorgestern an und unterziehe sie einem Realitätscheck. Haben die Sätze vor dem Hintergrund der zeitlichen Dynamik noch Bestand? Prüfe, ob Du nochmals „den Filter anlegst" und Aspekte, die Du nicht durchhalten kannst, von Deiner Essenz trennst.

Tag 12

Realitätscheck Ehrlichkeit

Du warst mutig und hast Dich für mehr Ehrlichkeit eingesetzt? Puh, das ist wirklich toll und Du wirst sehen, je häufiger Du Ehrlichkeit einforderst, umso leichter wird Dir dieses Einfordern fallen. Und auch Dein Umfeld wird erkennen, dass es Dir nicht darum geht, die Sonnenseite infrage zu stellen oder bei allem ständig ausschweifend über die Nachteile zu sprechen. Sie werden Dein Anliegen eines persönlichen oder auch gemeinsamen Realitätschecks nach und nach verstehen und erkennen, welche Gelassenheit und Stärke durch mehr Ehrlichkeit entstehen: zum Beispiel weniger Sorgen, dass der Kunde meine Versprechen als Verkaufstaktik enttarnen könnte, die Kollegin meine Inkompetenz in manchen Bereichen bemerkt oder meine Chefin die nicht erledigten Aufgaben entdeckt.

Danke, dass Du Dich um mehr Ehrlichkeit und Aufrichtigkeit bemühst! Wir sind überzeugt, dass Dir mehr Vertrauen entgegengebracht werden wird. Und es lebt sich sicher leichter und zufriedener, wenn Du morgens in den Spiegel schauen kannst. Natürlich wollen wir Dir nicht unterstellen, bisher nicht ehrlich gewesen zu sein, aber auch wir erleben es im Alltag immer wieder als herausfordernd, ehrlich zu sein. Es ist deutlich einfacher, insbesondere in großen Gruppen zuzustimmen oder auch stumm zu bleiben, als klar und aus dem eigenen Herzen heraus ehrlich zu sprechen und seine eigene Meinung gegenüber den anderen zu vertreten. Eines wird uns dabei auf jeden Fall helfen: Wenn wir den „Kampf um die Wahrheit" vermeiden.

Kampf um die Wahrheit

Schon in der Schule lernen wir, was richtig und was falsch ist. Und in weiten Teilen unserer Gesellschaft ist damit eng die Frage verbunden, wer recht hat und wer eben auch nicht. Wir halten es nur schwer aus, wenn Aussagen nicht zueinanderpassen, Bewertungen ein und desselben Sachverhalts unterschiedlich ausfallen oder Überzeugungen mehrerer Beteiligter so gar nicht kompatibel sind. Dann suchen wir nach dem Kompass oder der Ordnungskraft, die uns erklärt, was richtig und was falsch ist. Und wenn es diese Stimme nicht gibt, werden die immer gleichen Argumente immer vehementer vorgetragen. Ein gegenseitiges, wirkliches Verstehen-Wollen und die Möglichkeit, aufeinander zuzugehen, geraten immer weiter aus dem Blick.

Mit solchen Bewertungen, was richtig und was falsch ist, gehen auch immer Abwertungen von Personen einher. Neben der „Gewinnerin" oder den Personen, die recht haben, gibt es am Ende immer auch den oder die „Verlierer", die nicht das vermeintlich Richtige vertreten. Kennst Du diesen Kampf um die Wahrheit auch in Deiner Organisation? Hast Du solche Dynamiken der Bewertung auch schon erlebt? Und kennst Du in hitzigen Diskussionen auch bei Dir den Moment, wo Du den anderen nicht mehr richtig zuhörst, sondern nur darauf bedacht bist, Deine eigene Position durchzusetzen?

Im wissenschaftlichen Kontext und gerade im Bereich der Naturwissenschaften mag die Suche nach der Wahrheit berechtigt sein, doch im sozialen Miteinander und im ganz normalen Arbeitsalltag erleben wir diese Suche als kontraproduktiv. Da wird gerungen und zum Teil gestritten, wo eigentlich Neugierde und Interesse Platz haben sollten. Wir sind ganz der konstruktivistischen Überzeugung[5], dass die subjektive Wahrnehmung eines Menschen nie falsch sein kann. Auch wenn es eine objektive Wahrheit geben mag, sind wir alle nur über unsere eigenen Augen und Ohren, unser Riechen, Fühlen und Schmecken (und vielleicht einen sechsten Sinn) in der Lage, Dinge wahrzunehmen. Und selbst wenn jemand einen „Meta-Blick" hätte und die objektive „Wahrheit" kennen würde, gäbe es trotzdem die subjektive Wahrnehmung aller anderen Menschen, die genauso ihre Berechtigung hat. Für uns ist diese Erkenntnis kein Verlust. Nein, diese Erkenntnis ist eine riesige Chance, um nicht mehr destruktiv gegeneinander um die Wahrheit zu streiten, sondern mit Neugierde und Interesse anderen zu begegnen. Wenn ich mich mit jemandem mit einer ganz anderen Einstellung zu einem Thema unterhalte und nicht in den Wahrheitskampf gehe, wird

---

[5] Vgl. Bernhard Pörksen (2014): Schlüsselwerke des Konstruktivismus, S. 4.

es spannend: Wie kommst Du zu dieser so ganz anderen Einschätzung als ich? Lass mich verstehen, was Du wahrnimmst und auf welcher Grundlage Du dies so bewertest.

Erst durch Neugierde wird Vielfalt zur Chance

Erst durch ein solches Interesse am anderen wird Vielfalt zur Chance. Dort, wo gegeneinander um die eigene Wahrheit „gekämpft" wird, werfen unterschiedliche Perspektiven, ein anderer kultureller Hintergrund, Differenzen der beruflichen Sozialisation, des Glaubens, der Profession, des Geschlechts oder anderer Einflussgrößen immer Öl ins Konfliktfeuer. Haben die Beteiligten über die Hierarchieebenen hinweg einen homogenen Background und ähnliche Ansichten und Denkweisen, können Konflikte und unproduktiven Diskussionen am besten vermieden werden. Je ähnlicher alle wahrnehmen, denken und fühlen, desto größer wird die Übereinstimmung sein, was wahr und richtig ist. Und diese Übereinstimmung bietet den Menschen in solchen Systemen nicht nur Sicherheit, sie bestärkt die Systeme immer wieder selbst. Wer eine andere Meinung hat, wird ausgeschlossen oder gar nicht erst in die Gemeinschaft aufgenommen.

Die pauschale Aussage „Vielfalt ist ein Vorteil" stimmt in Organisationen somit nicht per se. Nur wenn die Mehrheit der Beteiligten eine Haltung der wertschätzenden Neugierde an den Tag legt, können Unterschiede zur Ressource werden. Es braucht eine Kultur, die Vielfalt begrüßt und darin eine Chance sieht, mehr und umfassender verstehen zu können. Für uns persönlich könnte theoretisch jedes Gespräch, in dem jemand eine andere Meinung vertritt, ein Weg zu mehr Verstehen und Erkennen sein.

Die Momente, in denen uns eine Kollegin voll und ganz zustimmt, fühlen sich zwar wahrscheinlich emotional gut an, weil wir Bestätigung und Zuspruch erfahren, doch nüchtern betrachtet, bringen uns diese Situationen kaum weiter. Sie festigen lediglich das Vorhandene und fordern uns nicht heraus, umzudenken oder neue Perspektiven zu wagen. In immer komplexeren Zeiten, in denen es immer schwieriger für uns wird, den Überblick zu behalten und den Dynamiken zu folgen, sollten wir uns genau aus diesem Grund immer wieder mit anderen Positionen und Meinungen beschäftigen.

Wir halten es für wichtig, dass wir anderen Menschen mit größtmöglicher Offenheit begegnen und neugierig sind. Jede Begegnung ist eine Chance, zu lernen und uns weiterzuentwickeln. In vielen Unternehmen ist dies nicht üblich und selbst diejenigen Organisationen, die sich „Diversity" in großen Lettern auf die Fahne schreiben, haben oft interne „Silos": Da wird ausschließlich mit den Kolleginnen aus dem eigenen Bereich gesprochen und Fachbegriffe, Abkürzungen und gemeinsame Rituale machen eine abteilungsübergreifende Verständigung schier unmöglich. Bei einem „siloübergreifenden" Meeting kann dann tatsächlich stundenlang aneinander vorbeigeredet werden. Für uns als externe Wegbegleiter ist es dann an der Zeit, neugierige Fragen zu stellen, zum Beispiel, was welche Abkürzung bedeutet und wie in der konkreten Abteilung ein Fachbegriff verwendet und verstanden wird. Und siehe da, den Mitarbeitenden geht plötzlich ein Licht auf: *„Ach, das hatte ich bei euch bisher aber immer anders verstanden.", „Oh, das war mir gar nicht bewusst.", „Ach so, dann könnten wir ja wirklich gemeinsam die Sache verbessern."*

Wenn Du also Deinem Gegenüber mit ehrlicher Neugierde begegnest, dann frage nach, versuche zu verstehen und Dich empathisch in die Situation des anderen einzudenken. Und wenn Du erreichen möchtest, dass Dich Menschen mit unterschiedlichem Background gut verstehen können, dann nutze eine einfache, verständliche Sprache und vermeide Abkürzungen, Fachbegriffe und je nach Kontext auch Anglizismen oder Modewörter.

Nehmen wir noch einmal gedanklich den Faden aus Tag 11 zum Nutzen aus Kundenperspektive auf und versetzen uns erneut ins Gespräch mit einer Kundin. Zugespitzt könnten wir konstruktivistisch folgern: Die Kundin hat immer recht! Und es liegt an uns, interessiert an ihr zu sein, Situationen der Begegnung zu schaffen und möglichst tiefes Verständnis für ihre Perspektive zu gewinnen.

Bleibe Deinen Interessen treu

Vielleicht bist Du über den letzten Satz ein wenig irritiert. Was bedeutet es, wenn der Kunde immer recht hat? Müssen wir ihm dann immer völlig zustimmen und tun, was er sich wünscht, was er erwartet oder gar von uns fordert? Nein, denn Du hast mit Deiner Wahrnehmung genauso recht und Deine Interessen und Bedürfnisse sind ebenso berechtigt, wie die des anderen. Aus dem unproduktiven Ringen um die Wahrheit auszusteigen, bedeutet nicht, dem anderen stets zuzustimmen. Aber wir müssen unser Gegenüber nicht mehr abwerten. Wir bewegen uns auf Augenhöhe und müssen nicht mehr widersprechen oder erklären, was die andere nicht versteht.

Nehmen wir an, Du hast inzwischen mit einigen Kundinnen über den von ihnen wahrgenommenen Nutzen gesprochen. Alle berichten Dir Ähnliches, es gibt keine widersprüchlichen Aussagen. Mit der Zeit entsteht bei Dir ein sehr klares Bild. Doch auf einmal kommt Frau Schmidt. Ihre Einschätzung deckt sich so gar nicht mit den Äußerungen anderer Kundinnen. Für Frau Schmidt hat Euer Produkt oder Eure Dienstleistung einen ganz anderen Nutzen. Du hast nun zwei Möglichkeiten, wie Du darauf reagierst:

„*Finden Sie nicht auch…*" könnte eine Formulierung sein, mit der Du Frau Schmidt suggerierst, was sie eigentlich über Euer Produkt denken sollte und was der „richtige" Kundennutzen ist.

„*Lassen Sie mich das noch besser verstehen, Frau Schmidt. Das ist wirklich interessant für mich, weil ich bisher nur anderes rückgemeldet bekommen habe.*" Das wäre eine interessierte Einladung an Frau Schmidt, mehr zu erzählen. Für Dich wäre es die Chance, Dein Bild zu erweitern und Dein Verständnis zu vertiefen. Zumindest wenn Du es aushältst, Eindrücke und Rückmeldungen auch dann stehen lassen zu können, wenn diese sich nicht nahtlos ergänzen oder sogar im Widerspruch stehen.

Wenn Du offen dafür bist, dass die Wahrnehmung anderer genauso richtig ist wie Deine Einschätzung, führt dies nicht zur Orientierungs- oder gar Handlungsunfähigkeit. Wenn Du ernsthaft über die Sicht der anderen nachdenkst, wird es allerdings notwendig, Dich ernsthaft mit den unterschiedlichen Ansichten auseinanderzusetzen und Entscheidungen zu treffen. Beeinflussen die Rückmeldungen der anderen Deine Positionen? Wo solltest Du Anpassungen vornehmen, um Deine Interessen weiterhin möglichst gut verfolgen zu können? Und wo bleibst Du bei Deiner Position, selbst wenn Dir niemand zustimmt? Im Gegensatz zu einer destruktiven, nur auf Rechthaberei ausgelegten Auseinandersetzung nimmst Du hier eine andere Position ein, Du begegnest Deinem Gesprächspartner deutlich wertschätzender und respektvoller. Auch wenn Du Dich entscheidest, Deinen Weg unverändert weiterzugehen, schwingt nicht mehr die Botschaft – offen oder nur zwischen den Zeilen – mit: *„Ich tue dies, weil du nicht recht hast und deine Vorschläge falsch sind."* Deine Entscheidungen bekommen noch mehr Gewicht, weil Du Dich nicht mehr hinter der vermeintlichen Autorität eines „Wahrheitskompasses" verstecken kannst. *„Ich habe mich bemüht, deine Aussagen zu verstehen und habe viel darüber nachgedacht. Auch wenn ich nun deine Positionen zumindest aus deiner Perspektive gut verstehen kann, möchte ich jedoch folgendermaßen vorgehen…"* Spürst und erkennst Du den Unterschied? Kannst Du Dir vorstellen, wie unterschiedlich diese Formulierungen auf Menschen wirken?

Egal ob gegenüber Kunden oder Kolleginnen, Vorgesetzten oder Mitarbeitenden: Wenn man sich um Ehrlichkeit bemüht und akzeptiert, dass es subjektive Wahrheiten gibt, verändert sich etwas in der Kommunikation und in den Beziehungen. Es entsteht Raum für Wertschätzung und ein wohlwollendes Miteinander. Und es wird möglich, gemeinsam auf Augenhöhe um den nächsten sinnvollen Schritt zu ringen oder belastbare Lösungen zu entwickeln.

Handlungs- und Denkanstöße

> **So kannst Du heute den Impuls in Deinem Führungsalltag umsetzen**
>
> 1. Bitte sei heute Forscherin und analysiere, wo in Deinem Unternehmen um die Wahrheit gekämpft wird. Führe eine Strichliste. Für jeden Moment, in dem Du den Eindruck hast, hier kämpft jemand um die Wahrheit: Mache einen Strich. Du darfst gespannt sein, wie viele Striche zusammenkommen!
> 2. Bitte beobachte Dich heute in einem Gespräch oder einer Besprechung selbst. Und stelle, wenn Du spürst, dass Du Deinem Gegenüber nicht mehr zu 100 % Deine Aufmerksamkeit schenkst, Deiner Gesprächspartnerin eine interessierte Nachfrage. Zügele Dich mit Deiner Gegenrede und halte Dich mit einem neuen Argument erst einmal zurück.
> 3. Überlege Dir, mit wie vielen Kolleginnen aus anderen Abteilungen Du im regelmäßigen Kontakt bist. Nutze Chancen zur Begegnung! Habt Ihr eine Kantine oder gehst Du mittags essen? Verabrede Dich doch mit jemandem, den Du bisher kaum kennst – oder, wenn Du mutig bist, noch gar nicht kennst. Mache Dir nach Eurem gemeinsamen Essen Notizen, was Dir alles klarer geworden ist oder wo Du die Perspektive Deiner Mittagsbegleitung besser verstehen gelernt hast.

Tag 13

Kampfbeobachterin

Wir sind gespannt, wie viele Striche Du gestern machen musstest. Waren auch ein paar Striche dabei, die Dich betreffen? Wenn ja, sind wir stolz auf Deine Ehrlichkeit und Deine Selbstbeobachtungsgabe. Oft ist es leichter, etwas beim Gegenüber wahrzunehmen als bei sich selbst. „Was siehst du aber den Splitter in deines Bruders Auge und nimmst nicht wahr den Balken in deinem Auge?" steht schon in der Bergpredigt im Matthäusevangelium (Mt. 7,3)[6]. Hier geht es nicht nur um die Wahrnehmung, sondern auch um die Frage, ob wir bei uns selbst und bei anderen mit gleichem Maß messen. Sind wir nur bei anderen kritisch oder gestehen wir uns unsere eigenen Fehler ein? Vielleicht möchtest Du diese Frage an einem weiteren Impuls von gestern reflektieren? Ist Dir im Gespräch aufgefallen, ob Deine Gesprächspartnerin gedanklich ihre sprachlichen Waffen geschmiedet hat, oder hast Du Dich dabei selbst ertappt? Konntest Du Deine Aufmerksamkeit durch interessiertes Nachfragen wieder auf das Zuhören ausrichten? Es wäre schön, wenn Du hier genau wahrgenommen hast. Vielleicht erkennst Du mit der Zeit ganz genau, was Dich verleitet, mit Deiner Aufmerksamkeit nachzulassen und vom Gegenüber abzuschweifen. Dann wird es Dir immer besser gelingen, achtsam und fokussiert zu bleiben.

Und wir hoffen, Du hast bereits eine Verabredung zu einem gemeinsamen Mittagessen. Oder gab es vielleicht schon eine gemeinsame Mittagspause mit einer Kollegin aus einer anderen Abteilung? Vielleicht hast Du schon erste interessante Erkenntnisse gewinnen können?

---

[6] https://www.die-bibel.de/bibeln/online-bibeln/lesen/LU84/MAT.7/Matth%C3%A4us-7, Zugriff am 21.02.2023.

Dienen bedeutet nicht opfern

Wir haben uns jetzt ganze vier Tage damit beschäftigt, wie Du Deine Beiträge für andere optimieren und ein Team oder eine ganze Organisation möglichst gut am Kundennutzen ausrichten kannst. Doch hier darf kein Missverständnis entstehen: Nutzen zu stiften und damit einer großen Sache oder anderen zu dienen, darf nicht mit Aufopfern verwechselt werden. Es ist wichtig, den eigenen Ressourceneinsatz gut auszuloten und sich nicht über Gebühr für „das große Ganze" zu verausgaben. Wir möchten daher heute den Blick auf Dich und Deinen Nutzen richten.

Im sozialen Miteinander geht es immer wieder um Austausch, um ein Geben und Nehmen: Ich stelle etwas zur Verfügung und bekomme etwas zurück. Dabei geht es nicht nur um Materielles oder Geld, sondern auch um Zuneigung, Anerkennung, Lob, Aufmerksamkeit oder Zuspruch. Wir sind fest davon überzeugt, dass es immer eine gute Balance zwischen Geben und Nehmen geben sollte – vielleicht nicht immer im direkten Wechsel mit den gleichen Beteiligten. Da mag die anerkennende Rückmeldung der Chefin meinen großen Einsatz in einem Kundengespräch aufwiegen oder der Dank der Kolleginnen genügt mir dafür, dass ich zum wiederholten Mal eine Krankheitsvertretung übernommen habe. Wie das, was Du gegeben hast, in Relation zu jenem steht, was Du bekommen hast, ist eine ganz subjektive Wahrnehmung. Und wie wir schon gestern festgestellt haben, kann diese Wahrnehmung nicht falsch sein. Es ist demnach also berechtigt, wenn Du nach einem finanziellen Ausgleich für die häufige Krankheitsvertretung und die damit verbundenen Überstunden fragst oder trotz des Lobes der Chefin enttäuscht über das ausgebliebene Kundenfeedback bist. Das heißt, wenn Du oder jemand anderes sein „Geben und Nehmen" nicht ausbalanciert sieht und sich ausgenutzt fühlt, wird niemand dieses Gefühl rein argumentativ ausgleichen oder verändern können. Wichtig erscheint uns, frühzeitig und offen im Gespräch die wechselseitigen Erwartungen zu kommunizieren, damit sich keiner übervorteilt sieht.

Gelingt dies nicht, gehen Zufriedenheit und schlussendlich auch Engagement mit der Zeit zumindest auf einer Seite verloren. Nach und nach machen sich Demotivation, Enttäuschung, Antriebslosigkeit oder gar Ärger breit. Und interessanterweise empfinden immer wieder mehrere Beteiligte Nachteile. Es geht hierbei nicht um Mathematik: Nutzen und die Balance von Geben und Nehmen lassen sich nicht exakt ausrechnen. Wir alle brauchen also ein gutes Gespür dafür, was notwendig ist, damit wir zufrieden sind und uns nicht übervorteilt fühlen. Idealerweise wäre dieses Gespür ein Frühwarnsystem. Denn wenn ich schon frühzeitig realisiere, dass meine Zufriedenheit bröckelt, kann ich vielleicht noch etwas tun und gegensteuern. Sind wir erst einmal davon überzeugt, dass Relationen deutlich verschoben sind, und es haben sich negative Gefühle breit gemacht, ist es viel schwieriger, die Situation wieder aufzulösen.

Verantwortung

In zahlreichen Gesprächen mit Führungskräften hören wir von genau dieser Problematik: „Ich setze mich so engagiert ein, arbeite zehn bis zwölf Stunden am Tag und was ist der Dank? Mein Chef sieht es gar nicht!", „Jahrelang habe ich immer wieder etwas für das Team gemacht. Es scheint für alle inzwischen selbstverständlich zu sein. Jetzt kommt nicht einmal mehr ein kleines Dankeschön." oder „Mir wurde die Gehaltserhöhung zum 1. April zugesagt und jetzt ist sie nicht umgesetzt. Was steckt da für eine Botschaft für mich drin?".

Was alle diese Führungskräfte gemeinsam haben, ist Folgendes: Ihr Frühwarnsystem hat nicht gut funktioniert oder sie haben nach den ersten Warnsignalen nicht den Mut gefunden, das Gespräch zu suchen. Denn – auf den Punkt gebracht – liegt die Verantwortung für jedwedes Missverhältnis von Geben und Nehmen bei jedem von uns selbst! Wie sollte auch jemand anderes hier steuern können, wenn meine sehr persönliche Wahrnehmung entscheidend ist. Es liegt also an Dir, Deine Wahrnehmungen nicht nur frühzeitig zu erkennen, sondern auch, Dein Geben gut auszuloten. Diese Fragen können Dir hierbei helfen:

> **Fragen**
> Was bin ich bereit unter den gegebenen Rahmenbedingungen einzubringen? Welches Maß fühlt sich für mich richtig und angemessen an? Welchen Preis bin ich bereit, zu zahlen? Was kann ich auch mittel- bis langfristig durchhalten?

Aber Du darfst auch an der Nehmen-Seite ansetzen und in geeigneten Momente Deine Sicht mit Bedacht ansprechen. Es ist nicht verboten, nach einem angemessenen Ausgleich zu fragen. Du kannst nicht davon ausgehen, dass Dein Gegenüber die bisherige Situation als unangemessen einschätzt, wenn Du keine Hinweise gegeben hast. Sei hier mutig und schildere ehrlich Deine Eindrücke!

Und wenn Dir dies frühzeitig gelingt und Du im Gespräch Verständnis für Deine Sicht (in unserem Beispiel eines größeren Ausgleichs) erfahren hast, dann ist der erste Erfolg schon da. Und wenn infolge dieses Gespräches sogar Vereinbarungen getroffen werden, dann ist es für Dich vermutlich einfacher, abzuwarten, bis Du einen weiteren Vorteil einforderst. Erinnere Dich hier bitte an den Marshmallow-Test: Wenn wir gelassen sind, weil wir frühzeitig für uns sorgen, können wir den größeren Vorteil in der Zukunft (zwei Marshmallows) leichter abwarten und benötigen nicht sofort einen unter Umständen sogar geringeren Ausgleich (einen Marshmallow).

Und was ist, wenn unser Gegenüber eine ganz andere Wahrnehmung hat und nicht bereit ist, mehr zu geben? Dann ist seine Wahrnehmung ebenso berechtigt wie unsere. Wir können uns konstruktiv mit den Einschätzungen und Bewertungen unseres Umfeldes auseinandersetzen. Sie bieten uns die Chance, zu hinterfragen, ob unsere Wahrnehmung passend und unser Wunsch nach weiteren Vorteilen oder größerem Nutzen wirklich berechtigt ist. Kommen wir zu dem Ergebnis, dass tatsächlich eine Anpassung berechtigt ist, dann stehen wahrscheinlich Entscheidungen an.

> **Fragen**
>
> Diese Fragen können Dir erste Impulse geben: Was steht in meiner Macht, um die Geben-Seite zu reduzieren, um wieder in Balance zu kommen? Sehe ich grundsätzlich meine Leistungen nur unzureichend erkannt und wertgeschätzt? Mit wem kann ich noch darüber ins Gespräch kommen? Nach welchem Nutzen könnte ich alternativ fragen? Ist die Unterstützung einer Weiterbildung für mich eine gute Alternative?

Du wirst erkennen, dass wir meist mehr Stellschrauben haben, als wir denken. Und es gibt viele Wege, eine gute Balance wiederherzustellen. Und das muss nicht unbedingt bedeuten, dass sich Geben und Nehmen komplett ausgleichen. Interessant ist nämlich, dass diejenigen Menschen, die eher die Tendenz haben, mehr zu geben, statistisch gesehen am oberen Ende der Zufriedenheit und des Erfolgs zu finden sind. Jene, die genauso viel geben wie nehmen, und jene, die eher die Tendenz haben, mehr zu nehmen als zu geben, können natürlich auch sehr erfolgreich sein, doch in der Mehrheit kommen sie bei den „Gebern" nicht mit. Der Erfolg und die Zufriedenheit der „Geber" ist sogar ansteckend: Sie investieren in andere und wecken damit positive soziale Dynamiken, die andere dann fortsetzen. Es entsteht eine Kultur der gegenseitigen Unterstützung. In der Folge werden Organisationen mit starken „Gebern" nicht nur erfolgreicher, sondern auch sozialer.[7]

Und diese Erkenntnis ist kein Gegensatz zu der Aufforderung, sich nicht ausnutzen zu lassen oder sich nicht selbst aufzuopfern. Wenn es gar nicht anders geht und Du merkst, dass trotz aller Bemühungen keine gute Balance zwischen Geben und Nehmen möglich ist, dann denke über einen Stellen- oder gar Arbeitgeberwechsel nach. Mit einem Neustart hättest Du die Chance, die Relationen ganz neu auszurichten.

---

[7] Vgl.: Adam Grant (2013): Geben und Nehmen, S. 23.

Eigennutzen

Abschließend möchten wir unsere Überlegungen zum Geben und Nehmen noch kurz auf die Ebene eines Teams, einer Abteilung oder einer ganzen Organisation übertragen. Denn die Relation zwischen Investition und Engagement für den Nutzen anderer braucht immer ein Gegengewicht, egal auf welcher Ebene. Ein Team kann den Nutzen für andere natürlich immer optimieren, indem es über die Maßen die Vorteile anderer verbessert. Ein Unternehmen kann den Kundennutzen immer dadurch optimieren, dass es die Preise senkt und gleichzeitig die Qualität verbessert. Doch ist das sinnvoll? Die Lebensfähigkeit und damit der langfristige Fortbestand können nur wirksam sichergestellt werden, wenn ein Mindestmaß an eigenem Vorteil generiert und abgesichert wird. Die Anforderung an jede Führungskraft ist es letztlich, den eigenen Verantwortungsbereich im Spannungsfeld zwischen dem Nutzen Dritter und dem eigenen Nutzen zu führen. Es gilt immer wieder auszuloten, ob ein ausreichender Nutzen gestiftet wird, um auch in Zukunft attraktiv für Kunden zu sein und gleichzeitig die eigenen Ressourcen im Blick zu haben.

Handlungs- und Denkanstöße

So kannst Du heute den Impuls in Deinem Führungsalltag umsetzen

1. Ziehe für Dich einmal Bilanz: Notiere stichwortartig in einer Gegenüberstellung, was Du im Berufsalltag gibst und was Du nimmst. Schaue Dir das Ergebnis in Ruhe an und prüfe, ob Du mit der aktuellen Situation zufrieden bist.
2. Bitte denke darüber nach, was Du selbst für eine bessere Balance zwischen Geben und Nehmen tun kannst. Was willst Du in Zukunft weniger oder nicht mehr tun, um Deine Investitionen zu reduzieren? Mit wem möchtest Du das Gespräch suchen, um Vorteile zu erreichen?
3. Ein Gespräch mit Kolleginnen zum Thema Eigennutz wäre sicher interessant. Halte fest, welche Aspekte – neben finanziellem Ausgleich – angesprochen werden.

Tag 14

Sorge für Dich und schaue, was Dir guttut!

Nutzen für andere zu stiften ist Dein Auftrag als Führungskraft, Dich ausgeglichen, fit und gesund zu halten Deine Wahl.

Foto: © Jo Herrmann: hand-fisch, wien
u.a. abgedruckt in Jo Herrmann (2020): A Walk through Black & White.

Tag 15 – Dein Pausentag

Arbeitest Du nach Norm oder lernst Du dazu? – Woche 3 (Margarete)

Tag 16

Wie lernen Organisationen?

Heute beginnt die Woche, in der das Lernen im Mittelpunkt steht. Wenn ich um meine Identität weiß und der Nutzen meiner Organisation klar definiert ist, dann könnte man zunächst meinen, mehr brauche es nicht. Wenn wir aber davon ausgehen, dass die Organisation lebendig bleiben und im Markt Bestand haben will, dann ist es sinnvoll, zu schauen, welchen Nutzen die Organisation aus ihrem Tun für deren Erhalt ziehen kann. Die Frage, die sich hier stellt, ist: Wie können wir das, was wir tun, um den Nutzen für den Kunden zu erzielen, noch cleverer tun, wie können wir es effizienter tun und welche intelligenteren Wege des Tuns gibt es, die uns allen nutzen? Es geht um den Gewinn an Wissen, an Erfahrung, vor allem aber um das Bündeln und das Weitergeben und Verbessern des Wissens. Wie können wir als Organisation klüger werden? Gibt es Wege, die viel kürzer sind, um zu dem Ziel zu kommen, das wir im Blick haben? Damit meinen wir nicht nur den Einsatz von Künstlicher Intelligenz (KI) in Bereichen, die sehr standardisiert oder stereotyp sind. Lernen umfasst für uns dabei weit mehr: von dem Erlernen neuer Tools, die es mir ermöglichen, meine Aufgaben schneller zu erledigen, über Methoden des Miteinander-Arbeitens, die auf kürzerem Weg zu Ergebnissen führen, bis hin zur Verschlankung von Techniken und Wegen, die eine effizientere Logistik im weitesten Sinne zum Ergebnis haben.

> **Fragen**
> Wie kann das, was wir tun, geschickter, cleverer, intelligenter getan werden?
> *und*
> Wo lernen wir wie dazu?

In der letzten Woche stand der Nutzen im Fokus, durch den der Kunde von den Produkten oder Dienstleistungen profitiert. Es ist ein Nutzen, der stark nach außen gerichtet ist, hin zum Kunden, und der zunächst nicht Teil der Organisation ist. Dieser Nutzen hat aber auch eine zur Organisation gewandte Seite, denn der Nutzen, der beim Kunden gestiftet wird, enthält immer auch einen zusätzlichen Nutzen für die Organisation. Lass uns dies an einem Beispiel verdeutlichen: Die Sonderanfertigung eines Spezialgetriebes für einen Maschinenhersteller stiftet unmittelbaren Nutzen beim Kunden, der damit seine Maschine ausstatten und ein Produkt vervollständigen kann. Die Sonderanfertigung hat aber auch beim Hersteller einen zusätzlichen internen Nutzen. Als Unternehmen habe ich bei der Konstruktion des Getriebes Wissen gesammelt, das für die nächste Entwicklung von Nutzen sein kann. Es wurden womöglich neue Materialien erprobt, Belastungsgrenzen ausgelotet und Techniken verfeinert. Wenn diese Erkenntnisse und Lernerfahrungen dem Unternehmen zur Verfügung gestellt werden, kann dieses Wissen weiterverwendet werden, indem es für zukünftige Projekte erneut oder verändert zum Einsatz kommt. Es entsteht somit ein mittelbarer Nutzen für die Organisation – allerdings erst, wenn dieser Nutzen zugänglich gemacht wird. Erst wenn die Lernerfahrungen und Erkenntnisse transparent gemacht werden, erst dann lernt die Organisation dazu und wird so zu einer „lernenden Organisation".

> **Fragen**
>
> Welche Erkenntnisse nutzen der Organisation? In welcher Hinsicht profitieren wir von der Vorgehensweise? Was können wir aus den Sackgassen, in die wir geraten sind, lernen? Was machen wir beim nächsten Mal anders? Und wie stellen wir sicher, dass alle, die beteiligt sind, davon erfahren? Wie machen wir das Wissen zugänglich?

Von dieser Erfahrung können im Optimalfall mindestens drei Ebenen profitieren und lernen: Die Mitarbeitenden, die verantwortlich mit der Entwicklung betraut waren, das Team, das die Entwicklung gemeinsam fachlich vorangetrieben hat, und – im besten Fall auch – die Organisation, die sicherstellt, dass diese Art der Herausforderung in Zukunft klüger angegangen wird, indem der Erkenntnisfortschritt auch anderen Bereichen zur Verfügung gestellt wird. So kann es gelingen, dass gemeinsam gelernt wird!

Wie funktioniert Lernen?

Lernen bedeutet für uns, dass ich als Mensch bereit und in der Lage bin, Neues zu erkennen, anzunehmen und letztlich so zu verinnerlichen, dass ich es in mein Verhaltensrepertoire aufnehmen und praktisch anwenden kann. Was so einfach klingt, ist im „richtigen Leben" manchmal nicht ganz einfach. Sicher hast Du schon mindestens eine Fremdsprache erlernen dürfen oder müssen und bist an so mancher Stelle an Deine Grenzen gestoßen. Vielleicht fiel Dir bei manchen Wörtern die Aussprache anfangs schwer oder Du konntest Dir bestimmte Grammatikregeln nicht merken. Und dann sind da noch die Vokabeln, von denen manche einfach im Gehirn nicht wieder aufzufinden waren. Aber warum fällt uns manches so schwer? Weil Lernen eben mehr ist als „nur" Neues zu verinnerlichen. Lernen gelingt am besten unter günstigen Voraussetzungen: Die Lust auf Neues und das Interesse, sich etwas zu eigen zu machen, wollen geweckt sein. Mein Interesse, die ersten Wörter auf Französisch auszuprobieren, war zunächst groß, die Begeisterung ließ dann merklich nach, als es an das Lernen komplizierter grammatikalischer Formen ging. Lernen erfordert immer auch den Mut und die Bereitschaft, das Erlernte auszuprobieren und zu üben – auch wenn die Bestellung im französischen Restaurant dann länger dauert, weil Du Dir die Worte noch zurechtlegen musst. Und Lernen ist ein Prozess, in dem es nicht nur beständig Erfolge „regnet". Auch Rückschläge müssen bewältigt werden und Durchhaltevermögen ist gefragt.

Lernen ist mehr als das Aneignen von neuem (Fach-)Wissen. Wir lernen auch durch die Erkenntnisse, die wir durch den Lernprozess gewinnen. Es sind Momente, in denen Dir plötzlich Dinge klar werden, Du betriebliche Zusammenhänge erkennst oder Verhaltensmuster verstehst, die Du lange nicht einordnen konntest. Und mit einem Mal siehst Du etwas neu und erkennst Möglichkeiten, die Du vorher nicht präsent hattest. Es entstehen neue Ideen oder Sichtweisen, die Dir ein anderes Handeln ermöglichen.

Um Erkenntnisse zu gewinnen, bedarf es der Fähigkeit, auf das was ich tue, mit einem gewissen Abstand, einem neuen Blick oder einer anderen Perspektive zu schauen. Je nach persönlicher Präferenz nutzt Du unterschiedliche Herangehensweisen für einen Perspektivwechsel: Die einen nutzen die Helikopter-Perspektive, andere das intensive Studium von Details, die dann zu einem neuen Bild zusammengefügt werden. Wenn sich dann zwei Menschen begegnen, die aus unterschiedlichen Perspektiven auf dieselbe Situation schauen, prallen manchmal recht unterschiedliche Wahrnehmungen aufeinander, über die wir dann heftig diskutieren können. Abb. 1 veranschaulicht das treffend. In Woche 2 hast Du bereits gelesen, dass es nicht entscheidend ist, darauf zu beharren, „Recht zu haben", sondern vielmehr die Chance zu nutzen, diese neue Perspektive kennenzulernen und gemeinsam zu überlegen, welche Konsequenzen dieser Blick für Dich, Dein Team und Deine Organisation hat. Und auch die Erkenntnisse, die Du in der Auseinandersetzung gewinnst, können sich sehr von den Erkenntnissen Deines Gesprächspartners unterscheiden. Alle diese Ansichten und Meinungen haben ihre eigene Berechtigung und sind Ausgangspunkt für gemeinsames Lernen!

Grundsätzlich setzt jedes Lernen voraus, dass ich bereit bin, Situationen, Prozesse und Menschen *neu* und *anders* zu betrachten. Übertragen auf Deine Führungsaufgabe heißt das für uns, dass Du bereit und

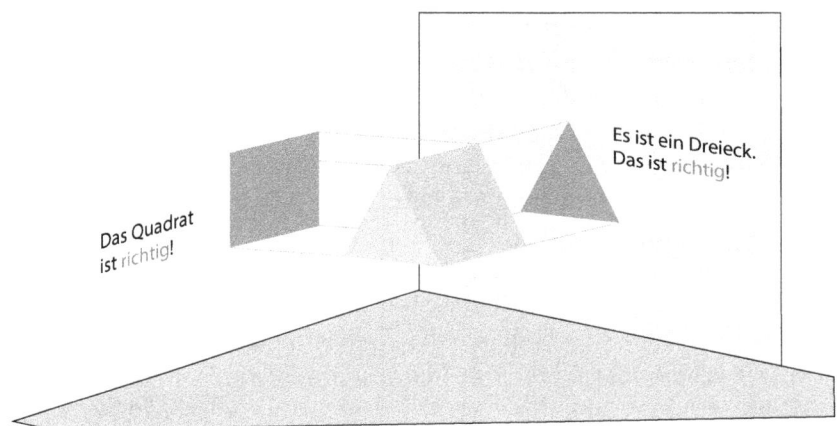

Abb. 1 Auf die Perspektive kommt es an!

willens bist, Verhalten und Vorgehensweisen in der Organisation infrage zu stellen und an Vertrautem nicht festzuhalten, nur, *„weil wir das immer schon so gemacht haben"* oder *„sich das sowieso nicht ändert"*.

Was passiert eigentlich in unserem Gehirn, wenn wir lernen?

Vereinfacht gesprochen, entsteht beim Lernen in unserem Gehirn durch einen Reiz von außen eine neue Verbindung an den Nervenenden (Synapsen).[1] Diese Verbindung ist zunächst zart und dünn und alles andere als stabil. Wird diese Verbindung zweier Zellen dann öfter benutzt, weil das Verhalten immer wieder ausgeübt wird, wird die Verbindung zwischen den Zellen immer „dicker". Du kannst es Dir vorstellen wie einen Trampelpfad, der zunächst ganz schmal und wenig sichtbar angelegt ist und bei regelmäßiger Nutzung zur Autobahn wird. Verhaltensweisen,

---

[1] In „Bedienungsanleitung für ein menschliches Gehirn" (2013) beschreibt der Neurologe Gerald Hüther sehr anschaulich und eindrücklich die Funktionsweise des menschlichen Gehirns und wie wir am besten damit umgehen.

die wir routiniert und oft tun, bilden also ein gut gebautes Autobahnnetz in unserem Gehirn – ganz ohne Tempolimit und sehr stabil. Dieses Autobahnnetz enthält dann all die Dinge, die wir gelernt haben, also „können". Das Lernen ist an dieser Stelle abgeschlossen. Diese Tätigkeiten erledigt das Gehirn mit relativ wenig Energieaufwand. Weil unser Gehirn in der Evolution immer wieder damit konfrontiert war, sich an verändernde Rahmenbedingungen anpassen zu müssen, wird es auch als Lernorgan bezeichnet. Es ist also die originäre Bestimmung unseres Gehirns zu lernen – die sogenannte Neuroplastizität bleibt bis ins hohe Alter erhalten, solange wir sie nutzen. Der Spruch aus dem Volksmund „Was Hänschen nicht lernt, lernt Hans nimmermehr" ist also eher Ausdruck unserer Hoffnungslosigkeit, als dass er die realen Möglichkeiten unseres Gehirns beschreibt.

Unser Gehirn verbraucht etwa 20 % unseres Energiehaushaltes. Deshalb ist es darauf erpicht, mit der Energie sorgsam umzugehen. Man könnte sagen, es befindet sich am liebsten im Energiesparmodus. Wenn die Nutzung neuer Verbindungen, die nicht so flott funktionieren, nun dafür sorgt, dass der Energieaufwand unverhältnismäßig steigt, setzt das Gehirn sofort alles daran, den Energieverbrauch wieder zu senken. Solange von außen kein Reiz kommt, der das Gehirn zur Tätigkeit anregt, oder die Hirntätigkeit durch andere Impulse aktiviert wird, verbleibt es im sparsamen Modus. Da es wesentlich energiesparender ist, eingefahrene Autobahnen zu nutzen, als mühsam über Trampelpfade zu stolpern, ahnst Du schon, dass das Abbiegen auf eine Autobahn für das Gehirn eine naheliegende Option ist. Beim Kochen geht Dir ein Gericht, das Du schon oft zubereitet hast, leicht von der Hand. Ein neues Rezept zu lernen und auszuprobieren kostet nicht nur mehr Zeit, sondern birgt auch das Risiko, dass es beim ersten Mal nicht gelingt. In diesem Moment aus Zeitersparnisgründen und mangelnder Risikofreude *nicht* auf „Nudeln mit Tomatensauce" „abzubiegen", kostet Energie. Um dann doch ein neuentdecktes Rezept Nudeln mit Tomatensoße – ohne mit Gemüse zu zaubern, braucht es ein paar verlockende Rahmenbedingungen, damit das Gehirn mitmacht! Dabei hält sich der Energieaufwand, den Dein Gehirn betreiben muss, wenn Du Deine Kochkünste erweitern möchtest, sogar in Grenzen, kann es doch an bereits Erlerntes besonders gut anknüpfen.

Nun gibt es mehrere Möglichkeiten, das Aufnehmen von Neuem zu unterstützen: Sinnliche Eindrücke wie Sehen, Hören, Schmecken und Riechen verstärken das Anknüpfen von Neuem. Und wenn das Neue mit einer positiven Gestimmtheit einhergeht, stehen die Chancen gut, dass ein Trampelpfad entsteht! Und doch strengt uns jede Veränderung an, sie kostet uns Kraft und Energie.

Was muss passieren, damit wir etwas verändern?

Ein Zitat von Gerald Hüther aus seinem Titel „Bedienungsanleitung für ein menschliches Gehirn" beantwortet diese Frage so: „Solange man noch fähig ist, angesichts eigener Fehler und Unzulänglichkeiten ein Gefühl tiefer Betroffenheit und Selbstzweifel zu entwickeln, ist man auch in der Lage, sich zu ändern. […] Betroffenheit kann von einem Menschen eben nur dann empfunden werden, wenn er etwas zugrunde richtet oder zugrunde gehen sieht, das ihm selbst wichtig ist. Und wichtig kann einem Menschen nur das werden, womit er sich eng verbunden fühlt. Alles andere lässt ihn kalt."[2]

Heißt das, wir müssen „den Karren erst vor die Wand fahren", damit wir uns bewegen? Nicht ganz. Erst kürzlich erzählte mir ein Manager, dass er an einem Training teilgenommen hatte, in dem eine Videoanalyse als Methode eingesetzt worden war. Es war ein Mitarbeitergespräch mit ihm als Vorgesetzten aufgezeichnet worden. Als der Manager in diesem Video seine dominante und wenig interessierte Haltung dem Mitarbeiter gegenüber sah, als er hörte, wie geringschätzig er sich dem Mitarbeiter gegenüber äußerte, als er erkannte, wie wenig Raum er für ein tatsächliches Gespräch ließ, und als er erlebte, wie seine Verhaltensweisen auf den Gesprächspartner wirkten, löste das eine solche Betroffenheit und so große Selbstzweifel aus, dass er sein Verhalten von diesem Tag an grundlegend änderte. So wollte er nicht sein: Die Diskrepanz zwischen Selbst- und Fremdbild war immens! Und eine gute Verbundenheit mit sich selbst war ihm so nicht möglich. Die

---

[2] Gerald Hüther (2013): Bedienungsanleitung für ein menschliches Gehirn, S. 130.

Auseinandersetzung mit dem Video war schmerzlich. Sie war aber letztlich der Auslöser, eine grundsätzliche Veränderung in Gang zu setzen.

Die entscheidende Größe, um in die Veränderung zu gehen, ist das Maß an Verbundenheit, das wir empfinden. Sei es die Verbundenheit mit uns selbst, mit einem anderen Menschen, mit der Natur, mit Gemeinschaften oder mit dem Unternehmen, für das wir tätig sind. Und manchmal braucht es ein derartig „erschütterndes" Erlebnis der Selbsterkenntnis oder einer Naturkatastrophe, um die Verbundenheit wiederzuentdecken und zu spüren. Der Manager hat sich auf den Weg begeben, wiederzuentdecken, was ihn „liebenswert" macht. Wir erleben häufig, dass die Bedeutung guter Verbundenheit mit sich selbst als entscheidende Voraussetzung für wirksame Führung unterschätzt wird.

Derartige Gefühle der Betroffenheit und des Selbstzweifels sind sehr unangenehm. Deshalb versucht unser Gehirn, sie zu unterdrücken oder zu verdrängen. Leider beherrschen wir es inzwischen einwandfrei, unser Gehirn zu berieseln, mit Belanglosigkeiten zu beschäftigen und ruhig zu stellen. Solange wir uns nicht betroffen fühlen und wir unser Selbst nicht anzweifeln, werden wir nichts ändern!

> **Frage**
> Was ist Dir so wichtig und mit wem oder was fühlst Du Dich so verbunden, dass Du Betroffenheit empfindest?

Im unternehmerischen Umfeld erleben wir selten echte Betroffenheit und es verwundert uns nicht, zieht Betroffenheit doch auch ein Sichtbar-Werden nach sich: Wenn ich wirklich betroffen bin, werde ich mich für das einsetzen, was mir wirklich wichtig ist. Dann werde ich mich positionieren und nicht mit meiner Sichtweise hinter dem Berg halten. All das macht mich verletzlich und angreifbar.

> **Fragen**
> Was hat Dich zuletzt so betroffen gemacht, dass Du etwas unternommen hast?

und
Wie eng bist Du mit Deinem Team und Deiner Organisation verbunden? Was hält Dich dort und ist Dir persönlich wirklich wichtig? So wichtig, dass Du bereit bist, Dein Denken und Tun zu verändern?

Ich erinnere mich noch sehr gut an ein Meeting in einem national tätigen Unternehmen mit mehreren Standorten, in dem ein nicht besonders engagierter Vertriebler seine „Strategie" für seinen Standort präsentierte. Der neue Vertriebschef war auch anwesend und es war im Raum greifbar, wie seine Anspannung stieg. Er verfolgte die Präsentation bis zum Ende und schlug dann verbal mit der Faust auf den Tisch. Nein, keine Sorge, er hat nicht geschrien, aber er machte aus seinem Ärger und seinem Unverständnis keinen Hehl. Er sprach aus, was ihm wirklich wichtig war und formulierte klare Ziele für die Zukunft. Ich weiß noch, dass ich dort saß und dachte: *„Wunderbar! Da ist jemand betroffen, weil es ist ihm wichtig ist! Das, was er gehört hat, passt überhaupt nicht zu seinen Erwartungen an den Vertrieb. Und er hat eine klare Erwartung und spricht sie in aller Deutlichkeit aus!"* Die Worte des Vertriebschefs sorgten bei den anderen Teilnehmenden für Irritation: Dieses Maß an Emotionalität und Klarheit hatten die Teilnehmenden in der Vergangenheit noch nicht erlebt. Damit wurde klar, dass eine Veränderung notwendig war und es jemanden gab, der sich für diese auch einsetzen würde!

Wir sind überzeugt, dass Deine Kollegen sehen, hören und verstehen dürfen, wenn etwas passiert, das Dich ärgert, aufregt oder freut. Ich halte es nicht für unprofessionell, wenn ich die Emotion meines Gegenübers erkenne, ist sie für mich doch ein Gradmesser der Betroffenheit. Wenn mir alles „egal" ist und ich meine Betroffenheit möglichst gut verstecken kann, dann ist das für mich kein Zeichen von Professionalität, sondern von fehlender Emotionalität oder mangelndem Bezug zu dem, was Du tust.

Ich erlebe im deutschsprachigen Raum in der „professionellen" Zusammenarbeit oftmals eine gewisse Zurückhaltung oder zumindest Erstaunen, wenn Emotionalität erlebbar wird. Muten wir uns einander etwas zu und trauen wir uns, (auch) emotional für das, was uns wirklich wichtig ist, einzustehen! Emotional einsetzen werde ich mich aber nur für etwas, das mich betrifft, das mir viel bedeutet, mit dem ich eng verbunden bin. Einzustehen für das, was mir wirklich wichtig ist, schafft Klarheit und Transparenz und ist Voraussetzung für eine konstruktive Auseinandersetzung. Uns ist wirklich wichtig, dass Du Dir immer wieder folgende Frage stellst, weil sie Dir Orientierung und Richtung im Lernen gibt:

> **Frage**
> Was ist Dir als Führungskraft in Deinem Unternehmen wirklich wichtig?

Wenn Du diese wesentlichen Themen und Anliegen klar benennen kannst, weißt Du, was Dich antreibt – weil diese Themen für Dich bedeutsam sind und Du eng mit ihnen verbunden bist.

Am Ende einer Veranstaltung zum Thema Kommunikation ging es um die Veränderung des Kommunikationsverhaltens. Eine Teilnehmerin fragte mich: *„Besteht denn die Chance, dass sich das Kommunikationsverhalten der Menschen tatsächlich ändert?"* Obwohl ich die Hoffnung der Teilnehmerin hörte, selbst von der Veränderung verschont zu bleiben, antwortete ich aus tiefster Überzeugung: *„Ändern können wir nur uns selbst. Wenn wir wollen, dass sich das Kommunikationsverhalten ändert, fangen wir am besten bei uns selbst an."*

Handlungs- und Denkanstöße

> **So kannst Du heute den Impuls in Deinem Führungsalltag umsetzen**
> 1. Für was bist Du in den letzten zwei Jahren eingetreten, weil es Dir wirklich wichtig war? Tausche Dich mit einer Kollegin darüber aus und frage, für welche Themen sie sich einsetzt, weil sie ihr persönlich wichtig sind.
> 2. Frage eine Mitarbeiterin, welche Themen im Unternehmen ihr wirklich wichtig sind!
> 3. Mit welchen Menschen in Deinem beruflichen Umfeld fühlst Du Dich verbunden? Mit welchen nicht? Was sind die Gründe?

Tag 17

Was beflügelt das Lernen?

Welche wichtigen Themen sind Dir gestern begegnet? Was ist Dir wirklich wichtig und wofür setzt Du Dich ein, weil Du in guter Verbundenheit bist? Mit welchen Menschen fühlst Du Dich verbunden und wünschst Ihnen nur das Beste? Wenn Du gestern über Deine persönliche Einstellung zum Lernen nachgedacht hast, bist Du vielleicht auch auf Themen gestoßen, bei denen Du gerne dazulernen möchtest, weil sie Dir wichtig sind. Und vielleicht hast Du Dich selbst auch gefragt:

> **Frage**
> Wie kann ich dazu beitragen, dass Lernen in meinem Umfeld möglich ist?

Es sind im Wesentlichen die Menschen, die mit ihrer Art der Unterstützung für unser Lernen förderlich oder hinderlich sein können. Das überrascht nicht: Überlege doch einmal, wie motivierend es ist, ein Essen in einer fremden Landessprache bei einem sympathischen, zugewandten Menschen zu bestellen, der sich über Deinen sprachlichen Versuch freut. Hier ist es nicht wichtig, ob und wie viele Fehler Du machst – die Freude der Bedienung, die die Bestellung entgegennimmt, und der Erfolg, das richtige Menü zu erhalten, zählen. Und wenn die bedingungslose Unterstützung schon bei dieser kleinen, alltäglichen Begebenheit eine solche Wirkung hat, wie kraftvoll ist sie erst bei einem größeren Vorhaben!

Die Bedeutung eines Gegenübers, das mich so, wie ich bin, in meinem Tun und meinem Lernwillen annimmt und unterstützt, kann gar nicht hoch genug eingeschätzt werden. Bereits 1965 belegten zwei amerikanische Psychologen mit einem eindrücklichen Experiment diese Erkenntnis:[3] In einer Grundschule wurden bei Schülerinnen und Schülern

---

[3] Sebastian Purps-Pardigol (2015): Führen mit Hirn, S. 114 ff.

Intelligenztests durchgeführt. Man wollte herausfinden, ob die Haltung der Lehrkraft einen Einfluss auf die Entwicklung der Intelligenz hat. Um dies zu erfahren, wurde der Lehrkraft gesagt, dass 20 % der Schülerinnen und Schüler kurz davor stünden, einen großen Entwicklungssprung zu machen. Dass diese Kinder *willkürlich* ausgewählt worden waren, wurde der Lehrkraft nicht mitgeteilt. Nach einem Jahr zeigten diese Schülerinnen und Schüler bei einem zweiten Intelligenztest einen deutlichen Intelligenzzuwachs von 20 % im Vergleich zu den übrigen Kindern dieser Klasse! Die Wissenschaftler waren nicht im Klassenzimmer, aber eines konnten sie nachweisen: Allein das Wissen der Lehrkraft um das Potenzial dieser Schülerinnen und Schüler beeinflusste deren Entwicklung maßgeblich. Die Lehrerin war von dem Lernpotenzial überzeugt und strahlte das Zutrauen vielleicht auch entsprechend aus. Wie genau sie es zum Ausdruck gebracht hat, ist nicht bekannt. Die Wirkung aber war messbar.

Deine Haltung Deinen Mitarbeitenden gegenüber ist also entscheidend: Nimmst Du sie an, wie sie sind, und traust Du ihnen die Aufgabe zu? Wie viel Potenzial lassen wir brachliegen – nur, weil wir es unserem Gegenüber nicht zutrauen! Wenn wir von Zutrauen sprechen, sind uns in der Führung von Mitarbeitenden beide Perspektiven wichtig:

1. Die Notwendigkeit, dass Du Dir selbst das Zutrauen schenkst und von Deinem Tun überzeugt bist.
2. Das Bewusstsein, dass Du als Führungskraft alleine mit Deiner Haltung, den Mitarbeitenden ihre Aufgabe zuzutrauen, einen unglaublich großen Beitrag zum Gelingen leistest!

In der ersten Woche hattest Du im Rahmen der Identität auch Deine Überzeugungen formuliert. In diesem Zusammenhang wird nochmals deutlich, wie entscheidend diese Überzeugungen nicht nur für Dein eigenes erfolgreiches Tun sind. Sie bestimmen auch zu einem großen Teil, ob das Tun der Menschen, denen Du begegnest, gelingt oder nicht!

Vertrauen ist der Schlüssel – wie kann es gelingen?

> **Frage**
> Wie groß ist Dein Zutrauen in die Kompetenz und den Erfolg Deiner Mitarbeitenden?

In dem Wort zu-trauen steckt „trauen". Wenn Du jemandem etwas zutraust, hast Du den Mut, einer anderen Person etwas zu übertragen. Du traust Dich. Und Du ver-traust dem anderen. Du kannst einem Menschen nur eine Aufgabe zutrauen, wenn Du davon überzeugt bist, dass Du diesem Menschen vertrauen kannst, wenn Du Vertrauen in seine Fähigkeiten, seine Erfahrung und seine Kompetenz hast. Und damit sind wir bei einer weiteren Rahmenbedingung, die für gelingendes Lernen wichtig ist: Unterstützendes Vertrauen. Vertrauen ist der Nährboden, auf dem Entwicklung und Lernen gedeihen können. Vertrauen gehört zu den kostbaren Gütern, die nur schwerlich zu fassen sind.

> **Frage**
> Woran erkennen meine Mitarbeitenden, dass ich ihnen vertraue?

Vertrauen kann nur wachsen, wenn mein Gegenüber erkennt, dass ich ihm vertraue. Aus unserer Sicht sind es im Wesentlichen drei Verhaltensweisen, die zur Vertrauensbildung beitragen:

1. **Ich habe meine Identität reflektiert und handle authentisch:** Ich handle aus Überzeugung und weiß, was ich tue (Tun). Ich kenne meine Glaubenssätze (Glauben). Ich weiß, welche Stärken ich habe (Haben) und kenne meine Grenzen.
2. **Transparente Kommunikation:** Wenn mich etwas ärgert, sage ich es der Person selbst und spreche nicht mit anderen *über* die Person. Die Fähigkeit, diesen Schritt zu gehen, ist ein verlässliches Zeichen von Konfliktfähigkeit und ist unmittelbar vertrauensbildend und verbindend. In Form von Feedback hast Du die Möglichkeit, konstruktiv Deine Wahrnehmung zu teilen.

3. **Verzeihen können:** Es gelingt mir, nach einem Konflikt wieder zur Tagesordnung überzugehen. Verzeihen kommt von „verzichten": Ich verzichte darauf, dem anderen dieses Ereignis immer wieder vorzuhalten.

Wenn wir an das Erlernen einer Fremdsprache denken, ist allen klar, dass das nur gelingen kann, wenn ich sie regelmäßig übe. Auch die Sprache des Vertrauens will geübt und immer wieder neu formuliert werden. Nur so kann Vertrauen entstehen. Und wir können uns auch beim Aufbau von Vertrauen an die Straßen im Gehirn erinnern, die angelegt, ausgebaut und befestigt sein wollen. Vertrauen, das ich erfahre, will im Verhalten gespiegelt werden: Mit Offenheit, Klarheit und der Fähigkeit, zu verzeihen. So gelingt es, das Netz der Verbundenheit zu stärken.

Nun ist Vertrauen ein Geschehen zwischen Menschen und lebt von der Wechselseitigkeit. Und es entsteht nur, wenn Du Dinge (los-)lässt. Vertrauen wächst nicht und wird nicht besser, indem Du versuchst, es mit mehr Anstrengung oder gar Leistung zu erzwingen. Du kannst es nur schenken oder damit beschenkt werden. Der Geigenbauer Martin Schleske hat es in seinem Buch „Werk-Zeuge" so formuliert: „Wir können oft mehr bewirken, wenn wir weniger tun und dafür mehr ermöglichen. Wir tun Dinge kraft unseres Willens, aber wir ermöglichen Dinge durch Vertrauen."[4] Wenn Du Dich als Führungskraft in der Rolle des „Ermöglichers" sehen kannst, wirst Du schon bald Vertrauen erleben können.

Wenn Du Dir wünschst, dass man Dir vertraut, geht diese spannende Frage voraus:

Fragen

Vertraust Du Dir selbst?
oder
Wie groß ist das Vertrauen in Dich selbst?

---

[4] Martin Schleske (2022): Werk-Zeuge.

Diese Frage kannst nur Du selbst beantworten. Sie ist eine wichtige Voraussetzung, damit andere Dir ihr Vertrauen schenken können. Wir sprechen im Miteinander oft davon, dass es sich um ein Geben und Nehmen handelt. Ich möchte es in diesem Zusammenhang gerne anders formulieren: Vertrauen ist ein Schenken und Annehmen! Das Vertrauen, das man Dir schenkt, den Raum, in dem Dir Dinge ermöglicht werden, gilt es anzunehmen – das ist manchmal gar nicht so leicht.

> **Frage**
> Kannst Du das Vertrauen annehmen, das andere Dir schenken?

Die Fähigkeit, Vertrauen zu schenken und Vertrauen anzunehmen, ist aus unserer Sicht eine der zentralen Zeichen, an denen man gute Führung erkennt, und eine Grundvoraussetzung, damit Lernen, Wachsen und gemeinsame Entwicklung gelingen können. Es ist erwiesen, dass die Bereitschaft zu Lernen gegen Null geht, sobald Angst, Konkurrenz und Druck ins Spiel kommen – ein Phänomen, das uns in Organisationen leider allzu häufig begegnet. Wenn Du als Führungskraft ein Umfeld schaffen willst, in dem Lernen möglich sein soll, ist Vertrauen der Boden und Deine unterstützende Haltung des Ermöglichens der Dünger. Die Sprache des Vertrauens zu erlernen ist ein Weg, der vielleicht mit einem Trampelpfad beginnt. Wenn er erst zur Autobahn geworden ist, eröffnen sich ganz neue Möglichkeiten – vertraue uns!

Zuhören – mehr als „nicht sprechen"

Vertrauen aufzubauen braucht Zeit. Und damit ist nicht die Zeitspanne gemeint, die man beim selben Arbeitgeber oder im selben Team verbringt. Vertrauen wächst vor allem mit der Zeit, die wir einander in Begegnung schenken. Wenn wir in unseren Beratungen mit Mitarbeitenden darüber sprechen, was sie an ihren Vorgesetzten neben Vertrauen besonders schätzen, dann kommen die folgenden beiden Aussagen an erster Stelle:

1. Mein Vorgesetzter hat Zeit für mich.
2. Mein Vorgesetzter hört mir zu.

Wie hilfreich es sein kann, der Kundin Gehör zu schenken, hast Du vielleicht schon in Deinem Kundengespräch in der ersten Woche erleben können. Ebenso von Bedeutung ist es, Deinen Mitarbeitenden Zeit und Gehör zu schenken. Und doch gelingt es nicht immer. Vielleicht erinnerst auch Du Dich an Themen oder Vorschläge, die Du schon oft an Deine Vorgesetzten adressiert hast – ohne Erfolg.

Ich beobachte in Gesprächen oft, dass Zuhören als etwas Passives gelebt wird. Die Worte des anderen werden erduldet und die Zeit genutzt, um eigene Argumente und Redebeiträge vorzubereiten. Schließlich ist die Zeit knapp und die eigenen Themen wollen auch platziert sein. Zuhören ist eine Aktivität, die erlernt und immer wieder geübt sein will.

> **Frage**
> Was hörst Du, wenn Du zuhörst?

Zuhören hat weit mehr zu bieten als das kognitive Verarbeiten der gesprochenen Worte. Neben der Mimik und der Gestik ist die Stimme ein ganz wesentlicher Bestandteil für die Wahrnehmung eines Menschen. Die Stimme lässt uns hören, in welcher „Stimmung" sich jemand befindet. Am Telefon sind wir bei Menschen, die wir gut kennen, nach nur einem Wort oder einer knappen Begrüßung über deren emotionales Befinden im Bilde.

Und in persönlichen Gesprächen? Diese Ebene der „Stimmungswahrnehmung" wird dort oft ausgeklammert und sich – aus je unterschiedlichen Gründen – im Wesentlichen auf die kognitiven Bestandteile fokussiert. Dabei ermöglicht uns das Zuhören auf der Ebene der Stimme und der nonverbalen Signale ein Zuhören auf einer anderen Ebene. „*Wie klingt mein Gesprächspartner?*" ist eine Frage, die in uns ein Bild entstehen lassen kann, was die Person umtreibt, bei dem was sie sagt. Ich habe schon oft erlebt, dass durch eine Rückmeldung wie „*Sie klingen, als würde es Sie viel Kraft kosten*" ein Gespräch entstanden ist, dass den eigenen Blick auf die Situation und das eigentliche Bedürfnis hinter dem Gesagten an die Oberfläche befördert hat. Erst wenn ich diese Aspekte berücksichtige, erst wenn ich mich auf die Gedankenwelt meiner Gesprächspartnerin wirklich einlasse, können sich ganz andere Möglichkeiten eröffnen, Potenziale freigelegt und Ideen kreiert werden.

Diese Art des Zuhörens erfordert nicht nur Zeit, sondern auch ungeteilte Aufmerksamkeit, ein echtes Zugewandt-Sein, Geduld und die Offenheit, wirklich zu hören. In diesem Modus des Hörens kann ich wahrnehmen, was das Gesagte in mir bewegt, bin ich offen für unbekannte Gedankengänge, kann ich wirklich Neues erfahren und die Ideen aufgreifen und weiterdenken. Der Einstieg in gemeinsames Lernen ist gemacht!

Gemeinsam lernen

Wir Menschen sind soziale Wesen und brauchen andere Menschen nicht nur, um zu leben, sondern können uns nur optimal entfalten, wenn wir unsere Potenziale zusammentragen und daraus Neues entstehen lassen. Lernen und Entwicklung sind in einem Kontext gemeinsamer Erfahrung um ein Vielfaches erfolgreicher, kreativer und innovativer – weil die Resonanz des Gegenübers für spannende Verbindungen in unserem Gehirn sorgt, die wir allein niemals herstellen könnten. Unsere Spiegelneuronen warten geradezu darauf, mit anderen Menschen in Kontakt zu kommen, um aktiv zu werden. Es ist also nicht nur für ein besseres Miteinander, sondern auch für die Qualität der Arbeitsergebnisse von Nutzen, wenn wir uns begegnen, wenn wir gemeinsam aktiv werden, wenn wir ins Gespräch gehen. Das heißt, dass es auch in Deinem Team die Fähigkeit und den Zeit-Raum braucht, einander zuzuhören, um zu lernen und kreativ zu sein.

Die Fähigkeiten, respektvoll miteinander umzugehen, gemeinsam um Schritte zu ringen, die in einem Projekt getan werden müssen, um ein Ergebnis zu erzielen oder zusammen als Team Konflikte aus dem Weg zu räumen, die sich im Laufe der Zeit aufgestaut haben, werden oftmals wenig ausgebildet und genutzt, weil man sich nicht die Zeit nimmt, das menschliche Miteinander in den Blick zu nehmen und einander zuzuhören.

Wenn es Dir gelingt, in Deinem Team eine Kultur des Zuhörens zu etablieren, werden die Menschen sich zugehörig fühlen. Zugehörigkeit enthält nicht umsonst das Wort „hören": *„Hier hört man mir zu!"* Diese Aussage im unternehmerischen Umfeld nicht zu beachten, ist nicht nur respektlos dem Mitarbeiter gegenüber, es ist auch ökonomisch unsinnig. In einer Kultur des Zuhörens und des Vertrauens, in der Du aufmerksam und hellhörig bist für das, was Deine Mitarbeitenden zu sagen haben, wird sich nicht nur das Miteinander, die Fachlichkeit und die Qualität des Ergebnisses spürbar verbessern, sondern auch die Produktivität Deines Teams: Zuhören zahlt sich aus – im wahrsten Sinne des Wortes!

Zeit in vertrauensbildende Maßnahmen zu investieren, Zeit, um dem Gegenüber zuzuhören, ist wertvoll angelegte Zeit. Wenn wir davon ausgehen, dass jede und jeder aus Deinem Team am richtigen Platz ist und die Lust und den Willen hat, sich und seine Fähigkeiten einzubringen, dann kann es nur interessant und spannend sein, diesem Menschen aufmerksam zuzuhören, ins Gespräch zu gehen und dadurch gemeinsam zu lernen: für Dich, für Dein Team und Deine Organisation.

Handlungs- und Denkanstöße

So kannst Du heute den Impuls in Deinem Führungsalltag umsetzen

1. Gönne Dir heute in einer Pause eine Zeit des Zuhörens mit einem Mitarbeitenden, von dem Du schon lange nichts mehr „gehört" hast. Versuche, in dem Gespräch nicht Deine eigenen Beiträge anzubringen, sondern Dich ausschließlich interessiert zu zeigen für das, was Dein Gegenüber sagt, und gehe darauf ein.
2. Verabrede Dich mit einem Menschen, bei dem es Dir schwerfällt, zuzuhören, und frage Dich in diesem Gespräch – abseits von Inhalten –, woran das liegt. Was hörst Du, wenn Du Deine Aufmerksamkeit auf die Stimme legst? Was schwingt in dem Gesagten mit?
3. Bitte jemanden, Dir bei der Darstellung eines Themas, das Dir am Herzen liegt, zuzuhören. Was „hört" Dein Gegenüber über die inhaltliche Darstellung hinaus?

Tag 18

Mich zumuten? Aber sicher!

Wie viel Vertrauen ist Dir gestern begegnet? Ich hoffe, Du hast die ein oder andere Person getroffen, der Du bedingungslos vertraust. Es ist gar nicht so einfach, das kostbare Gut Vertrauen in Worte zu fassen. Und doch können wir immer wieder erfahren, dass mir mein Gegenüber vertraut, weil Vertrauen letztlich seinen Ausdruck im Handeln findet – Dinge werden möglich!

Und wie viel Zuhören ist Dir gestern gelungen? Und was konntest Du hören? Welche neuen Stimmen sind Dir begegnet, die Du bis jetzt noch nicht vernommen hattest? Ja, es ist manchmal eine Herausforderung, wenn eigene Interessen und die Menge an Arbeit drücken, der nächste Termin ansteht und Du noch ein dringendes Telefonat zu erledigen hast. Konntest Du Deinem Gesprächspartner die volle Aufmerksamkeit schenken und wirklich zuhören? In manchen Situationen ist es vielleicht sogar sinnvoller, das Gespräch auf einen anderen Zeitpunkt zu verlegen, um wirklich „ganz Ohr" sein zu können.

Ich will heute noch einen Schritt über das reine Zuhören hinausgehen: In einem Team, das einander vertraut, kann ich mich „zumuten". In dem Begriff „zumuten" steckt nicht umsonst das Wort Mut. Ja, es braucht manchmal auch Mut, unkonventionelle Ideen zu äußern oder der Einzige im Raum zu sein, der beharrlich seine Meinung äußert, weil er der Überzeugung ist, dass das, was entschieden werden soll, aus seiner Sicht nicht sinnvoll ist. Wenn ich weiß, dass meine Überlegungen von Interesse sind und aufgenommen werden, bin ich auch in Zukunft bereit, sie zu teilen. Wenn ich erlebe, dass meine Meinung nicht gehört oder womöglich ignoriert wird, werde ich schon bald meine Beteiligung und mein Engagement einstellen. Du hast als Führungskraft die Aufgabe und Kompetenz, diese Formen der Beteiligung zu ermöglichen und für Gehör zu sorgen.

Den Mut, mich zuzumuten, finde ich nur dort, wo dies gehört und zugelassen wird, wo ich nicht fürchten muss, dass mich meine Aussage den Kopf kostet oder ich wochenlang mit meiner Meinung aufgezogen werde. In einem Umfeld, in dem Angst vorherrscht, ist kein Raum für derartigen Mut. Es geschieht leider immer wieder, dass ich die Aussage höre: *„Die Mitarbeitenden haben Angst, mit der Führungskraft zu sprechen."* Nur selten liegt es daran, dass die Mitarbeitenden keine Worte finden, für das, was sie adressieren wollen. Häufiger sind es Angst und Mutlosigkeit, die dafür sorgen, dass die Führungskraft das, was der Mitarbeiter zu sagen hat, gar nicht erfährt. Führungskräfte, die von ihrer Fremdwahrnehmung erfahren, reagieren unterschiedlich: Von erschüttert über überrascht bis amüsiert, manche sind sogar stolz darauf und freuen sich über die erlebte Autorität. Eines ist allen Reaktionen, die ich erlebt habe, gemeinsam: Keine der Führungskräfte war sich ihrer angsteinflößenden Wirkung bewusst! Eines ist sicher: In einem derartigen Klima der Angst wird entweder gar keine Offenheit, kein Austausch, kein Lernen und keine Entwicklung stattfinden oder sie findet ohne Dich statt.[5]

Angst führt nicht nur dazu, bestimmte Schritte nicht zu tun, sondern verhindert tatsächlich Lernen – und auch dies ist inzwischen vielfach wissenschaftlich belegt: Wenn Dein Nervensystem Bedrohung wittert, hat Dein Körper schneller das Fluchtprogramm gestartet als Du darüber nachdenken kannst.[6] Nein, wir laufen heute nur selten weg, wir fliehen mit Worten wie *„das haben wir noch nie gemacht"* oder *„das funktioniert doch eh nicht…"*. Deine Fähigkeit, Informationen aufzunehmen und womöglich neue Verbindungen im Gehirn entstehen zu lassen, ist damit vorläufig blockiert. Lernen findet nur in Umgebungen statt, in denen ich mich sicher fühle und vertrauen kann.

---

[5] Amy Edmundson beschreibt in ihrem Titel „The fearless organization" (2019) verschiedene Rahmenbedingungen, die zur Herstellung eines offenen und vertrauensvollen Miteinanders notwendig sind und führte den Begriff der *psychological safety* ein.

[6] Gerald Hüther (2020): Wege aus der Angst, S. 13 ff.

Jeder Widerstand ist eine kostenlose Beratung

Du wirst immer wieder auch auf Widerstände stoßen, wenn Prozesse verändert oder Strukturen umorganisiert werden, kurzum, wenn es Neues zu integrieren gilt.

> **Frage**
> Wie erlebst Du Widerstände und wie gehst Du mit ihnen um?

Wir erleben in der Zusammenarbeit mit Führungskräften häufig, dass Widerstände von Mitarbeitenden meist als Widerstände gegen die eigene Person gedeutet werden. Schnell kommt dann der Gedanke auf, dass der andere etwas „gegen" mich hat. Das ist *einer* der möglichen Gründe, warum jemand einen Vorschlag ablehnt oder sich nicht gesprächsbereit zeigt. Eigene Widerstände im Zusammenhang mit Veränderungen zu erkennen, ist ein erster Schritt, um konstruktiv mit ihnen umzugehen.

Widerstand kann ganz unterschiedliche Ausprägungen haben. Sie zu erkennen, kann ein erster Schritt sein, um damit umzugehen.

> **Wichtig**
> Wir unterscheiden vier Arten von Widerstand:
>
> 1. Aktuell: Nicht *in diesem Moment*, gerne später!
> 2. Emotional: Mir ist *emotional* nicht danach.
> 3. Personal: Ich möchte es nicht *mit Dir* besprechen.
> 4. Inhaltlich: *Dieses Thema* will ich nicht diskutieren.

Die Fähigkeit, die eigenen Widerstände benennen zu können, ist eine gute Voraussetzung, mit den Widerständen anderer angemessen umzugehen. Nach Marshall B. Rosenberg[7] verbirgt sich hinter jedem Widerstand letztendlich ein Bedürfnis, zum Beispiel das Bedürfnis nach Sicherheit, nach Selbstwirksamkeit, nach Macht, nach Freiheit oder Anerkennung. Wir werden widerständig, wenn das, was uns begegnet, nicht zu unseren Bedürfnissen passt. Vielen Führungskräften fällt es schwer, die eigenen Bedürfnisse zu benennen, weil sie gelernt haben, sie zu ignorieren. Sich seiner Bedürfnisse bewusst zu sein und diese auszusprechen, wirkt Wunder: das Gegenüber kann Deine Verhaltensweisen nachvollziehen und sinnvoll damit umgehen.

> **Frage**
> Wie gut gelingt es Dir, zu erkennen, welche Bedürfnisse Grund für deine Widerstände sind?

Wir neigen dazu, Widerstände unter negativen Vorzeichen zu sehen. Sie machen uns Mühe, sie verhindern, dass wir geradewegs auf unser Ziel zugehen können, sie kosten Zeit, kurzum: Widerstände stehen im Weg. Wenn wir nun davon ausgehen, dass nur dort Widerstände entstehen, wo wir uns mit etwas auseinandersetzen, das für uns eine hohe emotionale Bedeutung hat, uns also wirklich wichtig ist, dann wäre es auch eine Möglichkeit, Widerstände positiv zu betrachten. Für etwas, das mir nichts bedeutet und mit dem ich mich nicht verbunden fühle, werde ich mir nicht die Mühe machen, Widerstände, geschweige denn einen Konflikt heraufzubeschwören. Widerstände sind also im Grunde genommen etwas Positives!

Schwierig wird es, wenn eigene Widerstände mit den Interessen des Unternehmens kollidieren: Ein kleines Unternehmen war seit seiner Gründung erheblich gewachsen. Es bestand der Wunsch, eine neue Führungsebene einzuziehen, da die Führungsspanne für die Führungskraft sonst zu groß werden würde, schließlich sollte das Unternehmen

---

[7] Marshall B. Rosenberg (2012): Gewaltfreie Kommunikation: Eine Sprache des Lebens, S. 73 ff. Ein wunderbares Buch für gelingende und selbstverantwortete Kommunikation!

weiter wachsen. Die Argumente lagen klar auf der Hand und Mitarbeitende, die diese neuen Rollen übernehmen konnten, waren auch schnell gefunden. Und doch war der Widerstand gegen die neue Struktur deutlich spürbar, wurden doch von der bisherigen Führungskraft immer wieder alternative Vorschläge zur Struktur erdacht. Erst nach mehrfachem Fragen konnte die Führungskraft sich eingestehen, dass sie ernsthafte Schwierigkeiten hatte, eine bestimmte Mitarbeiterin als neue Führungskraft zu installieren und den Verantwortungsbereich an sie abzugeben. Die gemeinsame Geschichte war lang und schwierig – und das zugrunde liegende Bedürfnis, die Kontrolle zu behalten, letztlich der Auslöser für die Widerstände.

Keine einfache Situation für die Führungskraft: Beharre ich auf einer Struktur, die für das Unternehmen nicht geeignet ist, weil ich die Kontrolle nicht abgeben möchte, oder entscheide ich mich dafür, die Struktur zu wählen, die dem Unternehmen nutzt? Eigene Widerstände anzuschauen ist oftmals schmerzhaft, führen sie uns doch an Punkte, an denen wir verletzlich sind. Und doch haben wir die Möglichkeit, an genau diesen Situationen zu wachsen, wenn wir uns ihnen stellen.

Die Führungskraft hat sich letztlich für die Struktur entschieden, die dem Unternehmen am meisten genutzt hat. Die größte Hürde war, die Kontrolle abzugeben, was sich in persönlichem Widerstand gegen die Mitarbeiterin ausdrückte, die die neue Position erhalten sollte. Die Verantwortung für das operative Geschäft musste an diese Person übergeben und die Kontrolle abgegeben werden, um die neue Struktur leben zu können. Für die Führungskraft war das schmerzhaft. Und es erforderte ein Umdenken – ein Umdenken des Selbstverständnisses, der eigenen Rolle, der eigenen Aufgaben und Verantwortlichkeiten.

Es ist immer wieder notwendig, Entscheidungen für das Unternehmen zu treffen, die einem persönlich zu schaffen machen. Die Bedenken, Argumente und Bedürfnisse anzubringen und auszusprechen ist notwendig, um einen sinnvollen Umgang mit der Situation zu finden. In unserem Beispiel hat das Aufrechterhalten der Widerstände die Führungskraft auch später enorme Kraft gekostet, hatte sich doch die neue

Teamleitung schneller an die Erweiterung des Kompetenzbereiches gewöhnt, als es der Führungskraft lieb war. Hier galt es in erster Linie, für sich selbst Klarheit zu finden und die eigene Haltung zu reflektieren – vor allem aber mit der Mitarbeiterin einen Weg zu bahnen, der gangbar ist. Und das gelingt nur gemeinsam.

Erst in der Begegnung lassen sich Sichtweisen nebeneinanderlegen und Missverständnisse aus dem Weg räumen, wenn diese Form der Offenheit gewollt und geübt ist. Widerstände tragen oftmals dazu bei, dass eigene blinde Flecken sichtbar werden. Dieses Erkennen kann dazu beitragen, dass Risiken in der Umsetzung reduziert werden. Das frühzeitige Ansprechen in Form von Feedback kann unnötige Eskalationen verhindern und Erkenntnisfortschritte zutage fördern. Nebenbei bemerkt ist auch dies Teil der Sprache des Vertrauens: Du sagst der Mitarbeiterin selbst, wenn aus Deiner Sicht etwas nicht stimmt. Wenn Du bereit bist, den ersten Schritt zu tun und von dem zu sprechen, was Dir wirklich wichtig ist, gelingt es vielleicht auch Deinen Mitarbeitenden. So kann eine Kultur der Offenheit eingeführt und die Verbundenheit gestärkt werden.

Und doch erscheint es manchmal einfacher, sich in das Reich der Vermutungen zurückzuziehen als das Gespräch zu suchen: Eine andere Führungskraft erzählte von einem Mitarbeiter, der sich weigerte, an einem Thema mitzuarbeiten. Sie vermutete, dass er gegen sie arbeite und ihre Entscheidung nicht akzeptiere. Sie vermutete weiter, dass dieser Mitarbeiter ihre Autorität nicht anerkenne. Sie konnte sich überwinden, dem Mitarbeiter im persönlichen Gespräch Feedback zu geben. Im Gespräch stellte sich heraus, dass der Mitarbeiter mit dem Thema sehr einverstanden war, sich aber nicht ausreichend mit Kompetenzen ausgestattet sah, um sinnvoll an dem Thema mitarbeiten zu können. Nur deshalb hatte er die Beteiligung an dem Thema abgelehnt.

Widerstände entstehen, das lässt sich nicht immer vermeiden. Ich habe aber auch schon Führungskräfte erlebt, die Widerstände bewusst provoziert haben. Aus unserer Sicht ist dies ein gefährlicher Weg, der das Risiko birgt, durch einen Machtkampf Deine Autorität aufs Spiel zu setzen. Die Herausforderung ist, mit Widerständen sinnvoll umzugehen. Manche Widerstände lassen sich allerdings nicht aus eigener Kraft auflösen, hier bedarf es zusätzlicher unterstützender Gesprächspartner. Und auch hier hast Du vielleicht schon Situationen oder Konstellationen erlebt, die aus Deiner Sicht nicht zu klären waren. Das gelingt nur, wenn beide es wollen. Einen Versuch ist es in jedem Fall wert, denn mit Widerständen zu leben und sie auszuhalten, kostet viel Kraft und Energie, die uns an anderer Stelle fehlt.

> **Frage**
> Wo zahlst Du einen hohen Preis für das Aushalten von Widerständen?

Eines ist sicher: Die Art und Weise, wie Du mit Widerstand umgehst, wird Wirkung auf Dein Team haben. Wenn es Dir gelingt, einen solchen Prozess transparent zu kommunizieren und die Bedürfnisse ernst zu nehmen, wirst Du erleben, wie sich das Verhalten im Team verändert. Deine Klarheit und Deine Überzeugung und Offenheit werden sich auf das Team übertragen. Es kann Vertrauen schöpfen, wenn es sieht, dass Du Dich um Klärung bemühst und Dich für einen konstruktiven Weg einsetzt.

Handlungs- und Denkanstöße

> **So kannst Du heute den Impuls in Deinem Führungsalltag umsetzen**
>
> 1. Mute Dich heute Deinem Team oder einzelnen Kollegen mit Deinen Widerständen zu einem Thema, die Du bisher nicht angesprochen hast, möglichst offen zu. Wie geht es Dir damit und wie wird damit umgegangen?
> 2. Erinnere Dich an Situationen, in denen Du Widerstände erlebt hast. Wie hast Du sie aufgelöst? Welche Bedürfnisse lagen den Widerständen zugrunde?
> 3. Welche Widerstände nimmst Du in Deinem Team wahr? Führe ein Gespräch und versuche zu erfahren, welche Bedürfnisse den Widerständen zugrunde liegen.

Tag 19

Gemeinsames Lernen will geplant sein

Konntest Du ein klärendes Gespräch führen? Wie war die Resonanz? Wo hast Du Widerstände entdeckt? Ich finde es immer wieder erstaunlich, wie schwer Menschen ein persönliches Gespräch fällt, wo wir doch so viel kommunizieren: per SMS, WhatsApp oder Signal, Teams, E-Mail, Infoboards, Social-Media-Kanäle… Wir kommunizieren oft so viel, dass wir die Menge kaum noch verarbeiten können, geschweige denn adäquat antworten. Aber über diese Medien werden Informationen nur „weg"geschickt – die Reaktion des Gegenübers erlebe ich nicht und muss sie auch nicht aushalten, ob Ärger, Freude oder Enttäuschung.

Das gesprochene Wort zwischen zwei Menschen hat eine ganz andere Wirkmacht als eine geschriebene Nachricht. Es erreicht uns zusätzlich auf anderen Ebenen, es ist näher, es verbindet uns und beinhaltet weit mehr als die gesprochene Information. Die Kraft und Wirksamkeit dieser wirklichen Begegnungen gilt es in ein gelingendes Miteinander zu investieren.

Viele Teams nehmen sich nicht die Zeit, ihr Miteinander zu pflegen. Dabei ist das Voraussetzung, um konstruktiv und produktiv miteinander zu arbeiten. Soll das Miteinander im Team kontinuierlich verbessert werden, braucht es dafür einen Zeitrahmen und Strukturen.

> **Frage**
> Wie viel Zeit hast Du in Deinem Verantwortungsbereich für das gemeinsame Lernen fest eingeplant?

Aus unserer Sicht findet gemeinsames Lernen häufig nicht statt, weil eine sorgfältige Planung fehlt. Ein erster Schritt, um das gemeinsame Arbeiten im Team zu optimieren, kann das Einplanen einer gemeinsamen Rück- und Vorschau bereits zu Beginn eines neuen Projektes sein.

Zu festgelegten Zeiten mit etwas Abstand einen Blick auf das gemeinsame Tun zu werfen, ermöglicht uns eine andere Perspektive und öffnet Raum für Erkenntnisse. Hierfür bietet sich die sogenannte Balkonübung an[8]. Sie ermöglicht dem Team, gemeinsam auf eine zurückgelegte Wegstrecke zu blicken, um daraus für die Zukunft zu lernen und den weiteren Prozess zu optimieren.

> **„Balkonübung"**
>
> Ronald Heifetz nutzt für die Balkonübung das Bild einer Tanzveranstaltung. Auf der Tanzfläche gilt unser Interesse meist dem Tanzpartner oder der Tanzpartnerin und am Ende des Balls erinnern wir uns vielleicht noch, dass die Band wunderbar spielte. Was aber auf der Tanzfläche insgesamt passierte und wie sich der Abend entwickelt hat, nehmen wir nicht wahr. Wenn wir Einblick in das gesamte Geschehen haben möchten, müssen wir Abstand gewinnen und das Ganze aus einer anderen Perspektive betrachten. Wir gehen daher auf den Balkon und betrachten alles von oben.
>
> Diese neue Sicht können wir auch auf unseren Alltag übertragen: Um die bisherige Zusammenarbeit des Teams einschätzen zu können, müssen wir das Geschehen von oben und mit einigem Abstand betrachten. Alle Teammitglieder nehmen eine neue Position ein und betrachten das bislang Erreichte von einem imaginären Balkon aus. Ihre „Balkonbeobachtungen" formulieren sie mit Ich-Aussagen („Ich hatte den Eindruck, dass zu Beginn nur wenige Leute getanzt haben", „es haben nicht immer alle zusammengetanzt", „ich habe verschiedene Gruppen wahrgenommen", „am Anfang war die Musik noch langsam, wurde aber dann schneller und es kamen nicht alle mit" usw.).
>
> Diese Form der gemeinsamen Rückschau hat mehrere Vorteile. Es wird eine Gesamtsicht möglich, die im täglichen Tun oftmals untergeht. Dazu ist es zunächst erforderlich, dass alle Teammitglieder einen Schritt zurücktreten und mit etwas Abstand auf die zurückliegende Zeit schauen. Dies ist notwendig, um die Bedeutung der Einzelbeiträge zu erkennen und im Gesamtkontext angemessen zu würdigen. Zudem sieht jeder genauer hin *(„Wie nehme ich mein eigenes Tun wahr?")* und setzt diese Erkenntnisse in Bezug zu den anderen Teammitgliedern.

---

[8] Ronald A. Heifetz, Marty Linsky (2002): Leadership on the Line: Staying Alive Through the Dangers of Leading.

> Dabei lernen die Teammitglieder immer besser, die Gesamtwahrnehmung nicht mit den eigenen Befindlichkeiten zu vermischen. Der Blick aus der Distanz – vom Balkon – ermöglicht eine andere Perspektive auf das Team und die Aufgabe. Das große Ganze im Blick zu behalten, sich nicht von der Komplexität einschüchtern zu lassen und Widersprüche auszuhalten sind wichtige Kompetenzen für Dich als Führungskraft. Und das Team wird immer bewusster und aufmerksamer das eigene Tun und das Miteinander im Blick haben und gemeinsam lernen, die Aufgaben besser und cleverer zu meistern.

Im zweiten Schritt kann das Team dann für die nächste Etappe des Projekts mit folgenden Fragen das weitere Vorgehen vereinbaren und konkretisieren:

- **Stop:** Womit will ich aufhören? (z. B. andere unterbrechen, Vereinbarungen nicht einhalten)
- **Start:** Was sollten wir unbedingt tun? Womit sollten wir beginnen? (z. B. Offenheit, Spaß, den wir miteinander haben)
- **Mehr davon:** Wovon wünsche ich mir mehr? (z. B. dafür sorgen, dass alle zu Wort kommen)

Ziel ist es, das Miteinander zu verbessern, sich an erreichten Entwicklungsschritten zu freuen und gemeinsam kontinuierlich zu lernen.

Menschen sind daran interessiert, gemeinsam zu arbeiten und gemeinsam zu lernen. Dadurch, dass Ihr Offenheit pflegt, aus dem Vergangenen Nutzen für Zukünftiges zieht, und jeder und jede die Möglichkeit hat, Dinge anzusprechen, die ihn sehr motivieren oder aber daran hindern, im Team Erfahrungen und Fähigkeiten einzusetzen, werdet Ihr zu einem lernenden Team.

Am Netzwerk des Lernens bauen

Um es einmal ganz deutlich zu formulieren: Wir sind in einer Zeit angekommen, in der fachliches Wissen zwar immer noch gebraucht wird, wir aber benötigtes Wissen zunehmend mithilfe von KI abrufen können. Es geht also vielmehr darum, das abgerufene Wissen zu prüfen und einordnen zu können und um Erkenntnisse, Erfahrungswissen und die Fähigkeit, vernetzt denken zu können, Zusammenhänge zu erkennen, Fragen zu stellen, die uns weiterbringen, und Antworten auf diese Fragen zu finden. Wenn diese Fähigkeiten sinnstiftend zum Wohle Deines Teams und letztlich der Überlebensfähigkeit Deiner Organisation eingesetzt werden sollen, dann kann das nur gelingen, wenn diese Erkenntnisse und Erfahrungen geteilt werden. Genauso wie Dein Gehirn neue Erfahrungen in sein Netzwerk einbaut, sollte auch Wissen, das in ein Team hereingetragen wird, sinnvoll verankert werden, sonst geht es verloren!

In den Veranstaltungen für Führungskräfte bitten wir die Teilnehmenden, ihre Erkenntnisse und Erfahrungen, die sie dort gesammelt haben, in den Alltag zu integrieren. Auf die Frage, wie das in deren Unternehmen üblich ist, kommen zögerliche Antworten, von Austausch mit Kolleginnen ist selten die Rede. Du hast vielleicht Deine letzte Veranstaltung vor Augen, die Dir wichtige Impulse geliefert hat – wann und wo hast Du Deine Lernerfahrungen geteilt? Wir sind fest davon überzeugt, dass diese Art der Weiterbildungen für die Mitarbeitenden wertvoll sind und gut investiert. Wie groß wäre erst der Nutzen, wenn die gemachten Erfahrungen geteilt würden!

Wie ist es in Deinem Bereich: Bist Du an dem Wissen und an den Erkenntnissen interessiert, die Deine Mitarbeitenden auf „Bildungsreisen" gewonnen haben? Dem Mitarbeiter bewusst bei der nächsten Besprechung Zeit einzuräumen, um seine Erkenntnisse zu teilen ist ein erster Schritt.

> **Frage**
> Wie stellst Du sicher, dass neu erworbenes Wissen in Deinem Bereich ankommt und angewendet wird?

Die Weiterbildung des Einzelnen ist wichtig – keine Frage! –, wertvoll wird sie aber erst, wenn die Erkenntnisse und Ideen geteilt werden, wenn ein regelmäßiger Austausch stattfindet und das Gelernte in den Prozessen und Strukturen verankert wird. Wenn Du Deinen persönlichen Erfolg in den Mittelpunkt stellst, wirst Du die Informationen für Dich behalten – wenn Du den Erfolg des Teams und der ganzen Organisation im Blick hast, wirst Du dafür sorgen, dass alle an Deinem Wissen teilhaben. Nur so könnt Ihr gemeinsam lernen und besser werden!

Das Lernen in Netzwerken ist die einzige Chance, das Lernen in Bahnen zu lenken, die nicht nur das Miteinander fördern, sondern in konstruktiver Weise nutzen. Und die Ergebnisse werden besser! Diese Situation ist übertragbar auf die Organisation: Eine Organisation kann nur lernen, wenn sich Mitarbeitende aus unterschiedlichen Bereichen austauschen und schauen, was sie voneinander lernen können. Beim Lernen geht es nicht nur darum, Neues aufzunehmen und Erkenntnisse in der Fachlichkeit und der gemeinsamen Zusammenarbeit zu gewinnen, sondern auch einen Blick darauf zu werfen, wie das, was zu tun ist, noch besser und noch cleverer getan werden kann.

Von der Arbeit im Silo zur „Netzwerkdenke"

Einige der Organisationen, die ich bis jetzt kennenlernen durfte, haben immer noch damit zu kämpfen, dass in Silos gedacht und gearbeitet wird. Der Vertrieb arbeitet nicht mit der Logistik zusammen, die wiederum nicht mit dem Einkauf und der nur widerwillig mit dem Controlling. Wie soll es da gelingen, dass Synergiepotenziale erkannt und gehoben werden? Da werden lieber Dinge doppelt und dreifach bearbeitet, als dass Schwierigkeiten geteilt und gemeinsam nach cleveren Lösungen gesucht wird. Die spannende Frage ist doch: Warum verhält es sich so? Eine Änderung würde voraussetzen, dass alle bereit sind, ihr Wissen zu teilen! Und womöglich würden auch andere von Deinem Wissen profitieren. Sven hat in der Woche 2 bereits von Gebenden und Nehmenden gesprochen. Dieses Phänomen schlägt hier voll zu: Wenn Du weißt, dass der Nehmende in Deiner Runde das Wissen in erster Linie abgreift, um es zu seinem Vorteil zu nutzen, wird es Dir vermutlich schwerfallen, es preiszugeben. Du denkst Dir: Wissen ist Macht und die soll ich teilen? Und warum sollten „die" von meinem Wissen profitieren? Wir sagen: Ja: Wissen teilen ist sinnvoll! Weil es sinnvoll ist, sich für das Überleben der Organisation einzusetzen und das Wohl der Gesamtorganisation in den Fokus zu rücken. Leider ist es nicht möglich,

Nehmende zu ändern. Daher sollte es ein Anliegen der Gebenden sein, dafür zu sorgen, dass sich die Kultur von einer Nehmenden- zu einer Gebendenkultur entwickelt.

> **Frage**
> Wie steht es um Deinen Bereichsegoismus?

Unser Gehirn lernt, wenn es neue Impulse von außen erhält. Richtig spannend wird es, wenn diese Impulse nicht zu den bisherigen Denkmustern passen und ein Weg für die Einordnung gefunden werden muss. Diese Eigenschaft könntest Du Dir auch in Deiner Organisation zunutze machen: Wir erleben häufig, dass die unterschiedlichen Bereiche mit ähnlichen Schwierigkeiten ringen. Dich mit Kollegen aus anderen Bereichen auszutauschen und zu hören, wie sie die Schwierigkeiten angehen, kann inspirierend sein. Wenn ich davon ausgehe, dass alle im Unternehmen das gleiche Ziel haben, nämlich dem Kunden Nutzen zu stiften, dann würde ich vermuten, dass auch andere Bereiche Ideen und Lösungsansätze haben, die für Dich und Deinen Bereich von Interesse sind.

Bist Du schon vernetzt?

Du selbst könntest einen Anfang machen. Mit Deinem Verhalten, mit Deiner (Selbst-)Führung: Über 20 Jahre habe ich Menschen begleitet, die sich beruflich neuorientiert haben. Mir war es immer ein Anliegen, diese Menschen aus unterschiedlichen Branchen und Positionen in Netzwerkgruppen zusammenzubringen. Und es gab kein Treffen, wo das Gespräch mit fachfremden Menschen nicht inspirierend für die eigene Vorgehensweise in der beruflichen Orientierung war! Ja, die Probleme eines jeden Bereiches oder Unternehmens sind unterschiedlich und doch gibt es den unterschätzten Vorteil der „Ahnungslosigkeit", mit der ein Netzwerkpartner auf das ihm unbekannte System schaut und Dir einen ganz neuen Aspekt schenken kann.

> **Frage**
> Mit welchen Menschen aus anderen Bereichen des Unternehmens oder gar anderer Branchen bist Du im Austausch?

Wir lernen am effektivsten, wenn wir ein Netzwerk aufbauen und die neuen Erfahrungen an das, was vorhanden ist, andocken – so wie es das Gehirn auch macht. Wie groß ist Dein Netzwerk in Deiner Organisation und vor allem darüber hinaus? Wann hast Du das letzte Mal mit jemandem gesprochen, der inhaltlich ganz anders unterwegs ist als Du? Häufig reicht ein Verbindungspunkt und es kann sich völlig Neues entwickeln.

So fiel es in einer Netzwerkveranstaltung für Vorstände den Herren (es war keine Dame dabei!) sehr schwer, aufeinander zuzugehen. Es bedurfte der gezielten moderierten Zusammenführung einzelner Personen, um in Kontakt zu treten und Anknüpfungspunkte sichtbar zu machen. Der unbedingte Wille, sich nur mit Menschen zu unterhalten, die die „gleiche Sprache" sprechen, machte es für die Herren unmöglich, selbst aktiv ins Gespräch zu kommen. Das ausschließliche Bewegen in vertrauten Gewässern lässt im Gehirn wenig Neues entstehen. Sich auf andere „Sprachen" einzulassen, kann ganz neue Sichtweisen und Ideen zutage fördern, die im eigenen Kontext behilflich sein können. Du selbst kannst vorangehen!

Handlungs- und Denkanstöße

> **So kannst Du heute den Impuls in Deinem Führungsalltag umsetzen**
> 1. Führe mit einer Person ein Gespräch, die vor kurzem eine externe Veranstaltung (Seminar, Workshop, Konferenz) besucht hat und befrage sie zu den Möglichkeiten des Transfers in die Organisation.
> 2. Stelle heute bewusst diese Frage in einem Gespräch: Was lernen wir daraus für die Organisation? Oder: Wie können wir diese Erkenntnisse in der Organisation verankern?
> 3. Bringe in der nächsten Teamsitzung die „Balkonübung" ein. Vereinbare mit Deinem Team, was Ihr für Euch als nächstes lernen wollt.

Tag 20

Zelebrierst Du schon oder arbeitest Du noch?

Ich wüsste zu gerne, was Du gestern gelernt hast! Welche neuen Perspektiven hast Du gewonnen? Hast Du Dein Netzwerk erweitern können? Ich bin davon überzeugt, dass der Weg des Lernens letztlich Freude macht. Weil es Freude macht, gemeinsam zu wachsen, weil es Freude macht, Neues zu entdecken und umzusetzen. Wir verbringen einen großen Anteil unseres Lebens mit beruflichen Aktivitäten. Da sollte Freude einen Platz haben – und das Teilen von Freude auch.

> **Frage**
> Wann hast Du zuletzt einen Erfolg mit Deinem Team gefeiert?

Hast Du schon einmal ein gelungenes Projekt, eine erfolgreiche Veranstaltung oder eine gute Idee, die eine Entwicklung maßgeblich vorantreibt, mit Deinem Team gefeiert? Ich muss gestehen, ich höre häufiger von Krisensitzungen als von Festen oder Zusammenkünften, mit denen etwas Positives bewusst gefeiert wird. Mir geht es hier um einen Moment geteilter Freude, um das Aussprechen von Positivem, das wahrgenommen und geteilt sein will, bei all dem, was auch schwer, herausfordernd und anspruchsvoll ist im Berufsalltag. Etwas Gelungenes einen Moment lang zu zelebrieren, verbindet. Es stärkt, nährt und erinnert an die eigene Wirksamkeit und die des Teams.

Wenn ich eine Organisation neu kennenlerne, stelle ich gerne die Frage, wie denn Mitarbeitende empfangen und verabschiedet werden. Der Umgang mit dem Menschen ist für mich Ausdruck gelebter Unternehmenskultur. Das Begrüßen von neuen Mitarbeitenden findet in manchen Organisationen noch statt, manchen Organisationen gelingt sogar eine geplante Einführung und Einarbeitung, damit die neuen Mitarbeitenden die Chance haben, alles kennenzulernen. Die Verabschiedung von Menschen, die das Unternehmen aus freien Stücken verlassen, fällt da schon schwerer.

Einer Führungskraft, die innerhalb eines Konzerns in einen entfernten Bereich wechselte, habe ich geraten, sich mit einem kleinen Empfang von seinen Mitarbeitenden zu verabschieden. Er war zunächst skeptisch, hat den Hinweis dann aber doch umgesetzt. Beim nächsten Gespräch berichtete er dankbar von der Freude der Mitarbeitenden über diese Geste, war doch sonst nirgends Raum, danke zu sagen, für das Miteinander, das gemeinsame Tun und die Unterstützung, die erfahren wurde.

> *Zelebriere den Anfang und das Ende. Beginne und beschließe bewusst, lade ein und nutze die Gelegenheit, Dich an die Menschen zu wenden, die mit Dir arbeiten werden oder gearbeitet haben. Der Abschied ist oft nicht leicht und doch kannst Du mit dem vollzogenen Abschied Vergangenes wirklich hinter Dir lassen und bist wieder offen für Neues.*

Es geht mir hier um bewusstes Tun! Einen Mitarbeiter nach 20 Jahren erfolgreicher Tätigkeit kommentarlos gehen zu lassen, sagt in erster Linie etwas über die Führungskraft aus. Ja, es ist schwer, einen richtig guten Mitarbeiter gehen zu lassen. Wenn Du als Führungskraft Menschen wirklich magst und an deren Entwicklung interessiert bist, kann es Dich aber auch stolz machen. Ein kommentarloser Abgang setzt darüber hinaus nicht nur ein Zeichen für den Mitarbeiter, der geht, sondern vor allem für die, die bleiben: Deutlicher kann man Geringschätzung und Austauschbarkeit nicht zum Ausdruck bringen. Und dabei ist doch ein Abschied für beide Seiten ein Moment, der Lernpotenzial birgt. Was von dem, was dieser Mitarbeiter eingebracht hat, will ich beibehalten, was will ich anders gestalten? Lernen kannst Du aus der Aufnahme und Beendigung eines Arbeitsverhältnisses ebenso wie aus Projekten oder erfolgreichen Aufträgen.

Der berühmte Zauber des Neubeginns stellt sich nicht automatisch ein, nur weil ein neuer Vertrag unterschrieben ist. Ihn bewusst zu gestalten, wird etwas verändern. Warum schreibe ich das in der Woche, in der es um das Lernen geht? Weil ich der festen Überzeugung bin, dass diese Rituale und Gesten des menschlichen Miteinanders in letzter Zeit vor lauter Zeit- und Leistungsdruck in Vergessenheit geraten sind und es sinnvoll ist, diese sehr menschlichen lebensbejahenden Gesten und Zeichen wieder in Erinnerung zu rufen. Du kannst mit Wertschätzung beginnen, im Miteinander eine Haltung des unterstützenden Vertrauens pflegen und mit dieser auch den Abschluss gestalten. Alle diese Schritte gehören zum Leben dazu. Die Reife einer Führungskraft ist für mich auch daran erkennbar, ob dieser Weg gelingt!

Wenn ich gemeinsam beginne und vor allem beende, kann ich auch wieder frei meinen Fokus auf etwas Neues richten, was (mir) wirklich wichtig ist. Es ist nicht möglich, sich dauerhaft fokussiert für etwas einzusetzen, wenn es kein Ende gibt. Eine Führungskraft in einem internationalen Konzern formulierte es so: Finish starting and start finishing! Der Beginn eines Projektes macht noch keinen Unterschied – das erfolgreiche Ende schon!

Fehler – ein großes Lernpotenzial

Im Gegensatz zu freudigen Ereignissen erhalten Fehler oft eine große Aufmerksamkeit, etwa die E-Mail, die nicht erledigt wurde, die Information, die Dich nicht erreicht hat, die Entscheidung, die aus Deiner Sicht falsch getroffen wurde. Fehler passieren, meist ohne Absicht, manchmal auch aus Unaufmerksamkeit oder Nachlässigkeit. Und doch haben sie das Potenzial des Gewinns, wenn wir sie anders anschauen und nicht im Versagen stecken bleiben. Fehler werden immer wieder passieren, weil wir Menschen nicht perfekt sind.

Wann immer wir etwas Neues ausprobieren und dabei sind zu lernen, machen wir auch Fehler. Etwas ist nicht so gelungen, wie wir es zugesagt haben, wir haben eine Vereinbarung nicht eingehalten, weil wir mit dem neuen Prozess noch nicht vertraut sind, wir haben das System falsch bedient, weil wir die Funktionalität noch nicht beherrschen. Wenn wir lernen, probieren wir aus und Fehler geschehen gerade in diesem Kontext nicht absichtlich. Du ärgerst Dich über Deinen eigenen Fehler wahrscheinlich am meisten. Und dann ist es erst recht nicht leicht, den Fehler einzugestehen.

> **Frage**
>
> Wie gehst Du mit Deinen Fehlern um?

Kennst Du diesen Moment des Schocks, in dem Du realisierst: Da habe ich einen Fehler gemacht! Adrenalin rauscht durch Deinen Köper und das Gehirn ist in höchster Alarmbereitschaft. Wenn ich es aber schaffe, in diesen Moment des Schreckens die Frage zu legen: *„Was mache ich daraus?"*[9], entsteht die Möglichkeit, meine guten Absichten, meine Fähigkeiten und meine Kompetenzen neu zu bündeln und etwas Neues entstehen zu lassen. Manches lässt sich wieder gut machen, anderes nicht. Die Fähigkeit anzuerkennen, dass wir (zum Glück) nicht perfekt sind, ist eine Tatsache, der wir im Leben immer wieder begegnen, das zeichnet uns Menschen aus. Sie macht uns deutlich, dass auch diese Seite zu uns gehört, durch die wir erst als Persönlichkeit erkennbar werden. Mutig zu dem zu stehen, was uns ausmacht, und anzuerkennen, dass auch wir begrenzt sind, ist sichtbares Zeichen von Führungsstärke.

Eine Führungskraft erzählte mir (noch immer!) sehr angespannt, dass sie einen Fehler gemacht habe und das ganz schlimm sei. Sie habe aber den Mut gefunden, diesen Fehler der Kundin direkt einzugestehen. Die Reaktion hatte sie gewundert: Die Kundin war dankbar, dass sie es angesprochen hatte, und ging sofort mit ihr in ein konstruktives Gespräch über, um eine Lösung zu suchen. Mit dieser Reaktion hatte die Führungskraft nicht gerechnet. Der eigene Anspruch war die Perfektion. Der Blick des Gegenübers das Wissen um die eigene Grenzhaftigkeit.

Entscheidend ist aus unserer Sicht, aus den gemachten Fehlern zu lernen und zu überlegen, was wir beim nächsten Mal anders machen können. Dann wird der Fehler sinnstiftend. Dass der konstruktive Umgang mit Fehlern die Mitarbeit in einem Team extrem attraktiv machen kann, erzählte mir eine Führungskraft aus akademischem Umfeld. Sie

---

[9] Der Geigenbauer Martin Schleske formuliert es in seinem Buch „Werk-Zeuge" (2022) so: „Es gibt wenig Faszinierenderes – ich merke es an der Ungeteiltheit meiner Konzentration – als in den Schock eines Fehlers hinein zu fragen, was man daraus machen kann." S. 419.

habe das große Glück gehabt, in einem Team arbeiten zu können, in dem es möglich war, gemeinsam mutig Entscheidungen zu treffen und Vorgehensweisen und Themen zu wählen. Stellte sich im Nachhinein heraus, dass die Entscheidung falsch war, überlegte man gemeinsam im Team, wie damit umzugehen sei. Der Fehler war durch eine gemeinsame Entscheidung entstanden und wurde auch gemeinsam getragen – ohne Gesichtsverlust. Auf die Weise war es möglich, Dinge auszuprobieren und mutig Schritte der Veränderung zu gehen. Viele Mitarbeitende des Instituts wollten in genau diesem Team mitarbeiten, war es doch das Ziel, gemeinsam gute Lösungen zu finden und mutig auch unkonventionelle Entscheidungen zu treffen, die zu neuen Ergebnissen führen – Umwege eingeschlossen. Die Ausrichtung des Teams gleichberechtigter Mitglieder war klar und wurde von gegenseitigem Vertrauen getragen. Nur so war eine so fruchtbare und konstruktive Zusammenarbeit möglich.

> **Frage**
> Wie geht Dein Team mit Fehlern um?

Der Umgang mit Fehlern ist ein guter Indikator für die (Lern-)Kultur eines Unternehmens. Ist es möglich, sich offen über Fehler auszutauschen, oder wird eher versucht, die Fehler zu vertuschen? Wenn die Mitarbeitenden erleben, dass es bei der Besprechung der Fehler um das Lösen von Problemen geht und nicht um die Suche nach Schuldigen, werden die Fehler offen diskutiert. Es geht darum, etwas für die Zukunft zu lernen und nicht für Vergangenes zu strafen.

Nach einem Fehler wieder zur Normalität überzugehen und nicht nachtragend zu sein, ist die eigentliche vertrauensbildende Maßnahme. Wenn wir etwas für uns allein lernen, haben wir unsere persönlichen Mittel, die uns helfen, das Gelernte einzuprägen. In Unternehmen hilft es, Räume und Strukturen für das gemeinsame Lernen zu schaffen. Wenn ein Team vereinbart, Dinge anders zu machen, ist es aus unserer Erfahrung wertvoll, eine Form des Erinnerns einzuführen. In einem Team, das ich begleite, haben sich die Teilnehmenden die gegenseitige

Erlaubnis ausgesprochen, sich an diese Vereinbarung zu erinnern. Die Erlaubnis, einander zu erinnern, kann das Besser-Wissen zu einem Besser-Werden wandeln, wenn sich alle darauf einlassen. Und es nimmt alle in die Verantwortung und delegiert sie nicht als Chefsache zur Vorgesetzten.

> **Fragen**
> Bist Du selbst bereit, Dich an getroffene Vereinbarungen erinnern zu lassen?
> *und*
> Gibt es dafür einen Zeit-Raum?

Eine amerikanische Führungskraft erzählte auf einer Konferenz, dass er einmal im Monat sein Team zusammenhole, um Feedback zu seiner Führung einzuholen. Es standen nur zwei Fragen auf der Agenda:

1. Was ist mir in diesem Monat gut gelungen?
2. Was kann ich besser machen?

Für dieses Feedback war ein festes Zeitfenster eingeplant, alle wussten darum und konnten Rückmeldungen zusammentragen. Für die Führungskraft war dies eine gute Möglichkeit zu lernen und sich und sein Tun weiterzuentwickeln. Die Mitarbeitenden hatten so regelmäßig die Gelegenheit, die Themen anzusprechen, die ihnen wichtig waren. Diese Form von Feedback setzt allerdings voraus, dass Du die Rückmeldung Deiner Mitarbeitenden hören möchtest!

> **Frage**
> Bist Du bereit, Dich korrigieren zu lassen?

Wie offen dürfen Deine Mitarbeitenden bei Dir ansprechen, dass Du etwas gemacht hast, mit dem sie nicht einverstanden sind? Hast Du ein offenes Ohr für kritische Rückmeldungen? Möchtest Du diese Rückmeldung oder hast Du Dich mit Ja-Sagern umgeben? Sich immer wieder Feedback, Widerständen und Konflikten auszusetzen, kostet Kraft und Mut und doch ist es die einzige Möglichkeit, zu verhindern, dass ich es mit einem Team von stromlinienförmigen Mitarbeitenden zu tun habe, die im Zweifelsfall keine Verantwortung übernehmen und freundlich auf Dich verweisen, wenn etwas schiefgegangen ist. Persönliches Wachstum findet nur dort statt, wo wir unsere Komfortzone verlassen. Ein Feedback dieser Art könnte Dein erster Schritt sein.

Fehler haben ihren Nutzen – wenn ich bereit bin, nach ihnen zu schauen und aus ihnen zu lernen. Du hast einiges lernen können in dieser Woche. Alles, was wir lernen, wird aber nur dann im Gehirn verankert, wenn es in Pausen die Gelegenheit hat, die Verbindungen herzustellen und zu verankern. Deshalb entlassen wir Dich heute – an einem Freitag – in Deine wohlverdiente Pause, ins Wochenende. Damit das Gelernte sich in Deinem Gehirn vernetzen kann – ob beim Radfahren, bei Begegnungen mit Menschen, die Dir viel bedeuten, beim Wandern, beim Musik hören oder beim gemütlichen Sitzen auf einer Bank – eben bei allem, was Dir guttut!

Handlungs- und Denkanstöße

So kannst Du heute den Impuls in Deinem Führungsalltag umsetzen
1. Mache heute absichtlich einen Fehler mit überschaubarer Konsequenz und beobachte die Reaktion.
2. Wie bist Du in Deinem Team mit dem letzten Fehler umgegangen? Was würdest Du heute anders machen?
3. Wann hast Du zuletzt einen Erfolg gefeiert? Entscheide, welchen Anlass Du in nächster Zeit für eine gemeinsame Erfolgsfeier nutzen willst, und lege den Termin fest.

Tag 21 – Fotoimpuls

Nimm Abstand und denke regelmäßig nach!
Wer immer nur Vollgas auf dem Spielfeld gibt, wird sein volles Potenzial nicht entwickeln können.

Foto: © Jo Herrmann (2010): zu-schau-er, montevideo
u.a. abgedruckt in Jo Herrmann (2020): A Walk through Black & White.

Tag 22 – Dein Pausentag

Hältst Du Bestehendes fest oder gestaltest Du Zukunft? – Woche 4 (Sven)

Tag 23

Was tun, wenn lernen nicht reicht?

Du hast letzte Woche intensiv über das Lernen nachgedacht und konntest dabei sicherlich einiges an neuen Erkenntnissen sammeln. Es ist enorm hilfreich, wenn wir Wege entwickeln und Ansätze finden, wie wir etwas immer besser, geschickter oder cleverer tun können – es wird möglich Ressourcen zu sparen, Reibungsverluste zu reduzieren und Nerven zu schonen. Lernen ist somit nicht nur wünschenswert, es steht vielmehr in unserer Verantwortung, Schritt für Schritt besser zu werden und uns weiterzuentwickeln, wenn wir ressourcenschonend leben und arbeiten wollen. Und doch wird dieses Verbessern und Dazulernen alleine nicht immer ausreichen, um die Herausforderungen der Zukunft zu meistern. Es ist zumindest nicht auszuschließen, dass sich die Rahmenbedingungen so verändern, dass es für eine Fortsetzung von bisherigen Erfolgen kein „Besser", sondern ein „Ganz anders" braucht.

Folgende Anekdote zeigt das: Wenn sich die acht Belgier, die 1920 die Bronzemedaille im Tauziehen bei den Olympischen Spielen in Antwerpen gewonnen hatten, geschworen hätten, so hart zu arbeiten und sich zu verbessern, dass sie bei den nächsten Spielen Gold holen, wäre dies völlig umsonst gewesen. Sie hätten dies überhaupt nicht schaffen können, da das Internationale Olympische Komitee (IOC) entschied, bei den Sommerspielen in Paris 1924 keinen Tauziehwettbewerb mehr zuzulassen. Seit dieser Entscheidung ist Tauziehen keine olympische Disziplin mehr. Weltmeisterschaften in dieser Kraftsportart gibt es erst seit 1975. Die Sportler um den Mannschaftsführer Edouard Bourguignon hätten also die Sportart wechseln und sich als Team verändern müssen, um die Stufen des Olymps erklimmen und als „Beste der Welt" ausgezeichnet werden zu können.

Nun ist dieses Beispiel aus dem Sport vielleicht zum Schmunzeln. Die Anekdote lässt sich jedoch auf andere Bereiche übertragen – Dir werden schnell einige Dinge im Alltag einfallen, die früher einmal bedeutend waren, aber heute nicht mehr relevant oder gar ganz von der Bildfläche verschwunden sind. Und bei genauerer Betrachtung werden die Konsequenzen daraus schnell erkennbar. Der Plattenspieler, die Schreibmaschine und der Walkman sind nur einige Geräte, die heute in den hinteren Ecken mancher Kellerschränke und vielleicht noch im Museum zu finden sind, jedoch eigentlich keine große Bedeutung mehr für viele Menschen haben. Das war einmal anders, hinter diesen Dingen standen Unternehmen und damit auch Menschen, die sich eigentlich grundlegend hätten verändern müssen und dies nicht, nur zum Teil oder nicht rechtzeitig geschafft haben. Abteilungen und ganze Unternehmen wurden geschlossen und Mitarbeitende mussten sich für neue Aufgaben in anderen Unternehmen öffnen. Hier gab es zwar keine offizielle Entscheidung eines Weltverbands, die Geräte nicht mehr zuzulassen, aber infolge des technischen Fortschritts und aufgrund von gesellschaftlichen Veränderungen hatten sich die Rahmenbedingungen maßgeblich verschoben. Ein Beispiel: In den 1980er-Jahren hat die Compact Disc den Niedergang der Vinyl-Platten eingeläutet. Der weltweit größte Phonohersteller Perpetuum Ebner und Dual aus dem Schwarzwald hat diese maßgebliche Neuerung nicht überlebt.[1] Trotz

---

[1] 1971 Übernahme von PE durch Dual, 1981 Anmeldung der Insolvenz von Dual, 2015 Reaktivierung der Marke PE durch das Unternehmen WE Audio Systems – Vgl. https://de.wikipedia.org/wiki/Dual_(Unternehmen), Zugriff am 18.02.2023; https://de.wikipedia.org/wiki/Perpetuum-Ebner, Zugriff am 18.02.2023.

des jahrzehntelangen weltweiten Erfolgs konnte die Familie Steidinger das Traditionsunternehmen nicht retten. Und auch mit der Compact Disc war diese Entwicklung nicht abgeschlossen – wer kauft heute noch eine CD? Wahrscheinlich hörst auch Du Musik aktuell eher über Streaming-Dienste und andere Onlinemöglichkeiten. Auch wenn es manchmal nicht danach aussieht: Unter der vermeintlich ruhigen Oberfläche schreiten tiefgreifende Entwicklungen immer weiter voran, es arbeitet und brodelt, bis es schließlich zum offensichtlichen Umbruch kommt.

Solche grundlegenden Veränderungen spielen sich auf ganz unterschiedlichen Ebenen und in ganz verschiedenen Bereichen ab: So wird beispielsweise das Vertiefen und Verbessern von Wissen und Fähigkeiten nur bedingt etwas daran ändern können, dass in Zeiten der Digitalisierung in vielen Berufen Computer weite Teile der täglichen Arbeit übernehmen und gewisse Fähigkeiten nicht mehr benötigt werden. Dreherinnen und Fräser der manuellen Werkstoffbearbeitung können schon heute ein „Liedchen der Digitalisierung" singen: Ohne die Programmierung und das Bedienen von Maschinen läuft heute in den meisten Betrieben kaum noch etwas. Gut gestaltete und konsequent genutzte individuelle Lernprozesse im eigenen Job sind wichtig, aber es braucht auch die eigene Achtsamkeit, größere Veränderungstendenzen und maßgebliche Entwicklungen möglichst frühzeitig zu erkennen und sich proaktiv um notwendige Erneuerung zu bemühen.

Mit Megatrends Veränderungsbedarfe erkennen

Was ist heute anders in der Welt als gestern? Wahrscheinlich an den meisten Tagen nichts oder zumindest nichts Wesentliches. Wenn ich morgens aufwache, kann ich mit an Sicherheit grenzender Wahrscheinlichkeit davon ausgehen, dass die Welt die gleiche ist, wie am Abend vorher, als ich schlafen ging. Natürlich gibt es einschneidende Ereignisse wie Erdbeben, Tsunamis, Terroranschläge, Kriege oder Atomunfälle, die für uns unerwartet kommen und mit radikaler Kraft die Situation von jetzt auf gleich völlig verändern. Und doch sind die meisten Entwicklungen, die unsere Gesellschaft grundlegend schütteln, eher durch schleichende Prozesse gekennzeichnet. Es sind „versteckte"

Umwälzungen, die nicht an einem bestimmten Tag oder einem konkreten Ereignis festzumachen sind und im Alltag aus dem Blick geraten, aber dadurch nichts an ihrer Kraft und Brutalität verlieren. So ist der demografische Wandel unserer Bevölkerung ebenso seit Jahrzehnten im Gange, wie der Trend zu immer globaleren Wirtschaftsbeziehungen, einer umfassenden Digitalisierung oder immer individuelleren Bedürfnissen der Menschen und entsprechend ausdifferenzierteren Angeboten von Unternehmen und Dienstleistern.

Solche überdauernden, weltweit relevanten und die Gesamtgesellschaft verändernden Entwicklungen nennt der Trend- und Zukunftsforscher Matthias Horx Megatrends[2]. Wir sind davon überzeugt, dass uns die Auseinandersetzung mit solchen Megatrends Hinweise für Veränderungsbedarfe geben kann. Megatrends werden kein eindeutiges Bild der Zukunft zeichnen, wie beim Blick in eine magische Glaskugel. Und doch sind sie eine belastbare Grundlage, einmal genauer und ernsthafter hinzuschauen und über die Auswirkungen solcher grundlegenden und globalen Entwicklungen nachzudenken. Dies ermöglicht klarer zu erkennen, was auf uns zukommt. Mit ein paar konkreten Beispielen ist dies schnell verständlich: Wer heute über Fachkräftemangel jammert, muss sich zumindest als Organisation die Frage gefallen lassen, wie denn die absehbaren demografischen Entwicklungen unserer Gesellschaft bislang strategisch bewertet und beantwortet wurden. Ebenso braucht sich eine Buchhalterin oder eine Steuerberaterin, die sich heute keine Gedanken über ihr Angebotsportfolio und die Konsequenzen der Digitalisierung sowie die Fortschritte der Künstlichen Intelligenz macht, nicht wundern, wenn ihre bisherige Tätigkeit Gefahr läuft, zum Plattenspieler in Streaming-Zeiten zu werden. Zumindest ist es nicht allzu unwahrscheinlich, dass die standardisierbaren Routinen bald durch digitale und automatische Workflows ersetzt werden.

Das Verrückte dabei ist: Wenn Du Dir Megatrends einmal anschaust, wird wahrscheinlich nichts dabei sein, was Du grundsätzlich noch nie gelesen oder gehört hast. Es handelt sich nicht um geheimes

---

[2] Matthias Horx (2014): Das Megatrendprinzip: Wie die Welt von Morgen entsteht.

Expertenwissen oder exotische Themen! Diese Entwicklungslinien sind bekannt und doch scheinen wir sie nur sehr eingeschränkt wahrnehmen zu können und uns mit deren Auswirkungen gedanklich beschäftigen zu wollen.

Wahrnehmungshilfen

Du kannst Dir die Situation vielleicht so vorstellen: Schaust Du durch eine beschlagene Brille, kannst Du vieles nur unscharf erkennen. Du hast keine klare Sicht und einige Sehbereiche sind im Trüben. In unserem täglichen Handeln helfen uns unsere Gewohnheiten und Erfahrungen dabei, zu erahnen, was hinter diesen unscharfen und trüben Bereichen liegt, und den Fokus auf das vermeintlich Wesentliche zu lenken. Schnell wiegen wir uns in falscher Sicherheit und glauben, ein klares und umfassendes Bild zu haben. Dabei wäre es wichtig, – zumindest von Zeit zu Zeit – den Blick auf die Dinge abseits unseres üblichen Fokus zu lenken und die Brillengläser auch in den Randbereichen zu säubern. Außerdem brauchen wir die Offenheit, wie bei einem Wimmel- oder Suchbild genau hinzusehen und auch die gut getarnten Dinge zu erkennen. Wenn wir hier nicht aktiv sind und uns bemühen, sehen und erkennen wir nur eingeschränkt unsere Umwelt. Das Schlimmste daran ist, dass uns dies im Alltag nicht einmal bewusst ist. Es braucht also ein aktives und bewusstes „Sehen-Wollen". Doch was kann uns helfen, zusätzliche Klarheit zu gewinnen?

Für uns hat sich der Austausch mit anderen als wirksame Wahrnehmungshilfe bewährt – zumindest, wenn die Menschen, mit denen wir sprechen, sich von uns unterscheiden, andere Gewohnheiten und Blickrichtungen haben. Dann liegt deren Fokus nämlich vielleicht gerade in unseren „vernebelten Randbereichen" der beschlagenen Brille. Sie sehen Dinge klar, die uns verborgen sind. Damit dieser Austausch wirklich bereichernd und erhellend gelingen kann, ist jedoch eine ganz andere Haltung notwendig, als wir sie oft im Alltag erfahren. Es braucht die Forscherin in uns, die interessiert nachfragt und verstehen will, die offen für Unerwartetes ist und eigene Vorstellungen, Ideen und Zweifel erst einmal zur Seite schieben kann.

„*Das mag ja richtig sein, aber bei uns ist das ganz anders!*", „*Das kann ja gar nicht sein, davon hat hier noch nie jemand etwas wahrgenommen oder gesagt!*", „*Das funktioniert bei uns nicht!*" – dort, wo im Alltag schnell erklärt wird, warum etwas für einen nicht relevant ist, ist genau die entgegengesetzte Denk- und Fragerichtung gefragt: „*Nehmen wir einmal an, es wäre so, wie du es beschreibst, was könnte das für uns bedeuten?*" Hier handelt es sich um genau die Neugierde und das echte Interesse, die wir schon vorletzte Woche einmal angesprochen haben. In Beratungsprozessen laden wir immer wieder Branchenfremde als Gäste ein, die ihre Sicht zum Beispiel in Workshops einbringen. Und tatsächlich können alle Teilnehmenden dadurch mehr wahrnehmen als üblich. Trends und Entwicklungen sowie die damit verbundenen Veränderungsbedarfe werden klarer erkannt.

Es gibt aber natürlich auch Entwicklungen, die wir zwar durchaus registrieren, aber nicht ernst nehmen oder nicht damit umzugehen wissen. Insbesondere bei schleichenden Prozessen, die über viele Jahre laufen, ist es gar nicht so einfach, aktiv zu werden. Als in den 1980er-Jahren immer intensiver über den demografischen Wandel gesprochen wurde, war das Phänomen im Alltag nicht wirklich spürbar: Auf Stellenausschreibungen bewarben sich zahlreiche Kandidatinnen, Kindergärten und Schulen wurden ausgebaut. Von Überalterung war kaum eine Spur erkennbar. Trotzdem war Experten klar, dass unsere Gesellschaft auf eine Überalterung zusteuert und dieser Trend nur schwierig umzukehren sein wird. Um den heutigen Fachkräftemangel zu verhindern, hätte man schon damals ganz andere strategische Schlussfolgerungen ziehen und aktiv werden müssen. Dieses „Verschlafen" und „Aussitzen" hat gravierende Folgen: Heute bleiben viele Stellen und Ausbildungsplätze unbesetzt und auf ausgeschriebene Stellen gibt es kaum Bewerberinnen.

Aber warum ist das so? Bei einem dramatischen Naturereignis wie zum Beispiel der Flutkatastrophe im Ahrtal 2021, dem Erdbeben in der Türkei und in Syrien 2023 oder der Corona-Pandemie sind Politik, Gesellschaft und auch Unternehmen in der Lage, umgehend Schlussfolgerungen zu ziehen und Veränderungen rasch umzusetzen. Hier ist man handlungsfähig und bereit, schnelle Entscheidungen zu treffen. Wie wird dieses zielgerichtete und umgehende Agieren auch bei den eher leise ablaufenden Megatrends möglich? Aus unserer Sicht sind Bilder und Methapern nötig, die die langfristigen Konsequenzen der Entwicklungen veranschaulichen können. Und wir müssen es schaffen, Veränderungsbedarfe zu benennen und auszuformulieren.

Gesprächshilfen

Was macht es schon für einen Unterschied, ob ein Wert bei 2,0, 2,1 oder 2,2 liegt? Je nach Thematik ist der Wert komplett zu vernachlässigen, relativ unwichtig oder aber von großer Bedeutung. Beim Megatrend „Demografische Entwicklung" ist die Stelle hinter dem Komma ganz entscheidend: Bei der Geburtenrate[3] bestimmen 0,1 Prozentpunkte darüber, ob eine Gesellschaft schrumpft, in etwa gleichgroß bleibt oder sogar wächst (Zu- und Abwanderung nicht berücksichtigt). Und denken wir für Unternehmen weiter, entscheidet dieser Wert, ob es ein Zuviel oder Zuwenig auf dem relevanten Markt für Fachkräfte geben wird. Uns geht es nicht darum, Dich und andere an der falschen Stelle Alarm schlagen oder etwas dramatischer darstellen zu lassen, als es zu erwarten ist. Aber wir möchten Dich dafür sensibilisieren, die großen Entwicklungen, die sich im Hintergrund abspielen und große Bedeutung haben, zu erkennen und zu benennen. Viel zu häufig werden die Erkenntnisse aus den Megatrends vernachlässigt: Sichtbare Probleme werden ignoriert, heruntergespielt oder rationalisiert und notwendige Veränderungen häufig nicht einmal offen kommuniziert. Dieses Verdrängen findet auf vielen verschiedenen Ebenen statt – von der gesellschaftlichen über die unternehmerische bis zur persönlichen Ebene – von Alarmismus im Zusammenhang mit Megatrends kann also keine Rede sein.

---

[3] Die Geburtenrate ist die durchschnittliche Anzahl der geborenen Kinder je Frau in einer Gesellschaft.

Daher sehen wir den dringenden Bedarf, Megatrends aufzuspüren, weiterzudenken, in den Bezug zu Unternehmen zu stellen und Konsequenzen zu durchdenken. Wenn es dann noch gelingt, eine Metapher zu finden, die sich gut einprägt und andere vielleicht sogar hellhörig werden lässt, ist dies ein wirksamer Beitrag zum Risikomanagement. *„Wir werden in den nächsten fünf Jahren ein Viertel unserer Führungskräfte durch Eintritt in den Ruhestand verlieren und Mühe haben, die freiwerdenden Stellen überhaupt besetzen zu können. Es ist sozusagen Ebbe auf dem Markt der Führungskräfte und Unternehmen aus anderen Branchen jagen zunehmend in unseren Gefilden. Wir werden Führung neu denken müssen und uns neu aufstellen müssen. Wir werden mit weniger Führungskräften und mehr Selbstführung und Eigenverantwortung zurechtkommen müssen!"* Abstrakte Zahlen berühren uns anscheinend nicht. Sie hindern uns auch nicht daran, den Ernst der Lage zu verdrängen und animieren in den meisten Fällen nicht dazu, aus dem operativen Alltag heraus Änderungen vorzunehmen. Vielleicht gelingt es uns mit kraftvollen Bildern, die Notwendigkeit und Dringlichkeit des Handelns und zur Erneuerung zu vermitteln.

Handlungs- und Denkanstöße

So kannst Du heute den Impuls in Deinem Führungsalltag umsetzen

1. Recherchiere doch einmal „Megatrends" und reflektiere für Dich, welche Bedeutung diese Trends für die Zukunft Deines Unternehmens, Deines Jobs und für Dich persönlich haben könnten.
2. Bitte suche das Gespräch mit Freundinnen, Bekannten oder Familienangehörigen, die möglichst in ganz anderen Branchen tätig sind als Du. Welche grundlegenden Zukunftstrends sehen Deine Gesprächspartner? Und haben diese Megatrends Auswirkungen auf ihren beruflichen Alltag? Halte bitte ihre Rückmeldungen ausführlich fest und prüfe im Nachgang, welche der angesprochenen Themen auch „auf Deinem Tisch liegen". Vielleicht kommen auch Aspekte zur Sprache, die Du bisher übersehen hast?
3. Priorisiere die gesammelten Megatrends nach ihrer Bedeutung für Dein Unternehmen und wähle eine Metapher für die drei bedeutendsten: Sind sie eher ein Vulkanausbruch, eine tektonische Verschiebung oder ein stetig steigender Meeresspiegel?

Tag 24

Siehst Du jetzt klarer?

Ist der Beschlag auf Deiner Brille ein wenig zurückgegangen? War es Dir möglich, Dein Bild der notwendigen Veränderungen ein wenig abzurunden und ergänzen Erfahrungen und Einschätzungen anderer Deine Sicht? Es würde uns riesig freuen, wenn Du gestern auf Risiken der Zukunftsfähigkeit Deines Unternehmens, Deiner Abteilung oder Deines Jobs aufmerksam geworden bist. Wenn wir unsere Wahrnehmung für diese Risiken nicht öffnen, können wir uns auch nicht gezielt damit auseinander, welche Veränderungen denn sinnvoll sind und die Resilienz erhöhen würden. Dies wollen wir am heutigen und in den folgenden Tagen in den Blick nehmen.

Doch bevor wir starten, möchten wir hier noch eine unserer Überzeugungen auf den Punkt bringen: Veränderung oder Neudeutsch „Change" darf niemals Selbstzweck sein. Da, wo Bestehendes weiter nützlich ist, und keine Anpassungsbedarfe bestehen, sollten die Vorteile des Lernens genutzt und Routinen weiter ausgebaut werden. Doch da – und wir würden sogar sagen nur da –, wo Zukunftsrisiken oder unentdeckte Chancen und Potenziale schlummern, sollten Erneuerungen angegangen werden. Und wenn man sich dann tatsächlich nur auf diese sinnvollen, zukunftsträchtigen Bereiche beschränkt, können Ressourcen kraftvoll eingesetzt werden. Unnötige Initiativen und Erneuerungen, die nur um der Veränderung willen angepackt werden, belästigen letztlich nur Mitarbeitende und Kolleginnen. Wenn wir zu häufig etwas ändern wollen und damit nicht richtig erfolgreich sind, ist es verständlich, dass manche Kollegen und Mitarbeitende denken: *„Aha, schon wieder so eine tolle neue Idee. Damit muss ich mich gar nicht beschäftigen, es wird sowieso alles versanden und nichts Sinnvolles umgesetzt werden."* Genauso verlieren auch die von uns vorgeschlagenen Bilder und Metaphern an Kraft, wenn ständig von neuen Szenarien gesprochen wird: Gestern drohte noch der digitale KI-Vulkanausbruch, der viele Jobs vernichten wird, heute sind es tektonische Verschiebungen der Demografie und morgen die Zeitenwende in der Personalgewinnung. Hier ist weniger wirklich mehr!

Paradoxie

Veränderung ist ein immer auf der Tagesordnung stehendes, eigentlich ständig in Unternehmen gefordertes Dauerthema. Paradoxerweise wird auf der einen Seite der jahrtausendealte Gedanke Heraklits „Nichts ist so beständig, wie der Wandel" in allen möglichen Varianten von der Geschäftsführung zitiert und auf der anderen Seite scheinen viele notwendige Neuerungen nicht gesehen oder wirksam angepackt zu werden. In unserer Beratungstätigkeit haben wir bei manchen Kunden sogar den Eindruck, dass mit ständig wechselnden Projekten und dem Ruf nach „alles anders machen" von den wirklich notwendigen grundlegenden Umbauten abgelenkt wird.

Je nach Studie wird davon ausgegangen, dass rund 70 bis 80 % der Veränderungsprojekte in Unternehmen nicht erfolgreich sind und die anvisierten Ziele nicht erreicht werden. Und nicht selten wird für das Scheitern schnell ein Schuldiger ausgemacht: Führungskräfte sprechen den Mitarbeitenden den Mut und die Bereitschaft zur Veränderung im beruflichen Kontext ab. Dann fallen Sätze wie „Menschen wollen sich nicht ändern" oder „Menschen können sich nicht ändern".[4] Diese Schuldzuschreibung ist unangemessen und unzureichend. Nach unserer Erfahrung sind Mitarbeitende bereit, sich auf Neues einzulassen, wenn sie den Sinn und Zweck der Veränderung verstehen und sie Raum und Zeit haben, entsprechende Kompetenzen aufzubauen. Wenn Neuerungen jedoch zu schnell aufeinanderfolgen und die Sinnhaftigkeit von der Vorgesetzten nicht ausreichend vermittelt wird, schrumpft die Bereitschaft schnell. Aufgrund dieser Tatsache scheint es uns einerseits umso wichtiger, Veränderungsprozesse nur bei wenigen und wirklich wesentlichen Aspekten einzuleiten, andererseits dann aber sehr fokussiert zu

---

[4] Porsche Consulting (2020): Changemanagement-Kompass 2020, S. 10.

handeln und wirklich alles für einen Erfolg zu tun. Bei der Omnipräsenz des Themas Change und neuerdings auch der Transformation in der Managementwelt, bist auch Du wahrscheinlich schon mit dem Ruf nach Veränderung konfrontiert worden:

> **Fragen**
> Waren für Dich die Notwendigkeit und der Zweck der Anpassungen wirklich nachvollziehbar? Und hast Du den Eindruck, dass sich alle Beteiligten konsequent auf das Wesentliche fokussieren? Und wie sieht es mit den Veränderungsbedarfen, die Du gestern für Dein Unternehmen ausgemacht hast, aus? Gibt es zu diesen Themen bereits ernsthafte Initiativen? Und bist Du von deren Erfolg überzeugt?

Sich auf etwas Neues einlassen

Viele Mitarbeitende scheinen vom Erfolg von Veränderungsinitiativen nicht oder zumindest nicht ausreichend überzeugt zu sein. Wir treffen immer wieder auf eine abwartende Haltung wie: *„Schauen wir mal, wie lange der Spuk dieses Mal dauert."* oder auch auf personenbezogene, abwertende Äußerungen wie: *„Ich habe hier schon so manche Chefin überlebt, die etwas ändern wollte, und danach ging es immer weiter wie vorher."* In solchen Fällen scheint den Menschen etwas zu fehlen, um zu Neuerungen wirklich „Ja" sagen und sich von Herzen auf Veränderung einlassen zu können. Wenn ich mich ohne „Wenn und Aber" auf etwas Neues einlasse, ist das ein emotionaler und grundlegender Prozess, der uns als ganzen Menschen fordert. Bin ich bereit, einen Weg mitzugehen, dann ist dies nicht nur ein Lippenbekenntnis, sondern auch die Offenheit, bei sich selbst hinzuschauen, Dinge anders zu machen als bisher und sich auch als Mensch weiterzuentwickeln. Hierfür braucht es einige Voraussetzungen, aber die Grundlage von allem ist wahrscheinlich Vertrauen: Vertrauen darauf, dass es gut werden wird, dass die Vorgesetzte einen verantwortungsvollen Weg einschlägt und mir in meiner Unsicherheit Orientierung bieten kann, dass ich in diesem Prozess mehr gewinnen als verlieren werde, dass mit meinen Schwächen und Fehlern nachsichtig umgegangen wird, dass sich die Mühen der Neugestaltung unter dem Strich auch für mich persönlich lohnen werden. Vertrauen kann die Kraft sein, die uns hilft, unsere Ängste, Sorgen und Unsicherheiten zu überwinden.

Neues bedeutet für uns, gewohnte Orientierungspunkte zu verlieren. Wir können auf keine konkreten Erfahrungen mehr zurückgreifen, die uns helfen. Routinen werden aufgebrochen und alles wird auf einmal wieder anstrengend und kompliziert. Wer gut Skifahren kann und sich dann das erste Mal auf ein Snowboard stellt, wird nicht gelassen wie sonst den Berg hinunterfahren können. Die Bewegungsabläufe unterscheiden sich deutlich und auch das Fahrgefühl ist kaum vergleichbar. Erst allmählich werden neue Sicherheiten und Kompetenzen entstehen und irgendwann vielleicht auch eine vergleichbare Routine wie beim Skifahren. Dabei macht meine persönliche Motivation einen riesigen Unterschied: Möchte ich selbst einmal Snowboard fahren? Haben mich Freunde dazu überredet? Oder haben mir in jungen Jahren meine Eltern ein Snowboard geschenkt? Auf eigene, von mir selbst gewünschte Veränderungen lasse ich mich natürlich deutlich schneller ein als auf von außen geforderte oder initiierte. Wenn ich allerdings davon überzeugt bin, dass ich Snowboard fahren sowieso nie erlernen werde, weil ich dazu gar nicht in der Lage bin, dann stelle ich mich vermutlich auch dann nicht auf das Board, wenn ich den Wunsch dazu in mir trage.

Egal, ob von innen oder außen, ich brauche idealerweise ein kraftvolles „Ja" für das Neue in mir. Doch was ist notwendig, damit ich von Herzen „Ja" sagen kann? Pauschal gibt es dazu wohl keine Antwort, aber wir möchten Dir nahelegen, dass Du für Dich selbst prüfst, was Dir ein solches „Ja" ermöglichen würde. Hast Du diese Parameter erkannt, kannst Du auf dieser Grundlage gut ins Gespräch mit anderen kommen – mit der Chefin, die für Veränderung wirbt, oder mit den eigenen Mitarbeitenden, die Du für Neues gewinnen möchtest? Im ersten Fall kannst Du klare Wünsche oder sogar Forderungen stellen, was Du brauchst, um „mitzugehen". Du musst Dich nicht still zurückziehen und abwarten, was passiert. Im zweiten Fall hilft es den Mitarbeitenden vielleicht, selbst zu erkennen, was sie persönlich für ein „Ja" brauchen würden. Und wenn Du Deine Überlegungen transparent darlegst und auch Deine eigenen Unsicherheiten mitteilst, wird eine Kultur unterstützt, in der auch über Gefühle gesprochen werden darf. Veränderungen werden nicht erfolgreich zu meistern sein, wenn Deine Bemühungen nur auf den Verstand abzielen. Ohne die Offenheit, über Sorgen, Ängste und Nöte, aber auch Freude, Neugierde und Ungeduld reden zu können, wird es schwierig werden, Zustimmung und Unterstützung für den Wandel zu bekommen. In mancher Alltagssituation mag es in Unternehmen möglich sein, als Führungskraft Fachlichkeit einzufordern und von Menschen zu erwarten, ihre Emotionen zu Hause zu lassen (so zumindest die Aussage eines Vorgesetzten in einem Team-Workshop vor den eigenen Mitarbeitenden), in Umbruchphasen kann dies aber nicht funktionieren. Verstehe uns bitte hier nicht falsch, es geht nicht um Gefühlsduselei oder eine Absage an inhaltliche Forderungen oder fachliche Notwendigkeiten, aber es braucht auch Raum und Zeit, sich Schritt für Schritt auf Neues einzulassen.

Bestehendes loslassen

Sich auf Neues einzulassen, wird leichter, wenn auch die Bereitschaft vorhanden ist, Bestehendes loszulassen. Ein guter Freund war tatsächlich ein begnadeter Skifahrer und hatte sich in den Kopf gesetzt, das Snowboardfahren zu erlernen. Eines Tages kam er während eines gemeinsamen Skiurlaubs mit einem Snowboard unter dem Arm in unsere Hütte. Er strahlte und erklärte, dass er gerade seine Skiausrüstung beim Sporthändler im Ort verkaufen konnte und sich dort auch sein wunderbares neues Board besorgt habe. Einigermaßen irritiert fragten wir ihn damals, ob das sein Ernst sei. Bisher hatte er zwar davon gesprochen, dass er Snowboardfahren einmal ausprobieren wolle, doch niemandem war klar, wie ernst er es meinte. Er gab eine spannende Antwort: *„Wenn* *ich weiterhin die Option habe, Ski zu fahren, werde ich es immer wieder tun, weil ich es gut kann und es einfach für mich ist. Wenn ich wirklich zügig Snowboardfahren lernen möchte, muss diese angenehme, einfache Option weg.*" Und tatsächlich scheint diese Einschätzung sehr treffend gewesen zu sein, denn heute fährt er exzellent auf einem Brett die Hänge hinunter.

Nicht nur beim Erlernen neuer Sportarten ist es sinnvoll, bekannte Wege zu verlassen und sich auf unbekanntes Terrain zu wagen. Das ist nicht immer einfach, ist es doch sehr bequem, an Bewährtem festzuhalten. Es sind die geübten und tief verinnerlichten Abläufe, die schnell gehen, wenig Energie und Aufmerksamkeit von uns verlangen und quasi automatisch ablaufen. Selbst wenn wir uns bewusst entschieden haben, Routinen und Gewohnheiten abzulegen und neues Terrain zu erkunden, laufen wir Gefahr in alte Verhaltensmuster zurückzufallen, gerade in Stresssituationen. Was denkst Du, für welche Verhaltensweisen entscheiden wir uns unbewusst, wenn wenig Zeit vorhanden ist oder wir sonst unter Druck stehen? Klar, es sind natürlich nicht die ungewohnten, neuen Abläufe, die uns Aufmerksamkeit und Kraft rauben. Wir greifen dann gerne auf Bekanntes und Bewährtes zurück. Aber Erneuerung kann nur gelingen, wenn wir uns Schritt für Schritt auf das Unbekannte einlassen und uns bewusst dafür entscheiden. Dann ist es auch möglich, neue Verhaltensweisen fest im Alltag zu verankern.

Nun, Du kannst nicht immer die Skier aus unserer Geschichte verkaufen, aber Du kannst alte, ausgediente Werkzeuge wegräumen oder entsorgen, wenn es neue Arbeitsmittel gibt. Das gilt nicht nur für physische Gegenstände, sondern auch für Fähigkeiten. Ein Beispiel: In einem Beratungsmandat ging es vor einigen Jahren einmal um Wirtschaftlichkeitsanalysen und Bemühungen, die finanzielle Situation eines größeren Sozialträgers zu verbessern. Es wurde viel gerechnet und kalkuliert und ich bekam Einblick in zahlreiche Tabellen. Doch ich wurde nicht schlau aus den Zahlen. Immer wieder kam ich in meinen Berechnungen zu anderen Ergebnissen. Ich bat daher darum, die entsprechende Exceldatei einmal einsehen zu dürfen und war beim Blick in die Ergebniszellen sehr erstaunt. Dort waren Zahlen von Hand eingetippt worden und die Rechenleistung von Excel blieb ungenutzt. Die zuständige Verwaltungskraft erklärte mir dann im Gespräch, dass sie mit ihrer Rechenmaschine einfach schneller sei. Mein Vorschlag war damals: *„Schmeißen Sie die Rechenmaschine weg!"* Natürlich wollte ich mit diesem Rat den engagierten Mitarbeiter nicht verärgern. Mein Ansinnen war es, den Aufbau neuer, schnellerer und fehlersicherer Routinen zu unterstützen, in diesem Fall den Einsatz der Summenberechnung in Excel anstelle eines händischen Eintippens. Du kannst Dir vorstellen, dass dies nicht einfach war. Aber um voranzukommen und Neuerungen erfolgreich umzusetzen, müssen wir alte Wege verlassen und uns auf Neues einlassen.

Handlungs- und Denkanstöße

So kannst Du heute den Impuls in Deinem Führungsalltag umsetzen

1. Bitte gehe gedanklich Veränderungsprozesse durch, die Du in Deiner Berufstätigkeit erlebt hast. Notiere die Neuerungen, die für das Unternehmen wirklich erfolgreich waren.
2. Markiere auf dieser Erfolgsliste die Veränderungsprozesse, zu denen Du wirklich von ganzem Herzen „Ja" sagen konntest. Reflektiere bitte, was Dir dieses Ja ermöglicht hat und was Du dafür getan hast.
3. Sei bitte ehrlich zu Dir selbst und halte fest, welche guten Vorsätze Du Dir selbst einmal vorgenommen hast, die Du jedoch leider nicht auf Dauer erfolgreich umsetzen konntest. Gab es hier vielleicht „alte Rechenmaschinen", die Dich in alten Gewohnheiten gefangen hielten?

Tag 25

Hast Du eine „Rechenmaschine" bei Dir entdeckt?

Sich auf Neues einlassen und Bestehendes loslassen zu können, ist bei Menschen die Voraussetzung für Veränderung. Und auch in Teams, Abteilungen und ganzen Organisationen wird alles bleiben, wie es ist, wenn nicht einzelne Menschen bereit und in der Lage sind, morgen etwas anderes zu tun als bisher. Und einer dieser einzelnen Menschen bis Du! Bei den meisten Veränderungsprozessen scheinen viele innerlich erst einmal auf einen anderen zu zeigen und abzuwarten: *„Zuerst soll einmal die Chefin vorangehen.", „Solange sich in der Nachbarabteilung nichts ändert, fangen wir hier auch nicht an, neu zu denken.", „Wie soll ich loslegen, wenn die Details noch überhaupt nicht geklärt sind?", „Wenn die Mitarbeitenden nicht wollen, ist es nicht sinnvoll, wenn ich als Vorgesetzte beginne."*

Gerne möchten wir Dich dafür gewinnen, aus diesem Spiel auszusteigen und bei Dir selbst anzufangen und nicht auf andere zu warten. Wenn Du eine Veränderung für sinnvoll erachtest und Du vielleicht auch Deine eigene „Rechenmaschine" entdeckt hast, die Dich daran hindert, Neues zu beginnen, dann werfe sie jetzt weg. Was auch immer Deine „Rechenmaschine" ist: Gib sie in der Materialausgabe Deines Unternehmens zurück, deinstalliere die veraltete Software oder lösche Social-Media-Kanäle auf Deinem Smartphone. Egal, um welche Gewohnheit es bei Dir geht, und egal, was Dich in altem Verhalten hält, schüttele es möglichst konsequent ab. Und wenn Du nach zwei Monaten dem Alten nachtrauerst und sicher bist, dass der gewünschte Vorteil ausgeblieben ist, kannst Du immer noch deine alte „Rechenmaschine" zurückholen. Wichtig ist, dass Du Dich konsequent von Altem verabschiedest, wenn du Neues trainieren und zusätzliche Kompetenzen aufbauen willst. Und entscheide Du selbst und warte nicht darauf, dass irgendwann für Dich entschieden wird.

Proaktivität als Chance zur Mitgestaltung

Wenn Du vorangehst, als Erste Altes überwindest und Dich im Neuen versuchst, wirst Du zu einer Pionierin, Entwicklerin und Ausgestalterin. Bestehende Strukturen sind meist im Detail ausgestaltet und bekannt. Es ist allen bewusst, wie etwas funktioniert und was genau zu tun ist. Das Neue ist immer mit größerer Unsicherheit verbunden. Vieles ist noch unklar und vage und es bedarf der Konkretisierung und Ausgestaltung. Die neue Dokumentationssoftware mag viele neue Möglichkeiten und zusätzliche Funktionen im Vergleich zur Vorgängerin haben, doch selbst bei einer umfassenden Schulung und Einführung werden nicht von Beginn an alle Fragen und Details geklärt und geregelt sein. Das macht es natürlich nicht ganz leicht. Bei Erneuerungen gibt es immer Schwierigkeiten und Probleme, und auch bei noch so guter Planung kann nicht alles bedacht werden. Vieles muss sich erst in der Umsetzung zeigen.

Wenn Du jedoch trotz dieser Unsicherheiten frühzeitig „Ja" sagen kannst, ist dies auch eine riesige Chance, um mitgestalten und Einfluss nehmen zu können. Wenn Du in unserem Beispiel bei den Ersten bist, die mit der neuen Dokumentationssoftware Erfahrungen sammelst, kannst Du bei allen Unklarheiten und offenen Fragen Deine Vorstellungen einbringen. Es wird Dir möglich sein, dem Ganzen Deine Note zu verleihen. Treibt Dich dabei das Interesse einer bestmöglichen Gestaltung für das Unternehmen und eine gute Bedienbarkeit für alle Kolleginnen an, dann leistest Du einen verantwortungsvollen Beitrag. Vielleicht begleitest Du nach und nach andere in der Anwendung und stehst ihnen erklärend und unterstützend zur Seite. Und das Wichtigste: Du verhinderst, dass andere eher an persönlichen und vielleicht weniger an gemeinsamen Interessen ausgerichtete Kollegen dem Ganzen ihren Stempel aufdrücken können.

Veränderungen sind immer Krisen! Wir verstehen Krisen als diejenigen Momente, in denen große Risiken und beachtliche Chancen gleichzeitig auftreten.[5] Jede Krise birgt somit Gefahren, aber auch Möglichkeiten. Die Herausforderung ist nicht nur, die Gefahren zu sehen, sondern auch die Gelegenheiten zu erkennen. Welche Chancen sind mit dem Wandel verbunden, mich im Sinne des Unternehmens oder der gemeinsamen Sache mit meinen Stärken und Talenten, Werten und Überzeugungen noch mehr einzubringen? Wenn etwas gerade in Bewegung

---

[5] Dies kommt für uns schön in den chinesischen Schriftzeichen für Krise zur Geltung. Sie setzen sich aus dem Zeichen für Risiko/Gefahr und Chance/Gelegenheit zusammen.

ist, wird es leichter sein, dem Ganzen auch eine von Dir gewünschte Richtung zu geben, als wenn alles in festen Strukturen verankert ist. Nutze Zeiten der Veränderung im Unternehmen also möglichst auch als Chance, um Dich weiterentwickeln zu können und Deine Vorstellungen und Überzeugungen proaktiv einzubringen. Wer abwartet und schaut, was die anderen machen, wird sich immer an deren Ergebnissen abarbeiten müssen. Wenn Du zögerst oder vielleicht auch beim „Nein" bleibst, werden andere Entscheidungen zur weiteren Ausgestaltung treffen und wahrscheinlich irgendwann an Deiner Seite stehen und Dich informieren, begleiten oder schulen wollen, wie Du in Zukunft zu arbeiten hast.

Und noch eine Paradoxie

In vielen Organisationen ist der Blick in die Führungsetagen noch weit verbreitet und gerade in Umbruchzeiten wollen viele Mitarbeitende Antworten vom Top-Management – ein durchaus berechtigter Wunsch. Doch was ist, wenn in einer Situation viele Fragen noch überhaupt nicht zu beantworten sind? Was, wenn sich zum Beispiel herausgestellt hat, dass eine Personalabteilung, die als Verwaltungsdienstleister und Gehaltsabrechner über Jahrzehnte sehr erfolgreich und engagiert war, sich in Zeiten von Personal- und Fachkräftemangel nun auch den strategischen HR-Themen im Unternehmen zuwenden muss? Die Personalleiterin mag zwar wissen, wie ein neues Selbstverständnis der Abteilung als Business Partner[6] aussehen mag, doch wird sie all die Fragen der Mitarbeitenden, wie sich ihre Tätigkeiten ausgestalten und wie ihre alltäglichen Arbeitsprozesse aussehen werden, nicht sofort beantworten können.

Hier konkurrieren zwei Interessen: Erstens möchten die Mitarbeitenden, die sich auf den Prozess einlassen, erfahrungsgemäß ein möglichst klares Bild davon haben, wie der Alltag und Ablauf in Zukunft aussehen werden. Es ist der Wunsch, Unsicherheiten möglichst weit zu reduzieren. Zweitens besteht das Bedürfnis, sich in den Prozess einbringen zu können und mitgestalten zu dürfen. Wer will schon in letzter Konsequenz in Prozessen und Strukturen arbeiten, die ausschließlich

---

[6] Dave Ulrich (1997): Human Resource Champions.

von anderen vorgegeben werden und wo es keine Chance der Mitgestaltung gibt? Dies wirkt paradox: Jede Antwort, die Vorgesetzte heute bereits geben können, reduziert die Möglichkeiten der Mitarbeitenden, sich künftig einzubringen. Und gleichzeitig bedingen alle Gestaltungsspielräume, die Mitarbeitenden angeboten werden, unklare Antworten der Führungskraft. *„Das kann ich noch nicht im Detail sagen, dass müssen wir erst gemeinsam ausgestalten.", „Das wird sich erst im gemeinsamen Prozess ergeben."* Hast Du solche Sätze auch schon gehört oder gar selbst verwendet? Und oft ist die Reaktion darauf wenig verständnisvoll: *„Die weiß ja noch überhaupt nicht, wohin sie will.", „Wie sollen wir ‚Ja' zu etwas sagen, was wir noch überhaupt nicht kennen?"*

Wir halten es für angebracht und richtig, dass Führungskräfte sich vage und offen im Hinblick auf anstehende Veränderungen äußern – wenn damit ein ernstgemeintes Angebot an die Mitarbeitenden verknüpft ist, sich in die Prozesse einzubringen und sich zu beteiligen. Erläutern Vorgesetzte dann noch das hier skizzierte Paradoxon, sind Mitarbeitende eher bereit, Unsicherheit auszuhalten und zu akzeptieren. Es ist ein Stück weit der „Preis", den sie für die Chance zur Mitgestaltung zahlen – in den meisten Fällen sogar gerne. Außerdem glauben wir, dass Führungskräfte sogar darauf hinweisen sollten, dass die Mitarbeitenden die Expertinnen für die konkrete Ausgestaltung der Veränderungen sind. Zumindest sollten sie das tun, wenn es ihrer eigenen Haltung entspricht und sie davon überzeugt sind.

Ehrliche Sicherheiten

Stelle Dir vor, Du bist in einem fremden Land. Du bist alleine unterwegs und schließt Dich für einen Ausflug zu einer abgelegenen Sehenswürdigkeit einer Reisegruppe an. Der klapprige Bus, in dem ihr unterwegs seid, streikt und es gibt in der einsamen Gegend ohne Handynetz und Funkverbindung eigentlich nur noch eine Möglichkeit: Sich dem Reiseführer anzuschließen und zu Fuß zurück zum nächstgelegenen Dorf zu laufen. Wann hättest Du zu Deinem Tourguide mehr Vertrauen: Wenn dieser ständig etwas von *„no problem, no problem"* erzählt? Oder wenn er eine ehrliche Einschätzung der Situation abgibt: *„Unser Fahrzeug ist für uns aktuell nicht zu reparieren. Wir sollten* *den ca. zwölf Kilometer langen Weg ins nächste Dorf zu Fuß zurücklegen. Wir starten jetzt mit der rund dreieinhalb Stunden langen Wanderung, um noch vor Einbruch der Nacht dort zu sein."* Meist weckt die ehrliche Einschätzung mehr Vertrauen, oder? Es vermittelt uns Sicherheit, wenn jemand ehrlich mit uns ist und es auch ehrlich mit uns meint. So manche Führungskraft glaubt, auf alle Fragen von verunsicherten Mitarbeitenden so beschwichtigend antworten zu müssen wie der erste Tourguide: *„Das ist alles kein Problem! Ich sehe hier gar keine Schwierigkeiten."*. Doch ist das ehrlich? Veränderungen sind Herausforderungen, daran gibt es nichts schönzureden. Und ja, an vielen Stellen sind Neuerungen auch mit Schwierigkeiten und Problemen verbunden. Selbst wenn ich vielleicht für mich nur von Herausforderungen[7] sprechen möchte, muss ich zulassen, dass andere etwas als schwierig und problembehaftet erleben. Ich kann und sollte dies nicht versuchen, einfach sprachlich wegzuwischen. Vielmehr ist es wichtig, ehrlich zu sein und auch die möglichen Sicherheiten auszusprechen und explizit zu benennen. Dort wo ich noch nicht exakt sagen kann, wie die Dinge in der Zukunft im Einzelnen ausgestaltet sein werden, ist es jedoch vielleicht möglich, ein konkretes Projektvorgehen, welches Orientierung stiftet und den Menschen aufzeigt, was wann wie zu erwarten ist, aufzuzeigen. So können die Mitarbeitenden Sicherheit erfahren. Und wenn ich selbst den kommenden Prozess noch nicht kenne und beschreiben kann, dann bleibt immer noch eine Botschaft auf der Beziehungsebene: *„Ich schätze euch und eure Arbeit. Ich weiß noch nicht, was genau in den nächsten Monaten passieren wird und wie unsere Abteilung in Zukunft aussehen wird, aber ich verspreche euch, stets fair und ehrlich mit euch umzugehen. Sobald ich mehr verstanden habe, werde ich euch alle weiteren Informationen geben. Wenn mit der Veränderung harte Entscheidungen verbunden sein sollten, etwa, dass einzelne Aufgaben oder gar Bereiche nicht mehr gebraucht werden, dann werde ich mit den Betroffenen frühzeitig nach möglichen Alternativen im Team, im Unternehmen oder auch außerhalb suchen. Ich möchte mich engagiert dafür einsetzen, dass es für euch alle gut weitergeht."*

---

[7] Was auch immer wieder empfohlen wird. Wir sind jedoch der Meinung, dass auch Probleme, Schwierigkeiten, Nöte und Krisen klar benannt werden sollten.

Aus eigener Erfahrung wissen wir, wie es sich anfühlt, wenn die Chefin die anstehenden Umstrukturierungen herunterspielt und sich nicht mit ehrlichen Einschätzungen und Botschaften an die Mitarbeiterschaft wendet. Dann wirken die Aussagen schnell wie ein süßes Bonbon, das über den bitteren Geschmack der Veränderung hinwegtäuschen soll. Und genauso haben wir es auch erlebt, was es für unnötige Sorgen und Ängste auslösen kann, wenn eigentlich vorhandene Sicherheiten nicht ausgesprochen werden. Dann haben Mitarbeitende Angst um ihre Zukunft und ihren Job und fragen sich bereits, ob sie die Raten für das eigene Häuschen in Zukunft noch zahlen können, obwohl für das Management absolut klar ist, dass niemand das Unternehmen verlassen muss. Wir sind davon überzeugt, dass es in vielen Situationen nicht einfach ist, offen und ehrlich zu kommunizieren, aber gerade in Veränderungsprozessen wichtig ist, ehrlich und transparent zu sein, um das Vertrauen zu den Mitarbeitenden nicht zu verlieren. Ohne Ehrlichkeit sind Beziehungen zwischen Menschen nicht belastbar. Gerade in großen, komplexen und länger andauernden Wandlungsprozessen erinnern Mitarbeitende erfahrungsgemäß die Worte der Vorgesetzten sehr gut aufgrund der Bedeutung für ihre persönliche Situation. Um selbst in den Spiegel schauen zu können und sich im Nachhinein nicht in widersprüchlichen Darstellungen und Formulierungen zu verstricken, bleibt also eigentlich nur eines: offen und aufrichtig zu sprechen.

Handlungs- und Denkanstöße

So kannst Du heute den Impuls in Deinem Führungsalltag umsetzen

1. Bitte werfe Deine „Rechenmaschine", die Du vielleicht gestern entdeckt hast, mutig weg oder räume sie ganz weit hinten in einen Schrank ein, möglichst weit weg von Deinem Arbeitsplatz.
2. Beobachte doch einmal genau, was passiert, wenn Dich alte Gewohnheiten nicht mehr in die bestehenden Routinen locken können, sondern einfach nur noch neue, ungeübte Alternativen möglich sind. Versuche herauszufinden, ob es einen Punkt gibt, ab dem Du dem Alten nicht mehr nachtrauerst und in der Umsetzung des Neuen wirklich angekommen bist.
3. Bitte reflektiere eine von Dir persönlich erlebte Erneuerung. Welche ehrlichen Sicherheiten gab es dort für Dich? Welche hättest Du Dir gewünscht?

Tag 26

Wenn Menschen Orientierung benötigen, braucht es Aufrichtigkeit

Wie steht es um die Aufrichtigkeit, die Du bisher bei Neuerungsprozessen erlebt hast? Und wie sieht es auch mit Deiner eigenen Ehrlichkeit aus, die Du vielleicht bei Veränderungen an den Tag gelegt hast, die Du zu verantworten und zu führen hattest? Die Kultur in vielen Unternehmen macht es uns gar nicht so leicht, aufrichtig zu sein. Da wird eher nach den offiziellen Besprechungen Klartext gesprochen oder „hintenherum" versucht, an Fäden zu ziehen. Es braucht Mut in einem solchen Umfeld ehrlich und offen für seine Interessen, Einschätzungen und Positionen einzutreten, in versammelter Runde als Einzige die Hand zu heben, vielleicht sogar aufzustehen und die Worte auszusprechen: *„Ich sehe es ganz anders, weil…"*. Und dies ist aus unserer Sicht kein Wunder, denn wir erfahren immer wieder, dass man besser in Systemen zurechtkommt, wenn man sich bedeckt hält. Und auch die Ratschläge so manches Changemanagement-Buches oder auch politischen Beraters sind häufig ganz anders als unsere Vorschläge. Da wird empfohlen, zu kommunizieren, was den Prozess in Gang und die Menschen in Ruhe hält, und schöne, positive Formulierungen zu verwenden, die Anklang und Zustimmung finden und dabei wenig angreifbar und im Nachhinein nur schwierig zu widerlegen sind. Schauen wir in die Nachrichten und hören den Worten mancher Politiker zu, scheint dies großen Anklang zu finden. Wie sonst ist es zu verstehen, dass angesichts der Krisen unserer Zeit so wenig Klartext gesprochen wird und gesellschaftliche Veränderungen nicht nur abstrakt eingefordert, sondern konkret mit Nachdruck vorangebracht werden?

Die Planung einer möglichst gelingenden Kommunikation und die richtige Wortwahl sind berechtigte Anliegen, wir finden allerdings, dass eigene taktische oder strategische Vorteile nicht im Vordergrund stehen dürfen, wenn wir Verantwortung tragen und der Sache dienend

Menschen durch den Wandel führen. Martin Luther könnte hier ein brauchbares Beispiel sein. Auf dem Reichstag zu Worms soll er 1521 die berühmten Worte: „Hier stehe ich. Ich kann nicht anders. Amen" gesprochen haben. Damit hat er dem Widerruf seiner Thesen mutig eine Absage erteilt und sich seinem Schicksal bis hin zu einer möglichen Hinrichtung ergeben. Wahrscheinlich hätte ihm heutzutage kein Berater diese Aussage nahegelegt. Wir sind jedoch davon überzeugt, dass eine solche Klarheit und ehrliche Positionierung vielleicht nicht immer Zustimmung finden, von Mitarbeitenden im Unternehmenskontext jedoch mehrheitlich mit Respekt und Anerkennung aufgenommen werden.

Doch Ehrlichkeit hat für uns noch eine zusätzliche, ganz andere Dimension in Phasen der Erneuerung, nämlich die kritische Auseinandersetzung mit sich selbst: Entspricht das Neue auch wirklich mir? Passt es zu mir? Fühlt es sich stimmig an? Egal, ob als Unternehmen, als Team oder als Einzelner – wir haben eine Identität und ein Gefühl dafür, was uns ausmacht. Hier müssen wir ehrlich hinsehen und uns fragen, ob wir durch den Wandel einen wichtigen Teil unserer Identität verlieren würden oder ob die Veränderung uns ermöglicht, uns zukünftig sogar noch besser gerecht zu werden. Es braucht also den Diskurs der Passung.

Passung

Arnold Schwarzenegger kann man mögen oder nicht und seine Filme haben Fans sowie Kritiker. Aber beeindruckend ist „Arnie" auf jeden Fall. Er hat sich nach seiner beispiellosen Karriere als Bodybuilder mit zahlreichen Titeln als Mister Olympia auf den Weg nach Hollywood gemacht. Dort wurde der Österreicher dann weltweit als ein die Menschen terminierender Cyborg berühmt. Mit seiner Rolle als das programmierte Böse gewann er zahlreiche Preise, unter anderem den Golden Globe. Er durfte sich sogar auf dem Hollywood Walk of Fame in Los Angeles verewigen. Nach der Jahrtausendwende stand er dann auf einer ganz anderen Bühne, und zwar auf der politischen. Acht Jahre lang ging er auch hier seinen ganz eigenen Weg[8] und wurde 2007 im Amt als republikanischer Gouverneur von Kalifornien bestätigt. Manche Skeptikerin, die ihm dieses Amt nicht zutraute, belehrte er eines Besseren. In seinem Buch „Total Recall" beschreibt Schwarzenegger selbst, welche Stolpersteine und Misserfolge er im Laufe seiner Karriere zu bewältigen hatte.[9]

Mit seiner dreifachen Karriere ist er zumindest im beruflichen Kontext für uns ein beachtliches Beispiel für die Fähigkeit der persönlichen Veränderung. Er hat sich quasi immer wieder selbst neu erfunden und ganz neue Bühnen betreten: Als Schauspieler hat er nicht einfach das Genre gewechselt und Rollen in Kriminalfilmen oder als Westernheld übernommen. Ihm war klar, dass er, wie im Bodybuilding-Sport zuvor, den Höhepunkt seines Erfolges erreicht hatte und in Zukunft etwas ganz anderes tun muss, wenn er seinem eigenen Erfolg nicht hinterherlaufen möchte. Arnold Schwarzenegger war seit seiner Jugend ein begeisterter Sportler, interessierte sich für die Schauspielerei und war schon lange politischen Themen und Diskussionen gegenüber aufgeschlossen. Er hat sich also dem jeweils neuen Feld nicht rein aus dem Verstand heraus und der Karriere wegen zugewandt. Vielmehr trug er für alle späteren Erfolgsbereiche bereits frühzeitig eine eigene Motivation in sich.

Und genau dies scheint uns bei allen notwendigen oder gewünschten Veränderungen ein wichtiger Aspekt zu sein: Passt das Neue zu mir, zu dem, was ich vom Leben wünsche, und dem, was mich antreibt, was mich interessiert und wobei ich Freude habe? Denken wir nochmals kurz zurück an die belgischen Tauzieher. 1924 gab es in Paris zwar keinen Tauzieh-Wettbewerb mehr, doch beim Turnen wurden unter anderem die Geräte Barren, Pauschenpferd, Reck und Ringe bei den Männern olympische Disziplinen. Wahrscheinlich hätten die Schwerath-

---

[8] Wir nehmen seine politischen Ansichten u. a. im Bereich der Einwanderungspolitik sowie seine Haltung zur Todesstrafe als nicht unproblematisch wahr. Mit unserer Entscheidung, ihn als bekannte Persönlichkeit hier im Buch aufzunehmen, wollen wir keine politische Zustimmung signalisieren.

[9] Arnold Schwarzenegger (2014): Total Recall.

leten für den Vorschlag, doch auf das Pauschenpferd zu wechseln, um olympisches Gold zu erringen, nur ein müdes Lächeln übriggehabt. Wir können sie nicht mehr dazu befragen, aber es ist wohl nicht davon auszugehen, dass bei ihnen damals ein inneres Feuer für das Pauschenpferd brannte oder anzufachen gewesen wäre. Die Sportarten im Turnen wären so anders gelagert und die Anforderungen an die Sportler so unterschiedlich zum Tauziehen gewesen, dass eine Passung nicht anzunehmen ist. Und damit sind nicht die bereits vorhandenen Fähigkeiten gemeint. Natürlich können neue Bewegungsabläufe geübt, Choreografien einstudiert und sogar körperliche Gegebenheiten durch Ernährung und Training verändert werden. Doch wie sollen wir ein solches Training durchhalten, wenn wir kein Interesse an dem Ziel haben, wenn uns das Neue nicht im Ansatz gefällt. Ein Dreher, der kein Interesse und keine Nähe zur Informationstechnologie hat, muss für sich gut prüfen, ob für ihn tatsächlich eher die digitale Welt des CNC-Drehens oder doch ein anderer handwerklicher Beruf passt. Wir haben also bei unserer Frage der Passung nicht im Sinn, dass jemand bereits für das Neue die wünschenswerten Kompetenzen aufgebaut hat oder entsprechende Fähigkeiten bereits besitzt. Uns geht es um das innere Feuer, welches bereits vorhanden ist oder entfacht werden könnte. Die Frage, die es in dieser Situation ehrlich zu beantworten gilt, ist: Inwieweit bin ich bereit und willens, mich auf das Neue einzulassen?

Werte zählen

Stelle Dir nun die Ärztliche Leiterin eines Medizinischen Versorgungszentrums (MVZ) vor. Solche MVZs sind eigenständig und oft als Gesellschaften mit beschränkter Haftung organisiert. Die Ärztin ist somit nicht nur für die Qualität der ärztlichen Versorgung zuständig, sondern auch für die wirtschaftlichen Gegebenheiten verantwortlich. Die Medizinerin ist jedoch unglücklich und wehrt sich innerlich gegen die betriebswirtschaftlichen Aufgaben. Was ist passiert?

Seinen Ursprung fand das MVZ im medizinischen Dienst eines großen Trägers der Eingliederungshilfe. Da gehandicapte Menschen in einer normalen Praxis nicht ausreichend gut behandelt werden, wurde vor Jahrzehnten begonnen, einen ärztlichen Dienst intern aufzubauen. Dort war die Allgemeinmedizinerin gemeinsam mit ihren Kollegen extrem engagiert und versorgte Menschen mit Behinderung mit einem hohen Maß an Kompetenz und menschlicher Nähe. Jedes Jahr war der Träger bereit, nicht über das Gesundheitssystem gedeckte Zeiten und Leistungen auszugleichen. Doch dann wurde die Stelle des kaufmännischen Vorstands beim Träger neu besetzt. Mit der Gründung des MVZ veränderte er die Koordinaten für die eigene Ärzteschaft rasant. Jetzt musste die Versorgung auf einmal wirtschaftlich auskömmlich gelingen und die Leiterin des ärztlichen Dienstes wurde in die wirtschaftliche Pflicht genommen. Die Ärztin sah in diesem tatsächlich erlebten Fall[10] keine andere Wahl, als die Veränderung mehr oder weniger stillschweigend zu ertragen. Sich neu zu orientieren, kam ihr nicht in den Sinn, obwohl sie als Ärztin mit eigener Praxis oder in einer Gemeinschaftspraxis sicherlich eine gute Alternative zu der von wirtschaftlicher Verantwortung geprägten Tätigkeit im MVZ gehabt hätte. Doch wenn die eigenen Werte und Motive so gar nicht mit den ökonomischen Notwendigkeiten zusammenzubringen sind, hätte sie über ganz andere Tätigkeiten nachdenken müssen. Die Medizinerin ließ sich aber auf einen Wandel der eigenen Stelle ein, der ihr eigentlich völlig zuwider war. Um im beruflichen Alltag klarzukommen, reduzierte sie ihre Arbeitsstunden, gab die Ärztliche Leitung ab und wählte schließlich das Blockmodell der Altersteilzeit. Die über die Jahre geschätzte und erfolgreiche Ärztin ging recht leise und ohne große Verabschiedung in den Ruhestand. Und sie war, wie sie in einem persönlichen Gespräch gestand, froh, als ihre berufliche Laufbahn zu Ende war.

Werte sind wichtig. Sie haben für uns spürbar Bedeutung und selbst wenn wir uns unseres eigenen Wertefundaments selbst gar nicht immer

---

[10] Die Situation wurde deutlich verfremdet, um die Anonymität der beteiligten Personen zu wahren.

gewahr sind, wird es schmerzhaft, wenn wir längere Zeit gegen unsere persönlichen normativen Grundlagen verstoßen. Gerade in Zeiten des Wandels ist es absolut angebracht, zu prüfen, welche Werte einem wichtig sind. Und sich innerlich zu fragen, welchen Preis man selbst bereit wäre zu zahlen, um sich treu bleiben zu können. Vielleicht wäre die Medizinerin nach reiflicher Überlegung zu dem Schluss gekommen, die Ärztliche Leitung im MVZ nicht anzunehmen.

In den Dienst stellen können

Arnold Schwarzenegger, die Medizinerin und auch der Dreher haben uns in einem sehr individuellen Zusammenhang die Frage der Passung vor Augen geführt. Doch wir können unsere Überlegungen auch auf andere Ebenen übertragen. So ist bei Fusionen und Übernahmen genauso zu prüfen, inwieweit Identitäten zusammenpassen, sich im Idealfall ergänzen oder im Widerspruch zueinanderstehen. Die Erfolgsquote bei engen Formen der Kooperation zwischen Unternehmen weicht nicht erkennbar vom Erfolg von sonstigen Erneuerungs- und Veränderungsmaßnahmen ab – auch hier misslingt die Mehrzahl. Wir meinen, dass solche Verbindungen häufig wenig zukunftsträchtig sind, weil zwar in den meisten Fällen rechtliche und wirtschaftliche Sorgfaltspflichten umfassend berücksichtigt werden, die Fragen von Werten, Kulturen und Identitäten jedoch völlig vernachlässigt bleiben. Bei den tragischsten und gravierendsten Misserfolgen meinen wir sogar Hinweise zu erkennen, dass das Top-Management nicht ehrlich informierte. Und in dem ein oder anderem Fall waren vielleicht eigene persönliche Interessen von Verantwortlichen bedeutendere Motoren für eine Übernahme als die tatsächlichen Unternehmensvorteile.

Wir gehen davon aus, dass Du Dir bei Deinem heutigen Job im Rahmen der Bewerbung sowie während der Probezeit gut überlegt hast, ob Du dort richtig bist. Doch bei allen Veränderungen und Entwicklungen gilt es auch für Dich, immer wieder neu zu prüfen, ob Du eine gute „Arbeitsheimat[11]" hast. Die Übernahme des Start-ups, in dem Du vielleicht arbeitest, durch einen Konzern kann Prozesse, Arbeitsweisen und die Unternehmenskultur gravierend verändern. Schaue in einem solchen Fall hin und prüfe. Die wirtschaftlich bedingte Entscheidung der Geschäftsleitung, Vorprodukte zukünftig aus Asien einzukaufen, kann etwas mit Deinen Werten zu tun haben. Schaue hin und prüfe. Die Form, wie in Zeiten der Personalnot Menschen mit Prämien und Antrittsgeldern in Dein Unternehmen gelockt werden, kann gegen Deine Überzeugungen verstoßen. Schaue hin und prüfe. Wahrscheinlich schaust Du sowieso genau hin. Und wir hoffen, dass Du an einem guten Ort bist, der für Dich passt. Andernfalls wünschen wir Dir den Mut und die Offenheit, über Alternativen nachzudenken.

Handlungs- und Denkanstöße

So kannst Du heute den Impuls in Deinem Führungsalltag umsetzen

1. Bitte spüre in Dich hinein und frage Dich, welche Feuer in Dir brennen: Was interessiert Dich wirklich? Was würdest Du unheimlich gerne einmal ausprobieren? Welchen Job könntest Du Dir vorstellen, wenn Du außer Acht lässt, ob Du dafür bereits qualifiziert bist?
2. Denke über Deine Werte nach. Welche Werte sind Dir so wichtig, dass Du eine geforderte Erneuerung in Deinem Job nicht mit umsetzen würdest, weil die Veränderungen gegen diese Werte verstoßen?
3. Bitte nimm Dir Zeit und sei ehrlich zu Dir selbst: Bist Du beruflich am „richtigen" Ort angekommen?

---

[11] Diesen Begriff haben wir das erste Mal bei Mitarbeitenden der Vinzenz von Paul gGmbH (www.vinzenz-von-paul.de) kennengelernt.

Tag 27

Arbeitsheimat

Heimat ist ein Gefühl. Es spiegelt die innere Verbundenheit mit der Gegend, in der man lebt oder aufgewachsen ist, wider. Meist sind es positive Empfindungen, die damit einhergehen, wie beispielsweise ein Gefühl des Dazugehörens, der Geborgenheit, der Vertrautheit und des Wohlfühlens. Und zusätzlich gibt es zahlreiche Erinnerungen, die mit Heimat verbunden sind. Wahrscheinlich sind es mehr gute Erinnerungen, denn wenn negative Aspekte an dem Ort, an dem wir unseren Alltag verbringen und unser Haupt regelmäßig auf ein Kissen zum Schlafen legen, überwiegen, werden wir vielleicht von Wohn- oder Aufenthaltsort sprechen, aber sicher nicht von Heimat. Auf den beruflichen Kontext übertragen, ist dieses Gefühl von Heimat genau das, was wir unter Arbeitsheimat verstehen. Ebenso wie in der Heimat, wird auch in der Organisation, in der ich arbeite und viele Stunden meines Lebens verbringe, nicht alles Gold sein, was glänzt. Und doch sollte auch hier das Positive die Sorgen, den Ärger und das Unwohlsein deutlich überwiegen. Wir finden, dass jede und jeder das Recht hat, sich bei seiner Arbeit und im Unternehmen angenommen und ein Stück zu Hause zu fühlen.

Hast Du gestern in Ruhe darüber nachdenken können, ob Du im Job an der richtigen Stelle stehst und Deine berufliche Heimat gefunden hast? Von Herzen hoffen wir, dass das Gute in Deiner Situation überwiegt. Und solltest Du bereits angefangen haben, gedanklich an einem Plan B zu schmieden, dann wird es sicher Alternativen und eine gute Gelegenheit geben. Warte ab.

Kairos

Für das deutsche Wort Zeit gibt es in der griechischen Sprache zwei Wörter: Chronos und Kairos. Während Chronos eher einen quantitativen Charakter hat und mit dem Vergehen und dem Ablauf der Zeit gleichgesetzt wird, beschreibt Kairos in der Religionsphilosophie den „rechten Moment". Hier geht es also um die Qualität des Augenblicks und die genau in diesem Moment vorhandenen Möglichkeiten. Wenn Veränderungsbedarfe erkannt werden, ist es selten sinnvoll, blindlings und überstürzt alles neu auszurichten. Wir dürfen uns die Zeit nehmen, über die Dinge nachzudenken, über Alternativen zu grübeln und auf den richtigen Kairos zu warten. Wenn Du also zu dem Schluss gekommen sein solltest, dass Du an anderer Stelle nach Deiner Arbeitsheimat suchen solltest, weil Dein Berufsalltag aktuell von vielen negativen und unangenehmen Umständen belastet wird, dann überlege gut, ob Du umgehend Deine Kündigung schreibst. Wenn Du Klarheit hast, dass eine Veränderung notwendig ist, hilft Dir das auch, Dich emotional mehr aus dem Alltag zu lösen und ein wenig Abstand zu gewinnen. Nutze Deine Kraft und Energie in einer solchen Phase dafür, nach neuen, guten Möglichkeiten zu schauen. Du wirst kraftvoller und erfolgreicher in die Zukunft gehen können, wenn Du nicht nur weißt, was Du nicht mehr willst, sondern es auch einen leuchtenden Stern gibt, der Dich zu etwas Neuem hinzieht. Erfahrungsgemäß ist es hilfreich, sich einen zeitlichen Horizont für die Suche nach einem solchen Stern zu setzen. Vielleicht sind es sechs oder zwölf Monate, die Du Dir gibst, um offen Chancen und Möglichkeiten auszuloten. Höre Dich in Deinem Umfeld um, wo jemand gesucht wird, schaue in Zeitungen und Jobportalen nach Angeboten oder nehme Kontakt mit Menschen auf, die in Bereichen arbeiten, die Dich interessieren. Du darfst darauf vertrauen, dass sich irgendwo eine Türe öffnen wird, wenn Du für Dich entschieden hast, eine andere schließen zu müssen. Und natürlich kommt die Gelegenheit manchmal auch sehr schnell und kurzfristig, dann musst Du nicht abwarten und kannst schnell „Ja" zu einem neuen Weg sagen. Du solltest nur aufpassen und nicht die erstbeste Gelegenheit ergreifen. Prüfe, ob die neue Stelle Dir und vielleicht sogar Deiner Berufung entspricht. Du solltest zumindest die realistische Chance sehen, dass es Dir unter den neuen Rahmenbedingungen wirklich besser geht.

Geduld

Aus unserer Sicht gilt für Veränderungen im Allgemeinen: Ist der richtige Moment da, sollten Veränderungen bzw. die Anpassung der Rahmenbedingungen (in unserem obigen Beispiel das Verkaufen der Skier) möglichst schnell erfolgen. Nach dem besonnenen Klärungsprozess braucht es ein entschiedenes Vorgehen und kein Zögern oder Zaudern. Es gilt, zügig Realitäten und Fakten zu schaffen. Interessant ist, dass diese unterschiedlichen Geschwindigkeiten im Wandlungsprozess für viele Menschen nicht intuitiv zu sein scheinen. Während sich ein Klärungs- und Planungsprozess als unzureichend herausstellen kann, wenn er zu knapp und oberflächlich ausgestaltet wird, leidet der Erfolg der Umstellung auf das Neue deutlich, wenn dieser Wandel nicht konsequent und schnell vollzogen wird. Aus unserer Erfahrung ist ein schrittweises Umbauen von Alt auf Neu nur in den wenigsten Fällen angebracht und erfolgversprechend.

Gelingt die Umstellung, ist es wichtig, dass Du Dir genügend Zeit gibst, damit sich neue Prozesse etablieren und die veränderten Rahmenbedingungen und Gegebenheiten sich einspielen können. Hier schließt sich der Kreis zum Lernen: Nun geht es wieder darum, sich mit den neuen Gegebenheiten zügig und effektiv vertraut zu machen und Abläufe zu optimieren. Es wird hoffentlich deutlich, dass es uns hier nicht um ein Entweder-Oder geht. Sowohl das Erneuern als auch das Lernen sind wichtig und spielen im Idealfall zusammen: Wir lernen und bereiten uns so gut es geht auf den Wandel vor. Dann kommen der mutige Wandel und das entschlossene Loslassen des Bestehenden. Danach lernen wir, in den veränderten Gegebenheiten gut zurechtzukommen und bauen Schritt für Schritt neue Routinen auf – aus dem Neuen wird schließlich das Bestehende.

Und auch in dieser Phase ist die Erwartung der Menschen oft eine andere: Noch so kleine Anlaufschwierigkeiten werden nicht toleriert und die Vorteile der neuen Stelle sollen sofort spürbar werden. Dabei ist in dieser Situation genau das Gegenteil, nämlich Geduld vonnöten. Selbst wenn ein Projekt aus der Notwendigkeit der wirtschaftlichen Konsolidierung heraus gestartet wurde, wird es dauern, bis effizientere Abläufe und Strukturen wirksam werden. Zu Beginn ist sogar mit einer Verschlechterung zu rechnen. Ungewohntes braucht mehr Zeit und ist meist fehleranfälliger, weil noch keine Routinen vorhanden sind. Veränderungsprojekte verschlingen zusätzliche Zeit und Mittel, Zuständigkeiten und Verbindungsstellen[12] müssen sich erst einstellen. Erneuerungen haben also eine Art Latenzzeit vergleichbar zu Medikamenten, also eine Zeit bis die erwünschte Wirkung eintritt. Beurteilen wir die Wirkung des Medikaments zu früh, ziehen wir wahrscheinlich die falsche Schlussfolgerung. So manches sinnvolle „Veränderungsmedikament" wurde in Organisationen schon zu früh abgesetzt, weil zu wenig Geduld vorhanden war. Wir haben erlebt, dass mühsame Umstellungen zurückgedreht, Strukturen rückentwickelt und Führungskräfte, von denen man sich getrennt hatte, um neue Wege zu gehen, zurückgeholt wurden. In solchen Fällen kommt uns das Bild eines Diamantsuchers, der sich monatelang in den Felsen vorarbeitet und schon fast an dem glänzenden Stein seiner Träume angekommen ist, jedoch aufgibt, ohne zu erkennen, dass nur noch wenige Millimeter fehlen, bis das Funkeln des Diamanten zu erkennen wäre, in den Sinn. Natürlich braucht es auch den Mut, wahrzunehmen und anzuerkennen, wenn die gewünschten Erfolge und Verbesserungen der Zukunftsfähigkeit ausbleiben. Und trotzdem ist ein ausreichendes Maß an Geduld nötig, um die Latenzzeit überstehen und dann zu einer realistischen Einschätzung der Wirkung kommen zu können. Wir empfehlen daher, dass Du bei allen Wandlungsprozessen eine möglichst realistische Wirkzeit definierst, in der man eine Verschlechterung zunächst akzeptiert. Setze Dir einen solchen zeitlichen Rahmen, wo es Dir möglich ist, und sensibilisiere auch andere für das Phänomen der Latenz.

Sich auf Gegenwind einstellen

In dieser Woche ging es viel um Dich und wir haben unsere Impulse eher an der Situation und den Herausforderungen einzelner Personen ausgerichtet. Dies hat einen guten Grund, den wir hier nochmals explizit benennen wollen: Es gibt keine Veränderung, wenn nicht Individuen bereit und in der Lage sind, etwas anders zu machen! Unsere Beispiele und Überlegungen sollen kein Aufruf sein, den eigenen Job zu kündigen.

---

[12] Wir verwenden den Begriff Verbindungsstellen lieber als den häufig gebrauchten Begriff Schnittstellen. Schnittstellen haben einen eher trennenden Charakter.

Wir möchten Dir aber dringend ans Herz legen, konsequent über den Preis nachzudenken, den Du bereit bist, bei einem Wandel zu zahlen.

Den heutigen Tage und damit auch diese Woche möchten wir mit ein paar letzten Grundsatzüberlegungen zum Erneuern und Verändern abschließen. Aus unserer Sicht sollte bei allen Veränderungsprozessen eine Portion gesunder Realismus dabei sein. Es wird nur selten ganz einfache Lösungen und Entwicklungen geben, die nur Vorteile und keine Nachteile in sich tragen. Und auch wenn wir noch so geduldig die Latenzzeit abwarten, werden auch Schatten des Neuen bleiben und die tatsächlichen Erfolge mehr oder weniger eintrüben. Es wird sicherlich nicht alles reibungslos und ohne Hindernisse ablaufen. Hier wollen wir nicht desillusionieren. Ganz im Gegenteil! Wenn wir keine falschen Erwartungen haben und die Dinge realistisch einschätzen, fallen wir nicht sofort aus der Kurve, wenn Gegenwind kommt. Du solltest Dich von Anfang an auf berechtigte Kritik und nachvollziehbare Gegenwehr einstellen. Dieser Gegenwind muss kein Beleg dafür sein, dass der eingeschlagene Weg falsch ist oder Du besser am Alten festgehalten hättest. Behalte einen kühlen Kopf und versuche möglichst umfassend die Vor- und Nachteile der Neuerungen zu bewerten. Wenn unter dem Strich mehr Haben als Soll zu finden ist, wird es ein verantwortungsvoller und berechtigter Weg sein. Lade Kolleginnen und Mitarbeitende ein, Kritikpunkte zu sammeln und diese konsequent bei Euren Lernprozessen zu berücksichtigen: *„Wie können wir die Auswirkungen berechtigter Beschwerden und negativer Rückmeldungen möglichst im Griff behalten oder gar reduzieren?", „Was können wir tun, um die Schattenseiten möglichst klein und gering zu halten?"* So wird Kritik ernstgenommen ohne vorschnell sinnvolle neue Wege zu beenden.

In der konstruktiven Auseinandersetzung mit der Kritik muss uns noch etwas bewusst sein: Ein ehrlicher und realistischer Vergleich zwischen dem Bisherigen und dem Neuen ist nicht wirklich möglich. Für den Erfolg der Vergangenheit gibt es zahlreiche Beweise. Die Befürworter des neuen Kurses können solche Erfolgsmeldungen naturgemäß noch nicht vorlegen. Für die Kritiker des Neuen hingegen wird es leicht sein, zahlreiche stichhaltige Argumente anzuführen, was aktuell noch nicht optimal läuft. So auch bei unserem am Anfang der Woche vorgestellten Beispiel: Bei PE und Dual gab es wahrscheinlich zahlreiche

Argumente, die belegten, dass der bisherige Unternehmenserfolg nachweisbar in dem Bau von Plattenspielern und nicht in Federn, Uhrmechanik oder anderen Produkten begründet war. Für einen erfolgreichen Weg in die Zukunft, der die Insolvenz vermieden hätte, konnte es damals noch keine Beweise geben. Dass die Compact Disc die Schallplatte völlig verdrängen würde, war bestenfalls zu erahnen, Statistiken, Auswertungen und Analysen gab es dazu nicht. Für das noch nicht Geschehene bleiben also nur die eigenen Überzeugungen. Wenn die brutale Kraft der Disruption zugeschlagen hat, wird diese belegbar, doch für die eigene Veränderung und rechtzeitige Maßnahmen der Überlebenssicherung ist es dann voraussichtlich zu spät. Und bei aller Überzeugung und Voraussicht können wir auch nicht ausschließen, dass wir uns auch bei noch so ernsthaftem Abwägen und verantwortungsvollem Ringen um gute Wege in die Zukunft auch irren. Wir können Dinge falsch einschätzen und im Nachhinein können sich Entscheidungen als Fehler herausstellen. Doch aus unserer Sicht sind Abwarten und Nichtstun keine Alternativen verantwortungsvoller Führung. Es bleibt nur, sich ernsthaft mit den Trends und Megatrends zu beschäftigen, immer wieder offen dafür zu sein, dass der Erfolg der Vergangenheit nicht mehr weit in die Zukunft tragen wird und aufrichtig gemeinsame Wege für eine gelingende Zukunft zu suchen.

Handlungs- und Denkanstöße

> **So kannst Du heute den Impuls in Deinem Führungsalltag umsetzen**
> 1. Mache Dir für eine große von Dir durch- und erlebte Veränderung Gedanken zum damaligen Zeitpunkt. War es der richtige Moment oder hätte es nach Deiner Einschätzung einen besseren Kairos gegeben?
> 2. Bitte mache Dir für eine von Dir erlebte große Veränderung auch Gedanken zur Latenzzeit. Wurde der Erfolg der Umstellung zu einem realistischen Zeitpunkt beurteilt? Waren alle Beteiligten geduldig oder wurde zu früh über die Wirksamkeit geurteilt?
> 3. Bitte blicke nochmals auf Deine Notizen von letzter Woche. Prüfe, welche Deiner Schlussfolgerungen auch zur Vorbereitung und im Nachgang zu Umbrüchen wichtig sind. Markiere diese Punkte.

Tag 28 – Fotoimpuls

Erkenne, was Du schon heute von der Zukunft wissen kannst!

Die Zukunft ist ungewiss – und doch ist manches klarer als wir meinen.

Foto: © Jo Herrmann (2014): out-of-paris, paris
u.a. abgedruckt in Jo Herrmann (2020): A Walk through Black & White.

Tag 29 – Dein Pausentag

Machst Du alles selbst oder sorgst Du für Unterstützung? – Woche 5 (Margarete)

Tag 30

Was heißt denn Unterstützung?

In dieser Woche geht es um das Thema Unterstützung. Was bedeutet Unterstützung für uns im Kontext der 44 Impulse? Alle Wochenthemen, die Du bis jetzt kennengelernt hast, tragen mehr oder weniger direkt dazu bei, dass bei Deinem Kunden Nutzen entsteht: Mit einer klaren Darstellung nach außen weiß der Kunde, wofür das Unternehmen und das Produkt stehen. Das Lernen in der Organisation ist ein unmittelbares Ergebnis des gestifteten Nutzens beim Kunden. Die Erneuerung trägt dadurch, dass sie die Offenheit für Impulse von außen pflegt und diese Impulse ins Unternehmen bringt, dazu bei, dass die Produkte im Markt Bestand haben. Wenn Du nun in Deine Organisation schaust, wirst Du auch Bereiche sehen, die keinen unmittelbaren Beitrag zum Nutzen des Kunden leisten, wie beispielsweise das Personalwesen, die Buchhaltung, das Controlling oder das Qualitätsmanagement. Diese Bereiche übernehmen Aufgaben und Tätigkeiten für die Funktionsfähigkeit der gesamten Organisation und bündeln diese, damit nicht jeder einzelne Bereich diesen Tätigkeiten nachgehen muss. Der Bereich Personal stellt zum Beispiel unter anderem neue Mitarbeitende ein, ohne diese Unterstützung müsste sich jeder Bereich separat um dieses Thema kümmern. Oder: Damit nicht jeder Bereich sein eigenes Controlling erstellen muss, gibt es auch dafür eine gesonderte Abteilung. Eine höchst sinnvolle Struktur, Aufgaben effektiv zu gestalten. Gelebte Synergien sorgen dafür, dass die vorhandenen Ressourcen im Unternehmen möglichst gut genutzt werden. Den Kunden interessiert es jedoch herzlich wenig, ob und wie in Deiner Organisation Personal beschafft wird oder wie das Controlling organisiert ist. Für ihn steht der unmittelbare Nutzen des Produktes im Vordergrund.

Bis auf das Lernen waren bisher alle Funktionen auf das Außen, auf das Umfeld der Organisation gerichtet, um schlussendlich Nutzen für den Kunden zu stiften. Das Lernen und die Unterstützung sind diejenigen Funktionen, die unmittelbaren Nutzen *in die Organisation* spielen. Beim Lernen sind es beispielsweise die Erkenntnisse aus der Produktentwicklung, die direkt als Lernpotenzial in die Organisation zurückkehren und für die nächste Entwicklung hilfreich sind. Bei der Unterstützung steht der nach Innen gerichtete Nutzen im Fokus. Dieser ist zwar für den Kunden nicht sichtbar, aber innerhalb der Organisation deutlich spürbar und erlebbar. Auch die Unterstützung ist auf einen Kunden ausgerichtet, nämlich den *internen Kunden*. Die Jokerkarte „Welchen Nutzen hat der Kunde?" kannst Du somit getrost auch in den unterstützenden Bereichen ziehen, um den Blick wieder auf das Wesentliche zu lenken.

> **Frage**
> Welchen sinnvollen Nutzen stiften wir für unsere *internen* Kunden?

Was genau verstehen wir nun unter Unterstützung? Im allgemeinen Sprachgebrauch wird Unterstützung gerne als Synonym für den Begriff Hilfe verwendet. Die Unterstützung, von der wir hier sprechen, ist jedoch das *geplante und dauerhafte Abnehmen von Arbeit*. Wenn die Buchhaltung Zahlungseingänge und -ausgänge verbucht, soll das nicht sporadisch im Sinne der Hilfsbereitschaft geschehen, sondern verlässlich und dauerhaft. Es geht bei der Unterstützung um das sinnvolle Bündeln und Zusammenlegen von Tätigkeiten in „eine Hand", die diese Aufgaben mit größtmöglicher Kompetenz und Effizienz erfüllt. Erst eine gut funktionierende Unterstützung erlaubt ein wirtschaftliches und vor allem ressourcenschonendes Arbeiten in der gesamten Organisation. Schön finde ich, dass es um Unter-stützen, nicht um Bei-werk oder Auf-gesetztes geht. Gut gelebte Unterstützung ist im wahrsten Sinne des Wortes eine Stütze, die die Organisation von „unten" trägt. Unterstützende Bereiche führen eine sinnvolle und notwendige Arbeit aus, damit sich die anderen Bereiche auf ihre eigentlichen Kompetenzen fokussieren können – vorausgesetzt es gelingt ihnen, die Unterstützung zuzulassen.

Entscheidend ist, dass der unterstützende Bereich seinen Unterstützungsauftrag kennt und sich dessen bewusst ist! Oftmals begegnen wir Mitarbeitenden, die die Aufgabe der Unterstützung nicht bei sich sehen und erwarten, dass die Leistungsbereiche für sie arbeiten. Die Chance, einen guten Beitrag für das Unternehmen leisten zu können, wird dabei verkannt. Hier ist ein Gespräch vonnöten, das für Klarheit sorgt und die jeweiligen Kompetenzen anerkennt, damit sinnvolle und respektvolle Zusammenarbeit gelingt, von der letztlich alle profitieren.

Dass in einer Organisation ein gewisses Maß an Hilfsbereitschaft herrschen sollte, ist für uns selbstverständlich. Wo Not am Mann (oder an der Frau) ist, um eine wichtige Aufgabe zu erledigen, gilt es anzupacken und zu helfen. Hilfe verstehen wir hier als ein der Sache und den Menschen dienliches Tun, das außerhalb der vereinbarten Aufgaben liegt. Wird diese Art von Hilfsbereitschaft allerdings zum Dauerzustand, werden die Mitarbeitenden verbrennen. Mit Unterstützung nach unserem Verständnis hat das nichts zu tun!

Genauso wie beim Lernen, betreten wir hier das Innenleben der Organisation. Und wie alle vorherigen Themen, ist auch das Thema Unterstützung auf den Ebenen des Teams und der Einzelperson, also bei Dir als Führungskraft, von Bedeutung.

> **Fragen**
> Wo erfährt Dein Team Unterstützung bzw. wen unterstützt es?
> *und*
> Wo erhältst Du wichtige Unterstützung und wen unterstützt Du?

Ohne Loslassen geht's nicht

Der entscheidende Aspekt beim Thema Unterstützung ist, dass ich etwas *nicht selbst* tue. Da ist eine Person oder eine Einheit oder ein Bereich, die oder der einen Teil meiner Aufgabe übernimmt. Wenn ich an meine private Situation denke, erinnere ich mich noch sehr gut an die erste Dame, die ich bat, mich in meinem Haushalt zu unterstützen. Nach anfänglichem Unbehagen und Skepsis stellte ich immer wieder fest, dass diese Dame eine wunderbare Arbeit leistete und mir Zeit schenkte, die ich nun an anderer Stelle einsetzen konnte. Es war an mir, loszulassen! Es gab da jemanden, der diese Aufgabe mindestens genauso gut wie ich, an vielen Stellen weit besser ausführen konnte. Das Unbehagen und die Skepsis wandelten sich bald in Dankbarkeit, Wertschätzung und großen Respekt. Vielleicht siehst auch Du die ein oder andere Parallele zu dem, was Dir als Führungskraft begegnet, wenn Du Dich innerhalb der Organisation unterstützen lässt: Wenn Dich Verantwortliche aus dem HR-Bereich unterstützen wollen, sei es, dass eine Position neu zu besetzen ist oder dass Du Dein Team weiterentwickeln möchtest. Oder Deine Ansprechpartnerin aus dem Controlling Dir Zahlen vorlegt, die Dich bei der Steuerung Deines Bereiches unterstützen sollen. Dann schaut jemand in Deinen Bereich und nimmt mit seiner Expertise eine andere Perspektive ein. Dann bearbeiten diese Experten einen Teil Deines Aufgabengebietes. Das Ziel ist die Unterstützung, die nur gelingt, wenn Du loslässt.

Wir erleben es häufig, dass es Führungskräften schwerfällt, die Kontrolle abzugeben. Da werden Wünsche als Arbeitsaufträge an Unterstützungsbereiche ausgesprochen, die den Eindruck von Handlungsfreiheit entstehen lassen. Im Grunde genommen fehlen aber das Vertrauen und die Überzeugung, dass der Auftrag zur Zufriedenheit ausgeführt wird. Schlussendlich werden dann doch eigene Excel-Tabellen gestrickt, Berechnungen angestellt und Zeit aufgewendet, die an anderer Stelle wesentlich besser investiert wäre.

Damit Unterstützung in einer Organisation funktionieren kann, müssen verschiedene Tätigkeiten ineinandergreifen und sich ergänzen – und hierfür ist das Vertrauen in die Kompetenzen des anderen Voraussetzung. Ohne Vertrauen ist Unterstützung nicht möglich: Dafür muss auf der einen Seite Kontrolle abgegeben und auf der anderen Seite Verantwortung übernommen werden.

> **Frage**
> Wo gelingt es Dir, Kontrolle abzugeben?

Und, Hand aufs Herz, was sind denn die Themen und Aufgaben, die Du lieber selbst erledigst, damit es auch „richtig" wird? Wir haben schon Führungskräfte erlebt, die ihre eigene Buchführung und ihr eigenes Controlling eingeführt haben, weil sie dem zuständigen Bereich nicht vertraut haben. Der deutsche Begriff Kontrolle kommt ursprünglich aus dem Französischen. Es ging im Frankreich des 17. Jahrhunderts darum, ein bestehendes Register (rôle) mithilfe eines Gegenregisters (contre rôle) zu prüfen. Manchmal frage ich mich, wie viele (Gegen-)Register in Unternehmen bestehen, die nur dazu da sind, das eigentliche Register zu überprüfen.

Die Herausforderung, Aufgaben tatsächlich zu übertragen – also wörtlich „in den Bereich eines anderen zu tragen" –, scheint für einige Führungskräfte der herausforderndste Führungsaspekt zu sein. Dabei ist es eigentlich „nur" ein Erweitern des Führungsradius.

Aufgaben zu delegieren, die wir nicht gut können, fällt leicht. Vor inzwischen über zehn Jahren habe ich eine Steuerberaterin gefunden, die zu mir passt, und ich bin sehr froh und dankbar, dass sie mich in allen Belangen der Steuer und des Miteinanders mit dem Finanzamt unterstützt. Ich vertraue ihrer Kompetenz und bin immer wieder erstaunt, welche Aspekte sie allein durch das Zahlenwerk erkennt und aufgreift. Ja, vielleicht würde ich das auch selbst schaffen. Aber ich weiß, dass diese Fähigkeit nicht meine Kernkompetenz ist. Und dass ich mich in der Welt der Steuern und Steuergesetze nicht so gut auskenne wie sie. Das Finanzamt wäre jedenfalls nicht glücklich, wenn ich versuchen würde, meiner Steuerberaterin ihren Job abzunehmen. So viel steht fest.

Viel schwieriger gestaltet sich das Überlassen von Aufgaben, die wir von unserer Kompetenz her auch tun könnten. Weil es voraussetzt, dass ich damit leben kann, dass ein anderer Mensch es anders macht als ich. Ich erinnere mich gut an eine Führungskraft, die die Leitung eines Projektes zur Einführung einer neuen IT-Lösung übernehmen sollte. Aufgrund des Umfangs mit zahlreichen externen Verbindungsstellen wurde der Führungskraft die Möglichkeit zugesagt, sich durch einen externen Berater unterstützen zu lassen. Es war absehbar, dass das Projekt ein Ausmaß annehmen würde, das die zeitlichen Kapazitäten der Führungskraft sprengen würde. Das Budget war eingestellt und die Unterstützung ausdrücklich vom Management befürwortet. Dennoch wurde die Unterstützung von der Führungskraft nicht abgerufen. Der unbedingte Wille, das Projekt ganz allein zu leiten, war größer, als mit der eigenen Zeit und Kraft Maß zu halten und die Unterstützung anzunehmen.

Sich unterstützen zu lassen, bedeutet das Eigene in andere Hände zu legen. Und das fällt schwer, wenn es sich um etwas handelt, das uns wichtig ist und uns viel bedeutet. Es setzt das Vertrauen voraus, dass der Unterstützende diese Aufgabe mit eben so viel Verantwortungsbewusstsein und ebenso gut erledigen wird wie ich selbst: Da ist etwas, das mir wichtig ist, und ich gebe es vertrauensvoll in deine Hände. Das heißt ja nicht, dass die Aufgabe damit aus den Augen und aus dem Sinn ist. Als Führungskraft schaust Du, dass die Aufgaben letztendlich zielführend bearbeitet werden. Für manche ist es allerdings schwierig, anzuerkennen, dass es Menschen gibt, die etwas können, was ich auch kann. Nur wem es gelingt, auch abzugeben, wird ausreichend Zeit finden, sich den wesentlichen Themen zu widmen.

Die Unterstützung ist der Bereich, der wohl am deutlichsten mangelhaftes Vertrauen offenbart. Du wirst staunen, welche Klugheit Dir begegnet, wenn Du das Vertrauen aufbringst, Dich unterstützen zu lassen. Es gibt wenig, was Mitarbeitende mehr frustriert als Vorgesetzte, die meinen, alles selbst machen zu müssen. Ganz davon abgesehen, dass Du in Deiner Zeit Deinen Aufgaben nachgehen solltest, entziehst Du den Mitarbeitenden „ihre" Aufgabe und ihren Tätigkeitsbereich, für den sie im Unternehmen einstehen und verantwortlich zeichnen – und lässt sie letztlich als unfähig und inkompetent zurück. In der Satzung des Jesuitenordens ist die Idee, sich unterstützen zu lassen, sehr treffend zusammengefasst:

„Für das Wohl der Gesellschaft ist es hilfreich, wenn der Obere vieles der Klugheit der Mitbrüder überlässt."[1]

> **Frage**
> Wie groß ist Dein Vertrauen in die Klugheit Deiner Mitarbeitenden?

Handlungs- und Denkanstöße

> **So kannst Du heute den Impuls in Deinem Führungsalltag umsetzen**
> 1. Nimm Dir einen Moment Zeit und schaue, bei welchen Aufgaben, die Du selbst erledigst, Du Dich guten Gewissens unterstützen lassen könntest.
> 2. Sprich mit einem Menschen, dessen Aufgabe es ist, Dich zu unterstützen: Gibt es Dinge, die diese Person gerne übernehmen würde, aber Du bist noch nicht bereit, diese abzugeben?
> 3. Biete heute jemandem ganz konkret Deine Unterstützung an und schaue was passiert.

---

[1] Mehr Hinweise zum Thema Führung aus der Sicht eines Jesuiten findest Du in: „Die Kunst des Leitens" (2015) von Anton Aigner.

Tag 31

Wie Geben und Annehmen gelingt

Wie ist die Bilanz ausgefallen? Gelingt es Dir gut, Aufgaben und Themen abzugeben? Wo hast Du Unterstützungspotenzial gefunden, weißt aber noch nicht, wie es gelingen kann? Aus unserer Sicht ist es lohnend, von Zeit zu Zeit zu schauen, wo und wie Du unterstützt wirst. Eine sinnvolle Unterstützung kann nur dort gelingen, wo die Erwartungen und das Mögliche gemeinsam vereinbart werden. Wir haben die Erfahrung gemacht, dass sich die Zusammenarbeit mit den unterstützenden Bereichen oftmals anspruchsvoll und empfindlich gestaltet: Da ist der Personalbereich, der Mitarbeitende für Deine Abteilung einstellt. Wenn die Suche länger dauert, weil es schwierig ist, geeignete Personen zu finden, ist der Frust groß, möchten sie Dir doch zügig geeignete Kandidatinnen vorstellen. Auf der anderen Seite sagst Du: *„Ich kriege von denen kein Personal, wie soll ich da meinen Job machen!"* Ihr seid aufeinander angewiesen: Du brauchst den Personalbereich, damit Du gute Mitarbeitende hast, und gleichzeitig braucht der Personalbereich Dich, weil er ohne Deine Informationen nicht die passenden Mitarbeitenden für die Organisation gewinnen kann. Die Frage ist doch:

> **Frage**
> Wie gestalte ich eine Arbeitsbeziehung, in der der eine auf den anderen angewiesen ist?

Wir bedienen uns hier zweier Begriffe, die für Dich zunächst ungewöhnlich klingen mögen. Es ist das Zusammenspiel aus *Dienen* und *Dankbarkeit,* das diesem Miteinander eine ganz andere Qualität verleihen könnte. Ja, das sind Begriffe, die wir heute in Organisationen kaum noch hören, weil sie aus der Mode gekommen sind. Wenn wir uns ein menschlicheres Miteinander in Unternehmen wünschen, sind diese beiden Begriffe aus unserer Sicht wohltuend und unerlässlich – und für den Nutzen der Organisation mehr als förderlich.

Dienen – häufig verkannt

Alle Bereiche, die in einem Unternehmen unterstützend zur Lebensfähigkeit der Organisation beitragen, sind dienende Bereiche. Dazu zählen zum Beispiel die Personalabteilung, das Controlling oder das Rechnungswesen. Wenn diese Bereiche ihren Dienst tun, dann ist dies meist nicht oder nur wenig sichtbar und wirkt sich auf den Nutzen gleichwelcher Art nur mittelbar aus.

Die Zusammenarbeit mit den Bereichen findet ihren Ausdruck in der Kultur des Miteinanders. Eine Haltung, die uns oft begegnet ist: Du unterstützt mich, damit ich das wirklich Wichtige tun kann. Die Versuchung, sich über den anderen zu stellen, ist groß – aber nur dann, wenn wir *uns mit anderen vergleichen* und diesen Vergleich mit einer *Bewertung* verknüpfen. Menschen in ihrer Unterschiedlichkeit wahrzunehmen, kann faszinierend und bereichernd sein. Wenn wir aber beginnen, uns zu vergleichen, ist es, als begäben wir uns mit unseren Talenten auf den Basar und ließen sie schätzen wie Gegenstände, die zum Verkauf ausgestellt sind. Die kostbare Summe all dessen, was uns ausmacht, verhökern wir in Einzelteilen, und die Freude über das, was uns als Mensch so wertvoll macht, geht dann irgendwann auch uns selbst verloren. Søren Kierkegaard formuliert es so:

> „Der Vergleich ist das Ende des Glücks und der Anfang der Unzufriedenheit."

Wenn es uns gelänge, im Umgang mit uns selbst und mit anderen eine Kultur der Wertschätzung und der Dankbarkeit (*„Ich bin froh, dass du das für mich machst!"*) anstelle einer Herabwürdigung der anderen (*„Mach du das, damit ich mich um das Wichtigere kümmern kann!"*) zu etablieren, wäre viel gewonnen! Es ist die Haltung zu meinem Tun und zum Tun des anderen, die wir für entscheidend halten. Das Annehmen und Anerkennen unserer eigenen Stärken und Talente sowie unserer Schwächen und Unzulänglichkeiten ist der erste Schritt, auch die Stärken des anderen anerkennen zu können. Wenn wir uns als Menschen begegnen, die einander respektieren, werde ich nicht auf die Idee kommen, Menschen als Objekte zur Erreichung meiner Ziele zu benutzen.

Eine weitere Form der Unterstützung kommt von außen: Zulieferung, ganz gleich ob es sich um ein Einzelteil oder eine Dienstleistung handelt, wird von vielen Unternehmen genutzt, die ihre Fertigungstiefe in Grenzen halten wollen. Ich erlebe oft, dass diese Art der Unterstützung hierarchisch untergeordnet behandelt wird – frei nach dem Motto: *„Ich produziere das imageträchtige Produkt und du lieferst nur ein Teil."* Wenn man sich nur für einen Moment vergegenwärtigt, dass dieses Produkt ohne die Zulieferung nicht fertiggestellt werden könnte, merkt man, wie absurd der Gedanke der Überordnung ist. Hier wird nicht Zusammenarbeit gelebt, sondern es werden Abhängigkeiten konstruiert, um zum Beispiel das Interesse der eigennützigen Preisgestaltung durchzudrücken.

Der Ausgangspunkt angemessener Unterstützung sollte grundsätzlich die Frage sein, wo sich Tätigkeiten sinnvoll bündeln lassen, damit sie möglichst ressourcensparend und effizient erledigt werden. Diejenige, die eine unterstützende Aufgabe im Unternehmen ausführt, trägt mit ihrer Arbeit letztendlich zum Kundennutzen bei. Allein dadurch erhält die Aufgabe ihre Bedeutung und ihren Wert!

Das Wort dienen ist im Kontext von Führung nicht so fremd wie im betriebswirtschaftlichen Zusammenhang. Die Idee des *servant leadership* versteht die Führungskraft als Diener der Mitarbeitenden. Es ist demnach die vorrangige Aufgabe der Führungskraft, dafür Sorge zu tragen, dass die Mitarbeitenden die bestmögliche Unterstützung erhalten, um sinnvoll arbeiten zu können. Im Alltag bist Du als Führungskraft in beiden Rollen unterwegs: Du fragst, wie Du die Mitarbeitenden in ihrer Arbeit unterstützen kannst, und nimmst gleichzeitig die Unterstützung Deiner Mitarbeitenden an.

Zum Annehmen gehört die Dankbarkeit

Dienen und Dankbarkeit gehören unmittelbar zusammen und beschreiben die berühmten zwei Seiten einer Medaille. Damit das Bewusstsein für beide Seiten präsent ist, ist im Jesuitenorden der Perspektivwechsel für die Oberen in der Ordensregeln festgeschrieben:

> „Der Obere wird für einen Zeitraum von sieben Jahren gewählt, danach geht er in die Reihen der Mitbrüder zurück."

Diese Regel drängt ein spannendes Gedankenexperiment geradezu auf: Wie würden Deine Mitarbeitenden reagieren, wenn Du in ihre Reihen zurückgingest und einer von ihnen die Führungsrolle übernähme? Was würdest Du an Deinem derzeitigen Verhalten ändern, wenn Du wüsstest, dass Du in vier Wochen wieder in die Reihen Deiner Mitarbeitenden zurückgehst? Wie groß ist wohl die Versuchung, es dem ehemaligen unfairen Chef heimzuzahlen, wenn Du selbst in die Führungsrolle gehst und er wieder zu den Mitarbeitenden gehört? Und gleichzeitig stellt sich die Frage, welches „Echo" Deines Führungsverhaltens Du aushalten müsstest, wenn Du in die Reihen der Mitarbeitenden zurückkehrst. Die Idee, die hinter dieser Ordensregel steht, ist naheliegend:

> Wer selbst nicht bereit ist, zu dienen, wird Schwierigkeiten haben, die Unterstützung anderer respektvoll anzunehmen.

Aber wie kann denn überhaupt ein respektvolles Annehmen zustande kommen? Aus unserer Sicht gelingt so manche Unterstützung nicht, weil sie nicht konkret vereinbart wurde. Die Mitarbeitenden werden nicht gefragt, was sie brauchen, und sie selbst fragen nicht, wie sie am sinnvollsten unterstützen können. Du weißt, wie wir ohne Absprachen in Fantasiegebäuden landen, die schnell zum Konflikt werden. Vielleicht ist es die Angst, dass noch mehr Arbeit auf uns zukommt, wenn wir fragen:

> **Frage**
> Welche Unterstützung brauchst Du von mir, damit Du bestmöglich arbeiten kannst?

Die Möglichkeit, dass dadurch auch Tätigkeiten wegfallen könnten, können wir uns oftmals gar nicht vorstellen. Eine Führungskraft berichtete von der Zusammenarbeit mit ihrer Referentin. Auf die Frage der Führungskraft, was sie denn brauche, um gut arbeiten zu können, kam die Antwort der Referentin: „Für mich ist es wichtig, dass du mich wirklich machen lässt!" Es sei ihr sehr schwergefallen, so die Führungskraft, die öffentlichkeitsrelevanten Themen bis zur Präsentation tatsächlich ganz an ihre Referentin abzugeben. Inzwischen habe sie erlebt und gelernt, dass die Mitarbeiterin die Themen so gut aufbereite und sie dann ins Bild setze, dass sie es als große Entlastung empfinde. Ein großer Gewinn für beide Seiten!

Das Gleiche gilt für die Zusammenarbeit mit unterstützenden Bereichen: Um eine gute Unterstützung zu erhalten, ist es notwendig, mit dem gebenden Bereich zu verhandeln und die Erwartungen auszuloten. Diese zu formulieren hilft Dir, den Fokus auf das Wesentliche zu lenken, und bietet dem Gegenüber die Möglichkeit, Vorgehensweisen anzubieten, die Dir womöglich gar nicht bekannt waren. Der unterstützende Bereich erfährt so, was genau Du brauchst, um von der Unterstützung bestmöglich zu profitieren. Und es geht hier um das Klären der wesentlichen Themen! Jeder Anflug von Selbstzweck im Rahmen der Unterstützung ist weder sinnvoll noch trägt er zum Lebensunterhalt der Organisation bei!

Wie viel angenehmer ist die Zusammenarbeit, wenn beide Seiten verstanden haben, dass das, was sie tun, genau das ist, was der andere braucht. Wie oft erleben wir in Workshops, in denen die Gelegenheit genutzt wird, sich bei Arbeitsthemen über die tatsächlichen Erwartungen auszutauschen, Aha-Effekte. Da sind Sätze wie: *„Ach so, das braucht* *ihr!"* nicht ungewöhnlich. Aus unserer Sicht ist es ein Mangel an Kommunikation, aber auch an der Bereitschaft zuzuhören, was der andere braucht, weil dafür keine Zeit eingeräumt wird. Dabei könnte es so viel Zeit sparen! Es ist schön, zu sehen, wenn durch einen solchen Austausch ein Näherrücken erlebbar wird. Wenn es gelingt, dieses Miteinander in Worte zu fassen, zu klären und zu vereinbaren.

Diese Klärung ist besonders bei externen Dienstleistern erforderlich und wird dort meist ausführlicher betrieben als intern. In beiden Fällen ist die Passung letztlich ausschlaggebend für eine funktionierendes Ineinandergreifen.

Im Rahmen einer Unterstützungsvereinbarung kann die Beantwortung der folgenden Fragen hilfreich sein:

> **Fragen**
> Welche Erwartungen habe ich ganz konkret an die unterstützende Einheit? Was davon ist erfüllbar? Was entspricht unseren Vorstellungen, was ist anders und wie gehen wir damit um? Welche Neuerungen sind entstanden, die die Erwartungen übertreffen oder nicht erfüllen?

Wenn die Bedürfnisse im Blick behalten werden und berücksichtigt wird, dass sich die Bedürfnisse ändern können, ist gewährleistet, dass Unterstützer und Empfänger miteinander lernen und sich weiterentwickeln. Auf beiden Seiten mag es Veränderungen geben, die für die Zusammenarbeit von Bedeutung und unter Umständen für alle von Vorteil sind. Das können juristische Rahmenbedingungen sein, die sich verändert haben, oder eine technische Innovation, das kann ein Personalwechsel sein oder ein neues Produktangebot. Entscheidend ist, dass sie kommuniziert werden!

Wie es einer Organisation gelingt, die Unterstützungsfunktion zu leben, ist für uns Ausdruck von Unternehmenskultur: Wie wird mit Unterstützenden umgegangen, seien sie intern oder extern? Vor einiger Zeit erfuhr ich von einem Unternehmen, das in seinem Datensystem Eingabefelder einrichten ließ, um Zahlungsabläufe für Lieferanten und Dienstleister zu blockieren. Dadurch, dass die Rechnungen auf die lange Bank geschoben wurden, wurde die eigene Liquidität erhöht – dass dadurch die Existenz der Unterstützer gefährdet wurde, nahm man dabei billigend in Kauf. (Wenn mit den Externen so umgegangen wird, fragen wir uns, wie wird dann mit internen Unterstützenden umgegangen?) Von Dankbarkeit und Freude über die Unterstützung ist hier jedenfalls nur wenig zu erkennen. Wirklich dankbar kannst Du nur sein, wenn Du vermagst, das Gute zu sehen, das Dir durch die Unterstützung entgegenkommt. Der Vergleich ist auch hier der sichere Weg in die Unzufriedenheit: Jedes Messen mit anderen Bereichen oder Kollegen, das Du anstellst, wird es Dir schwerer machen, wirklich Dankbarkeit zu empfinden. Der unterstützende Bereich selbst wird Dich niemals glücklich machen können, wenn Du Deine eigene Fähigkeit zur Dankbarkeit verloren hast. Wenn es Dir gelingt, Dich über das, was für Dich getan wird, freuen zu können, kann sich Dankbarkeit einstellen. Und auch hier gilt: geteilte Dankbarkeit ist doppelte Freude!

Handlungs- und Denkanstöße

So kannst Du heute den Impuls in Deinem Führungsalltag umsetzen

1. Von wem wirst Du in Deiner Organisation unterstützt? Suche das Gespräch mit einer Person, die Dich unterstützt, und überprüfe die gegenseitigen Erwartungen.
2. Übernehme heute einen kleinen „Dienst" für die Bürogemeinschaft, den Du üblicherweise nicht machst. Was das sein kann, weißt Du selbst am besten.
3. Wofür bist Du aus ganzem Herzen dankbar? Bedanke Dich bei der verantwortlichen Person dafür.

Tag 32

Einsatz von Ressourcen – zwischen Verschwendung und Kaputtsparen

Wenn wir davon ausgehen, dass es im Sinne der Organisation ist, alle ihr zur Verfügung stehende Energie darauf zu verwenden, so viel Kundennutzen wie möglich zu erzeugen und so ihre eigene Überlebensfähigkeit zu gewährleisten, dann leuchtet ein, dass es gilt, Energie nicht zu verschwenden. Wenn ich in den Urlaub fahre und möchte, dass meine Blumen im Garten auch danach noch leben, kann ich für Unterstützung sorgen und einen Menschen bitten, meine Blumen zu gießen: jeden Tag eine Gießkanne. Wenn ich diesem Menschen allerdings nicht vertraue und zusätzlich noch eine weitere Person bitte, meine Pflanzen zu gießen – jeden Tag eine Gießkanne – ja, was dann? Zum einen werde ich eine völlig unnötige Menge der kostbaren Ressource Wasser verplempern. Das allein ist unverantwortlich genug. Zum anderen habe ich gleich zwei Menschen mit derselben Aufgabe beschäftigt, weil mein Vertrauen in die eine Person nicht ausreichte. Ein Zeitaufwand, der in keinem Verhältnis steht. Das beides ist schon mehr als bedenklich. Aller Wahrscheinlichkeit nach werde ich bei meiner Rückkehr auch noch ersäufte Blumen vorfinden. Unrealistisch, sagst Du? Der tägliche Wahnsinn in vielen Organisationen, sage ich. Die verplemperte Ressource ist allerdings in Organisationen meist kein Wasser, sondern in erster Linie Zeit und fast noch schlimmer: die Bereitschaft und die Lust, sich zu engagieren!

Du erinnerst Dich: Beim Begriff Kontrolle ging es ursprünglich um das Überprüfen von Registern durch „Gegenregister". In der damaligen Zeit vermutlich eine Maßnahme, um der stetig zunehmenden Fülle von Informationen Herr zu werden. Wenn ich an den Auftrag des Blumengießens denke, frage ich mich:

Frage
Wie viele „Gegenregister" gibt es in Deinem Bereich?

Wo werden bei Dir Arbeiten doppelt ausgeführt, weil das Vertrauen in den unterstützenden Bereich fehlt? Oder gehörst Du zu denen, die lieber selbst das Register erstellen, das Dir eigentlich der Unterstützungsbereich liefern soll? Erst kürzlich sprach ich mit einer Personalleiterin, in deren kleinerer Organisation die Geschäftsführung selbst die Personalzahlen erstellt und steuert. Sie selbst erhält nur schwerlich Zugriff auf die Zahlen. Ein solches Verhalten führt jede Unterstützung ad absurdum. Die Ressourcenverschwendung kommt dem Kaputtgießen von Blumen sehr nahe. Nur sind es hier die Zeit der Personalleitung, die verschwendet wird, das völlig ineffiziente Arbeiten im Nebel durch das Vorenthalten von Informationen und nicht zuletzt die vollständige Demotivation der Personalleiterin, die ihrer originären Aufgabe nicht nachgehen kann. Für eine sinnvolle Unterstützung der Geschäftsführung und damit der Organisation wäre Vertrauen notwendig und das Zurücklassen von Glaubenssätzen wie: *„Ich kann es besser!"*

Ein Mangel an Vertrauen in die unterstützenden Bereiche führt immer zur Verschwendung von Ressourcen in großem Ausmaß. Arbeiten werden mehrfach ausgeführt, die Kommunikation ist blockiert, Tätigkeiten werden nicht oder unzureichend gebündelt – so entsteht Mehrarbeit anstatt Effizienz. Unternehmen, deren Produkte ausreichend Gewinne abwerfen, können diesen Missstand zumindest finanziell kompensieren. Was sie nicht kompensieren können – langfristig auch nicht durch hohe Gehälter – ist die vergeudete Zeit der Menschen, deren verschwendete Energie und vor allem die Motivation, sich selbstwirksam in die Organisation einzubringen.

Das ist das eine Extrem. Durch mangelndes Vertrauen wird Unterstützungsleistung aus den Bereichen abgezogen und „besser selbst gemacht". Von dem anderen Extrem berichtete mir ein Manager, der einen Spezialbereich im Unternehmen geleitet hatte. Er machte sich ernsthaft Sorgen um das Fortbestehen des Unternehmens, weil ihm zunehmend hochfrustrierte Entwicklungsspezialisten begegneten, die mit dem Gedanken spielten, das Unternehmen zu verlassen. Für ihre höchst seltene Expertise war ein hohes Maß an Reisetätigkeit, Logistik und Organisationsaufwand notwendig. Die organisatorischen Aufgaben wurden seither von unterstützenden Organisatoren übernommen. Über die Jahre wurde von den Entwicklungsspezialisten zunehmend gefordert, alles selbst zu organisieren. Ihnen wurde also Unterstützung entzogen. So blieb ihnen kaum Zeit, ihr Fachwissen einzubringen, geschweige denn, es weiterzuentwickeln. Auf meine Frage, wie es denn zu dieser vertrackten Situation habe kommen können, antwortete der Manager nach einer kurzen Bedenkzeit nur knapp: *„Der Fokus fehlt!"*

Die Unterstützungsbereiche tragen dazu bei, dass in den Bereichen, die unmittelbaren Kundennutzen stiften, der Fokus auf den originären Kundennutzen erhalten bleiben kann! In dem geschilderten Beispiel würden Mitarbeitende gerne Unterstützung in Anspruch nehmen, sie wird aber zunehmend entzogen. Die Unternehmensführung verfolgt das Interesse, die Ressourcen zu reduzieren, und stellt nicht die Frage: *„Welche Unterstützung brauchen unsere Experten, damit sie ihre langjährige Erfahrung und außergewöhnliche Kompetenz bestmöglich in die Unternehmung einbringen können?"*

Es geht um das rechte Maß! Ein Zuviel ist genauso schädlich wie ein Zuwenig. Ziel muss es sein, die richtige Balance zu finden. Und Balance ist nie statisch, sie ist in Bewegung und reagiert auf Veränderungen. Es ist an Dir als Führungskraft, immer wieder neu gemeinsam mit den unterstützenden Bereichen zu schauen, ob die erhaltene Unterstützung noch dem Bedürfnis Deines Bereiches entspricht – kurzum: ob die Erwartung und die Erfüllbarkeit in Balance sind.

> **Fragen**
> Bist Du im Austausch mit den Bereichen, die Dich unterstützen? Und wie sieht dieser Dialog aus?

Gemeinsam das rechte Maß ausloten

Das rechte Maß einzuhalten, ist nicht nur bei dem Anlegen von „Registern" sinnvoll, sondern vor allem bei der Erstellung von Regularien und Richtlinien, die es den unterstützenden Bereichen möglich machen sollen, ihre Arbeit zu tun. Uns geht es hier um die gesunde Balance von Einheitlichkeit und Individualität. Was meinen wir damit? Der Umgang mit dem Thema Homeoffice hat das aus unserer Sicht sehr deutlich gezeigt: In vielen Unternehmen war es das Ziel, eine Lösung zu finden, die *für alle gleich* ist. Das ist je nach Produkt oder Dienstleistung des Unternehmens unmöglich: einer Pflegerin, die sich um das Wohl älterer Menschen kümmert, kann ich keine Homeoffice-Zeiten anbieten, einer Angestellten, die überwiegend organisatorisch-koordinierende Tätigkeiten erfüllt, aber schon. Genauso gibt es Menschen, die in privat herausfordernden Situationen leben und die Büroumgebung brauchen, um sinnvoll arbeiten zu können, und andere, die in ihrem privaten Umfeld die ideale Umgebung vorfinden, um produktiv zu sein. Das Thema ist emotional geladen und wird uns wahrscheinlich noch länger beschäftigen. Und doch geht es auch hier um das rechte Maß – um die Balance von Einheitlichkeit an der richtigen Stelle und von Individualität, die sinnvolle Freiheitsgrade einräumt. Ist es nicht entscheidend, dass das Ergebnis bestmöglich ist? Wir sagen nicht, dass es „einfach" ist. Die Kreativität im Umgang mit dieser Situation darf aus unserer Sicht aber durchaus noch wachsen und das Vertrauen in die Mitarbeitenden auch. Die Einheitlichkeit der Regelung soll die Handhabung vereinfachen. Wenn diese Vereinfachung aber zum Hemmschuh für viele wird, verfehlt sie ihren Nutzen.

Sinnvoll ist es doch, zu schauen, wie viel Unterstützung wo notwendig ist – und das ist nicht zwingend in allen Bereichen gleich. Während die eine Abteilung mit mäßigem Reiseaufwand die Organisation gut für sich managen kann, bedarf es an anderer Stelle der Unterstützung, weil der Zeitaufwand für organisatorische Arbeiten sich bei einem hochspezialisierten Experten schon ökonomisch nicht rechnet.

Immer wieder kommt es vor, dass wir hören, es wäre doch viel billiger, wenn Organisationen diese unterstützenden Bereiche gar nicht hätten und die Bereiche ihre Aufgaben selbst übernehmen. Uns ist klar, dass solche Sätze fallen, wenn die Unzufriedenheit über den unterstützenden Bereich groß ist. Wir laden dazu ein, ein Rechenexempel zu machen: Kalkuliere doch einmal die Kosten, die entstehen, wenn Du die Arbeit, die Du aus dem unterstützenden Bereich erhältst, selbst machst, und rechne die Kosten, die der Bereich auf Dein Budget schlägt, dagegen. Wenn wir dieses Exempel in Unternehmen durchrechnen, wird meist recht schnell festgestellt, dass es sich (in größeren Organisationen) nicht rechnet, jede Unterstützungsaufgabe im eigenen Bereich personell abzudecken.

Wenn die Unterstützungsleistung starr und extrem formalisiert ist, erleben wir häufig eine wachsende Kreativität, die Formalia zu umgehen. Ein Alarmsignal für uns ist immer, wenn davon die Rede ist, *„schon einen Weg zu finden"*. Da werden dann plötzlich Artikel auf eigene Faust beschafft oder das Personal an der Abteilung vorbei rekrutiert. Wenn Erwartung und Erfüllbarkeit zwischen den Bereichen nicht klar abgestimmt sind, ja, dann beginnt Verschwendung.

Ein Manager berichtete mir vom kritischen Qualitätszustand seiner Produkte, die mit vielen Fehlern ausgeliefert wurden, weil die interne Unterstützung nicht funktionierte. Der Druck, das Produkt auszuliefern, war so groß, dass auf die Qualität nicht ausreichend Rücksicht genommen wurde. Das war aber noch nicht alles: Offensichtlich bestand intern auch die Angst, kritische Themen oder Probleme ehrlich zu adressieren. Es schien die Kultur des Unternehmens zu sein, dass es besser ist, Fertigstellung zu melden, als zu sagen, dass es ein Problem bei der Einhaltung der Qualität gibt. So gelangt man erfolgreich in das Fahrwasser der Verschwendung: Die Fehler und Halbfertigkeiten werden weitergereicht und jeder, der mit dem Produkt wieder in Verbindung kommt, muss sich von neuem mit den Fehlern beschäftigen – bis hin zum Kunden, der ein Produkt erhält, das mangelhaft ist! Die Ruhe, die durch das Ignorieren von Mahnungen des unterstützenden Bereiches und das Verschweigen von Fehlern hergestellt wurde, ist trügerisch!

Eines ist sicher: Durch so ein Verhalten wird mittel- oder langfristig das Image des Unternehmens nachhaltig geschädigt. Leider wird bei einer Organisation meist erst beim Produkt erkennbar, wie gut auf die Unterstützungsfunktionen „gehört" wird. Aber machen wir uns nicht vor, dass es niemand „merkt". Spätestens der Kunde wird sehr deutlich auf Missstände hinweisen. Und das ist doch das Letzte, was Du als Führungskraft willst.

Handlungs- und Denkanstöße

So kannst Du heute den Impuls in Deinem Führungsalltag umsetzen
1. Bei welchen Themen merkst Du, dass der Fokus verlorengeht? Wie kannst Du sicherstellen, dass er zurückgewonnen wird?
2. Wo bist Du mit den vorhandenen Ressourcen verschwenderisch?
3. Frage Deine Mitarbeitenden, welches ihre bevorzugte „Umgehung" ist. Welche Erwartung steckt dahinter und wie gut ist die „Abzweigung" mit dem unterstützenden Bereich abgestimmt?

Tag 33

Weiß Dein Gegenüber, was Du willst?

Wie sind Deine Gespräche gestern gelaufen? Welche Verschwendung von Ressourcen hast Du ausmachen können? Wir erleben häufig, dass zwar die mehrfache Bearbeitung einer Aufgabe erkannt wird, diese Verschwendung aber nicht adressiert wird. Die Verantwortung für die Verschwendung von Ressourcen zu benennen, ist ein wichtiger Schritt – das allein ändert aber noch nichts. Für sich und den eigenen Bereich klar zu formulieren, was benötigt wird und welche Tätigkeiten sinnvoll gebündelt werden können, kostet Mühe. Wir sind überzeugt, dass sich dieser Aufwand lohnt.

In größeren Organisationen erleben wir verstärkt die Tendenz, dass Bereiche und Mitarbeitende ihr Handeln überwiegend an den *vermuteten* Erwartungen anderer ausrichten. Begeben wir uns aber in das Reich der Vermutungen, agieren wir so manches Mal an den eigentlichen Bedürfnissen vorbei. Damit ein gutes Miteinander entstehen kann, braucht es auch Klarheit über die eigenen Prioritäten und Bedürfnisse – sowohl für die Bereiche als auch für Dich als Führungskraft.

> **Frage**
> Wie gut kenne ich meine Bedürfnisse als Führungskraft?

Wie schwer es ist, um Unterstützung zu bitten, erleben wir häufig am Ende von Workshops. Zwar wird der Wunsch geäußert, die als wohltuend erlebte Form des Austausches fortsetzen zu können, aber gleichzeitig wird von den Mitarbeitenden kein Schritt unternommen, diese Unterstützung zu erhalten. Dabei ist es nicht nur möglich, sondern wird von vielen Unternehmen sogar begrüßt, wenn Mitarbeitende selbst Weiterbildungswünsche adressieren und einfordern. Manche Teilnehmende äußern sogar, dass es für sie das Beste sei, wenn die Fortsetzung einer Fortbildung von den HR-Verantwortlichen verpflichtend eingefordert werde und nicht auf Freiwilligkeit basiere. Doch wie soll

Unterstützung sinnvoll gelingen, wenn die Mitarbeitenden keine Verantwortung für die eigenen Bedürfnisse mehr übernehmen können? Es fällt uns einfach schwer, unsere Bedürfnisse zu artikulieren und um Unterstützung zu bitten – und nicht selten verzichten wir lieber auf das, was uns guttut, bevor wir unsere Wünsche äußern.

Die eigenen Bedarfe und Bedürfnisse zu kennen und auszusprechen, ist ein Übungsweg. Und ich spreche hier vor allem von den eigenen, persönlichen Bedürfnissen – beispielsweise nach Anerkennung, Respekt, Gemeinschaft, Bewegung, Freiheit oder wie in dem Beispiel nach Verbundenheit und Austausch, um nur einige zu nennen. Viele Menschen haben von klein auf gelernt, dass es erstrebenswert ist, den Erwartungen *anderer* zu entsprechen, und dieses Verhalten wurde „belohnt". Je mehr wir uns davon abhängig machen, dass andere mein Tun befürworten, desto weniger sind wir geübt, zu hören, was für uns wirklich wichtig ist. Aus lauter Sorge, etwas Falsches zu tun, erfüllen wir Pflichten und nehmen uns selbst die Möglichkeit, etwas zu tun, weil es uns wirklich wichtig ist. Es macht einen Unterschied, ob Du eine Aufgabe erfüllst, weil sie Deine Pflicht ist oder ob Du Dir Gedanken darüber gemacht hast, aus welchem Grundbedürfnis heraus Du selbstentschieden diese Aufgabe erledigst. Probiere es aus – es ist einen Versuch wert!

Forderst Du noch oder bittest Du schon?

Wenn es darum geht, über Erwartungen und realisierbare Möglichkeiten zu sprechen, trägst auch Du Deine Erwartungen an den unterstützenden Bereich heran. Für dieses Verhandlungsgespräch wollen wir Dir noch einen Gedanken mitgeben, der Dein Gespräch in konstruktive Bahnen lenkt und so zu einem Ergebnis führt, das Euch einander näherbringt und nicht entfernt. Wie so oft ist nicht entscheidend, was Du sagst, sondern *wie* Du es äußerst. Wenn Du eine Erwartung aussprichst, kannst Du das in Form einer Forderung oder in Form einer Bitte formulieren.[2]

---

[2] Siehe auch Marshall B. Rosenberg (2012): Gewaltfreie Kommunikation. Eine Sprache des Lebens, S. 99 ff.

Stell Dir vor, Du sitzt mit dem Vertreter des Personalbereiches zusammen und Du formulierst die Erwartung: *„Bitte bringen Sie die Personalzahlen auf den neuesten Stand."* Der Adressat kann nun auf verschiedene Weise reagieren, etwa: *„Das schaffen wir nicht!"* Erst durch Deine Reaktion auf diese Antwort kann der Personaler erkennen, ob es sich ursprünglich um eine Forderung oder eine Bitte gehandelt hat.

Reagierst Du mit einem Vorwurf (*„Das hätte ich mir ja denken können!"*) oder mit einer Schuldzuweisung (*„Wenn ihr verstanden hättet, wie wichtig mir das ist, wäre das längst passiert!"*), hat es sich um eine Forderung gehandelt. Wäre es eine Bitte gewesen, hättest Du respektvoll auf die Antwort reagiert und Interesse an den zugrunde liegenden Bedürfnissen geäußert: *„Was macht es gerade so schwer, dies für uns zu erledigen?"* Der Unterschied liegt im Respekt und der Anerkennung der Bedürfnisse, die der Personalbereich äußert. *„Aber in einem Unternehmen bin ich doch nicht in einem Wunschkonzert!"*, magst Du vielleicht denken. Ja, das stimmt. Und doch macht es einen Unterschied im Miteinander, ob Du an dem, was dem Bereich wichtig ist, interessiert bist oder ob Du nur Deine Forderungen platzierst. Ein Ringen um Prioritäten und wesentliche Themen ist allemal produktiver als das Kämpfen mit harten Bandagen, bei dem Bedürfnisse keine Rolle spielen. Bei der Forderung ist das Funktionieren der Menschen das Ziel. Die Bitte sieht den ganzen Menschen und stellt das Miteinander in den Mittelpunkt, ohne das Ziel aus den Augen zu verlieren.

Wenn der unterstützende Bereich wirklich versteht, was Du als Führungskraft für Deinen Bereich brauchst, und Du verstehst, was genau dem unterstützenden Bereich wichtig ist, werdet Ihr gemeinsam um die bestmögliche Unterstützung ringen. Gerade die Unterstützung wird oftmals als selbstverständlich betrachtet. Schon in der ersten Woche waren Selbstverständlichkeiten ein Thema. Dort ging es darum, einen neuen Blick auf Deine Fähigkeiten und Talente zu werfen und zu realisieren, dass sie etwas Besonderes sind, obschon Du sie für „selbstverständlich" hältst. Der Blick, den Du auf Dich selbst geworfen hast, lässt sich auf die unterstützenden Bereiche übertragen: Es ist eben nicht alles selbstverständlich, was dort für Dich und Deinen Bereich getan wird.

> **Fragen**
> Welche Unterstützung, die Du erfährst, ist alles andere als selbstverständlich?
> *und*
> Wo erfährst Du Unterstützung, ohne dass Du sie als solche erlebst?

Ein anerkennendes Wort für die Menschen zu haben, die Dich unterstützen, kann zu einem respektvolleren Miteinander führen, das Missverständnisse und Frustration reduziert. Und nicht nur das, es ist sogar einer der Faktoren, die zum Erhalt der Gesundheit beitragen.

Anerkennung ist gesundheitsfördernd

Dass immer mehr Menschen in die Burn-out-Falle geraten und Depressionen zunehmen, ist kein Geheimnis. Die psychische Gesundheit, nicht die körperliche, rückt zunehmend in den Fokus. Drei Voraussetzungen dürfen nicht fehlen, wenn die Arbeit Dich glücklich machen soll:[3]

- Die erste Voraussetzung ist die Balance von Verausgabung und Anerkennung. Wie sehr bringst Du Dich in Deine Arbeit ein und in welchem Verhältnis steht die Anerkennung dazu, die Du erhältst? Deine Art zu Führen und Anerkennung auszusprechen, spielt hier für Deine Mitarbeitenden eine wesentliche Rolle![4]

---

[3] Joachim Bauer (2023): Realitätsverlust, Wie KI und virtuelle Welten von uns Besitz ergreifen – und die Menschlichkeit bedrohen, S. 174 ff. Ein ausgezeichnetes Werk zu Folgen und Risiken der KI und ein Aufruf zu mehr Menschlichkeit – sehr lesenswert für alle, die sich mit digitalen Welten beschäftigen.

[4] Die schwäbische Redensart „Ned gschimpft isch globt gnug!" wird im süddeutschen Raum immer noch gerne als Legitimation genutzt, keine Anerkennung aussprechen zu müssen. Dabei finde ich es so viel lebensbejahender und gesundheitserhaltender, nicht nur Unmut und Unzufriedenheit, sondern vor allem Freude, Wertschätzung und Dankbarkeit auszusprechen und miteinander zu teilen.

- Die zweite Voraussetzung, um Gesundheit zu bewahren, ist erlebte Kollegialität – hier ist die reale Begegnung von Mensch zu Mensch gemeint. Wir hören immer häufiger den Begriff „analog" in Abgrenzung zu „digital" – für uns ein Hinweis, dass auch diese Begegnung sprachlich „verdinglicht" wird. Was hindert uns, von persönlichen Gesprächen zu reden?
- Die dritte Voraussetzung betrifft die Frage, inwieweit sich der Mensch mit seiner Arbeit identifiziert. Bereits in der ersten Woche haben wir diese Frage umfänglich diskutiert und betont, wie wesentlich es ist, für sich den richtigen beruflichen Platz zu finden und sich die Tätigkeit zu eigen zu machen.

Bei allen drei Voraussetzungen geht es im Grunde um Beziehung: die Beziehung zu mir selbst, zu den Menschen, mit denen ich arbeite, und zu dem, was ich tue.

> **Frage**
> Inwieweit stehst Du in Bezug zu Dir selbst, zu dem, was Du tust, und zu den Menschen, mit denen und für die Du tätig bist?

Eine Begebenheit, die mir berichtet wurde, lässt ahnen, wohin es führt, wenn wir diese Beziehungen verlieren: Der Firmeninhaber eines größeren Unternehmens, ein älterer Herr, stattete seiner ertragreichsten (!) Filiale einen Besuch ab. Die Filialleitung wurde knapp begrüßt, mit der jungen, engagierten Aushilfe wurde nur indirekt kommuniziert: Die Leitung solle Sorge tragen, dass ihre Mitarbeiterin sich unternehmenskonform kleide, war die Ansage und die Aushilfe wurde zum Umkleiden weggeschickt. Die sommerliche Hitze hatte es im Ladenlokal warm werden lassen, schon seit Wochen hatte die Filialleitung sich bemüht, Abhilfe zu schaffen. Der Versuch, bei der Reparatur der Klimaanlage Unterstützung aus der Zentrale zu erhalten, war vergebens. Der Firmeninhaber meinte, er werde sich jetzt selbst darum kümmern – für ihn gebe es kein Morgen, sondern nur das Jetzt. Der Mitarbeiter des unterstützenden Bereiches wurde sodann in einem öffentlichen Telefonat zur Schnecke gemacht. Mit demütigenden Formulierungen wurde seine Inkompetenz postuliert und Anordnungen erteilt. Die Wirkung war erstaunlich und ganz im „Jetzt": auch so konnte die Anlage aus der Ferne nicht ans Laufen gebracht werden. Später wartete die Limousine mit dem Fahrer vor der Tür. Grußlos verließ der Inhaber „seine" Filiale.

Ein schlechter Film? Nein, Realität – und sicher kein Einzelfall. Was denkst Du? Vielleicht: *„Ich würde die Brocken hinschmeißen!"* oder aber: *„wer tut sich das denn an?"* Ja, da sind wir uns einig: Respektloser und demütigender kann eine Führungskraft mit seinen Mitarbeitenden nicht umgehen. Dieser Firmeninhaber ist weder in gutem Bezug zu sich selbst, noch zu seinen Mitarbeitenden. Mit seinem rüpelhaften Verhalten gelingt es ihm sogar, den Erfolg zu zertrampeln, den die Filiale erzielt. Vielleicht musste dieser Mensch schon früh lernen, seine Mitmenschen wie Erfüllungsgehilfen zu behandeln, damit er mit seinem eigenen Bedürfnis nach Nähe und Zugehörigkeit nicht in Berührung kommt. Der Firmeninhaber wäre nicht ein solcher, wenn es seine engagierten Mitarbeiterinnen und Mitarbeiter nicht gäbe. Leider beziehen Menschen in solchen Positionen in einem Anflug von Größenwahn und Selbstüberschätzung die Erfolge ihres Unternehmens nur allzu leicht ausschließlich auf sich selbst.

Ein Wort der Anerkennung, ein Wort des Dankes kostet so wenig und bewirkt so viel, wenn es aufrichtig und frei von Absichten ausgesprochen wird. Und ein solches Wort kann Dich daran erinnern, dass die Unterstützung Deiner Mitarbeitenden wesentlich ist für Dich, Dein Team und Dein Unternehmen. Und es ist nur wenig erforderlich, um die Anerkennung so zu formulieren, dass sie Deinen Gesprächspartner erreicht.

> Aufrichtige Anerkennung ist immer gemeinsames Feiern der erlebten Bereicherung.

Bewertungen des Gegenübers haben dabei nichts zu suchen: *„Das hast Du gut gemacht"* ist eine Bewertung der Arbeit und sagt noch nichts darüber aus, wie Du sie wahrnimmst oder welche Gefühle bei Dir ausgelöst werden. Aufrichtig geäußerte Wertschätzung macht für den Mitarbeitenden greifbar, was der Grund Deiner Freude oder Deiner Dankbarkeit ist:[5]

- Indem Du das Verhalten des Mitarbeitenden beschreibst (was wurde gesagt oder getan),
- Du Deine Wahrnehmung äußerst (wenn möglich Dein Gefühl, z. B. der Freude, der Dankbarkeit, der Wertschätzung) und
- Du Dein Bedürfnis nennst, das dadurch erfüllt wurde.

Zum Beispiel so: *„Dass Du diese konkrete Idee gehabt hast, freut mich riesig! Weil es mir so wichtig ist, dass wir eine gute Lösung für dieses Thema finden!"* Nutze die Gelegenheit, Deine Anerkennung zum Ausdruck zu bringen und auch in Dir spürbar werden zu lassen. Nutze die Chance, Dich gemeinsam zu freuen – es ist die einfachste Form der Dankbarkeit.

Handlungs- und Denkanstöße

> **So kannst Du heute den Impuls in Deinem Führungsalltag umsetzen**
> 1. Bedanke Dich heute bei einem Menschen, der Dir wichtige Dienste leistet und spreche eine aufrichtige Anerkennung aus.
> 2. Sprich heute bewusst eine Bitte aus und formuliere, aus welchem Grund Dir das Ganze wichtig ist. Prüfe, ob das Gegenüber Deine Äußerung als Bitte oder als Forderung wahrnimmt.
> 3. An welcher Stelle fühlst Du Dich missverstanden und denkst, dass es helfen könnte, Deine Werte und Bedürfnisse offenzulegen? An welcher Stelle verausgabst Du Dich und wünschst Dir sehnlichst Anerkennung?

---

[5] Marshall B. Rosenberg (2012): Gewaltfreie Kommunikation, S. 203 ff.

Tag 34

Unterstützung für Dich – wie geht das?

Für welchen Impuls hast Du Dich entschieden? Bist Du in Dich gegangen oder hast Du einen Schritt auf eine Kollegin zugemacht? Was auch immer Du unternommen hast, ich hoffe, es hat Dir gezeigt, wie wichtig es ist, mit Dir selbst und den Menschen in Beziehung zu sein.

Wir haben bis jetzt die Zusammenarbeit mit unterstützenden Bereichen in Unternehmen in den Blick genommen. Diese spielen in Organisationen im wahrsten Sinne des Wortes eine „tragende" Rolle und sind wesentlich für die Stabilität in Unternehmen. Nun wollen wir Dich in den Blick nehmen!

> **Frage**
>
> Was unterstützt Dich?

In unserem Bild von Führung stellst Du Dich als Mensch mit Deinen Fähigkeiten und Talenten in den Dienst einer Aufgabe. Auch wenn Du nur einen Teil Deiner Zeit in den Beruf investierst, wirkt doch immer auch all das, was Du außerhalb des Berufes erlebst, in Deine Arbeitswelt hinein – Dein persönliches Umfeld, Deine Gesundheit, Dein ehrenamtliches Engagement, Deine Interessen und Hobbys. Wir wissen, dass die Tätigkeit als Führungskraft eine herausfordernde Aufgabe ist, die Dich an Deine Grenzen bringen kann. Daher erstaunt es umso mehr, dass es manchen Managern schwerfällt, für sich selbst für Unterstützung zu sorgen.

Wir wollen etwas genauer hinschauen: Was genau ist eigentlich Unterstützung für Dich? Wo kannst Du Aufgaben bündeln, die dazu beitragen, dass Du „stabil" bist?

In den vergangenen Tagen und Wochen zeigte sich immer wieder ein Paradoxon, das vielleicht manchmal schwer auszuhalten ist: Auch wenn wir immer von Dir als Führungskraft schreiben und es unser Ziel war, Dir wertvolle Impulse mit auf den Weg zu geben, so geht es im Unternehmensalltag nicht um Dich! In der Organisation stehst nicht

Du im Fokus, sondern der Nutzen, der dem Kunden gestiftet wird. Und doch ist es wesentlich, oftmals sogar entscheidend, was *Du tust*.

Deshalb geht es heute nur um Dich! Weil Unterstützung für uns auch heißt:

> **Frage**
> Wie gut und sorgsam gehst Du mit Dir um?

Dafür zu sorgen, dass Du gesund bist und bleibst, ist eine existenzielle Form der Unterstützung. Auf das, was Dich im Arbeitsumfeld psychisch gesund hält, hast Du gestern geschaut. Was unternimmst Du, um körperlich gesund zu bleiben? An dieser Stelle zeigt sich wunderbar, wie ähnlich die Systeme sind: Ein Unternehmen bündelt Tätigkeiten, um Synergieeffekte zu nutzen und so Ressourcen zu sparen. Auch wir Menschen bündeln Aktivitäten, um zu leben und gesund zu bleiben. So bündeln wir beispielsweise Ernährung: Wir essen nicht alle 20 min einen Bissen, sondern sinnvollerweise dreimal am Tag – und zwar das, was uns nährt, was uns guttut und was uns schmeckt. So erhält der Magen eine Pause und ist nicht permanent damit beschäftigt, Nahrung zu zerkleinern. Und genauso treibst Du nicht alle zwei Stunden für zehn Minuten Sport, sondern bündelst auch diese Aktivität. Synergien, die wir in Unternehmen mühevoll organisieren müssen, machen wir im täglichen Leben völlig selbstverständlich.

Was nimmst Du zu Dir? Nimmst Du Dir die Zeit, in Ruhe zu essen, und Dich gesund zu ernähren? Dass wir zu viel sitzen, ist nicht neu, und der alarmierende Satz „Sitzen ist das neue Rauchen" macht deutlich, dass zu wenig Bewegung ernsthafte Konsequenzen hat.[6] Wie viel Bewegung leistest Du Dir am Tag?

Wenn wir vom Zustand eines Unternehmens sprechen, finden sich interessanterweise zahlreiche Formulierungen, die aus dem Bereich der

---

[6]Verschiedene Studien zu diesem Thema wurden in der Fachzeitschrift „BMC Public Health" veröffentlicht. So zum Beispiel in der Ausgabe BMC Public Health 15,30 (2015) oder in BMC Public Health 19:188 (2019).

Ernährung stammen: Eine Organisation muss verschlankt werden oder sie ist „satt", wenn der Ansporn zur Aktivität nicht erkennbar ist. Die Parallelen ließen sich fortsetzen.

> **Frage**
> Was und wie viel tut uns gut?

Aus unserer Sicht ist es von Bedeutung, auf sich und seine Gesundheit zu achten. Wir sind weit davon entfernt, Dir Gesundheits- und Ernährungsratschläge zu erteilen. Doch diese Frage sei erlaubt: „Hörst Du auf die Signale deines Körpers?" Du hörst auf zu essen, wenn Dein Körper Dir signalisiert, dass Du satt bist. Weil jedes „Mehr" mir nicht guttut! Gönnst Du Dir Pausen? Wenn Du dauerhaft auf die Signale der Erschöpfung nicht hörst, wird Dein Körper eines Tages streiken und durch eine körperliche Notbremse eine Pause erzwingen. Wenn Du Deinen Körper nicht bewegst, wird er eines Tages eingerostet sein. Es hat Folgen, wenn Du Deinen Körper ausschließlich als ein Objekt betrachtest, das gefälligst zu funktionieren hat, Du ihm aber ansonsten keine Aufmerksamkeit schenkst.

Was nährt Dich?

Eine andere Form der Unterstützung ist geistige Nahrung, wir nennen sie Inspiration. Wenn Du als Führungskraft den Anspruch hast, Deine Mitarbeitenden auf dem Weg zum nächsten Ziel begeistert mitzunehmen, kann das nur gelingen, wenn Du selbst inspiriert bist.

> **Frage**
> Was inspiriert Dich?

Die Teilnahme an einer Konferenz oder einer Veranstaltung, die Dich mit völlig neuen Gedanken und Ansätzen in Berührung bringt, kann Deinen Horizont erweitern und Dich auf ganz neue Ideen bringen.

Unser Gehirn braucht diese Art der Erschütterung, um beim Lernen nicht aus der Übung zu kommen. Das Gespräch mit einem Menschen, der ganz anders denkt als Du und die richtigen Fragen stellt, kann Dich ebenfalls inspirieren. Und manchmal ist es nur ein Satz, den ein Mensch sagt, der Dich wesentlich voranbringt.

> **Frage**
> Was nährt Dich – körperlich und geistig?

Von Führungskräften wird oftmals erwartet, dass sie richtungsweisend handeln und ihre Mitarbeitenden voller Begeisterung und mit großer Überzeugungskraft mitreißen. Wie soll das Gelingen, wenn der Funke der Begeisterung nicht in Dir ist und Du nicht dafür sorgst, dass er erhalten bleibt, indem Du ihn „nährst"? Die „Lebensmittel" geistiger Nahrung können sehr unterschiedlich sein. Du selbst weißt am besten, was Dir guttut und was Du brauchst. So gelingt es unserem Gehirn immer besser, sich den stets verändernden Rahmenbedingungen anzupassen.

Zeit – nur für Dich

Die Fähigkeit zur Muße ist vielen Menschen abhandengekommen. Und doch brauchen wir sie, wenn wir nicht ausbrennen wollen. Die Zeit, in der es Dir gelingt, das, was Dich sonst beschäftigt, sein zu lassen und tatsächlich „nichts" zu tun, ist wichtig. Die Erfahrung zeigt, dass es zu den schwierigsten Übungen gehört, in unserer hektischen und leistungsorientierten Zeit tatsächlich einmal nichts zu tun, und Dich selbst mit dem, was Du bist, zu „lassen". Ich möchte es „absichtsfreie Zeit" nennen.

Wenn Du Deine Mitarbeitenden für etwas begeistern willst, dann stellt sich die Frage: Woher kommt Deine Begeisterung? Wo tankst Du auf und schöpfst Kraft und Energie für Dein tägliches Tun? Unsere Erfahrung ist: Nimm Dir Zeit für Dich – und zwar für Dich allein! Nimm Dich ganz bewusst aus allem heraus, was von außen an Dich herangetragen wird, und finde einen Raum, wo Du einfach nur „sein" darfst, frei von allen Absichten und Bedingungen.

Woche 5 – Unterstützung (Margarete)

Ich hoffe, dass auch Du Deinen persönlichen Weg kennst, Kraft zu schöpfen und zur Ruhe zu kommen. Was für den einen ein Spaziergang durch den Wald ist, ist das Arbeiten im Garten für den anderen. In seinem Buch „Unter freiem Himmel" erzählt der schwedische Hochleistungssportler Markus Torgeby seinen ganz persönlichen Weg zu mehr innerer Ruhe. Er war erfolgreicher Langstreckenläufer und konnte aufgrund eines „Zusammenbruchs" des Fußgelenks den Laufsport nicht mehr betreiben. Er kehrte der Zivilisation den Rücken und zog in den Wald. Vier Jahre hat er dort gelebt – in einfachster Form. Er hatte eine tiefe Sehnsucht, innerlich zur Ruhe zu kommen. Für ihn ist das „Baumstumpfhocken" in dieser Zeit zu einer Übung geworden, die ihn begleitet und getragen hat:

> „Sich auf einen Baumstumpf zu setzen und dort hocken zu bleiben, bis die Unruhe und der Drang zur Flucht verschwunden sind; bis du spürst, dass du etwas taugst, so wie du bist. Das ist Stumpfhocken. [...] Stell den Baumstumpf in dein Wohnzimmer oder in dein Büro. Setz dich darauf wenn du zu viel im Kopf hast. Mach deiner Umgebung klar, dass die Person, die auf dem Baumstumpf hockt, nicht gestört werden darf, sondern so lange dort sitzen bleiben muss, bis sie fertig ist."[7]

Es ist eine große Aufgabe: So lange sitzen zu bleiben, bis Du innerlich wieder ganz ruhig bist und Deine Gedanken nicht mehr um Deinen beruflichen Alltag kreisen. So lange sitzen zu bleiben, bist Du wieder hören kannst, was sich in Deinem Inneren Gehör verschaffen will. So lange sitzen zu bleiben, bis Du „spürst, dass du etwas taugst, so wie du bist". Wir sind überzeugt, dass inzwischen viele Menschen dieses größte Abenteuer ihres Lebens verpassen, weil sie sich von den Erwartungen anderer leiten lassen, anstatt ihr eigenes Leben zu leben. Aus diesem „Erwartungshamsterrad" auszubrechen, kostet Mut und Geduld. Doch dann kann Selbstführung und Führung anderer wieder gelingen. Die Entscheidung für einen Rückzug triffst Du allein, doch auch hier kannst Du Dich unterstützen lassen, damit Dein Vorhaben gelingt. Es

---

[7] Markus Torgeby (2019): Unter freiem Himmel, S. 185 f.

gibt viele Häuser, die sich als Ort des Rückzugs eignen und Dir einen Rahmen zur Verfügung stellen, wo Du versorgt bist und nur sein darfst.

Ein Manager, den ich auf dem Weg in eine neue Position begleiten durfte, ist mir in sehr eindrücklicher Erinnerung. Gleich im ersten Gespräch war das Signal eindeutig: Bitte keine Zeit vergeuden, der nächste Job solle so schnell wie möglich starten, am besten im nächsten Monat, selbstverständlich mit Karriereschritt – es sei keine Zeit zu verlieren! Es hat eine Weile gedauert, bis der Gedanke bei ihm angekommen war, dass es nicht darum ging, Zeit zu verlieren, sondern *die Zeit anzuhalten*. Sein Weg, die Zeit anzuhalten, war das Tauchen, eine Leidenschaft, der er schon sehr lange nicht mehr nachgegangen war. Nach dreiwöchigem „Abtauchen" konnte die Beratung konstruktiv fortgesetzt werden. Es waren Vorstellungen zur neuen Aufgabe aufgetaucht, die ihn schlussendlich erfolgreich zur neuen beruflichen Position führten. Das Abtauchen war sein Weg, für eigene Unterstützung zu sorgen.

> **Fragen**
> Von wem lässt Du Dich in Deinem Unternehmen unterstützen? Mit wem überdenkst Du Möglichkeiten und was ist dein Weg in der Hektik des Alltags zurück zu dir zu finden?

Der Begriff Sparringspartner verdeutlicht am ehesten, dass der Austausch mit einer Gesprächspartnerin nicht zwingend nur ein Defizit ausgleicht, sondern das konstruktive Entwickeln und Entfalten eigener Ideen und Gedanken fördert. Der Begriff kommt aus dem Boxsport. Dort hat man die Möglichkeit, mit dem Sparringspartner den „Ernstfall" zu üben und sich auszuprobieren. Es ist ein Erproben auf Augenhöhe. Nicht nur im Boxkampf, sondern auch in der täglichen Arbeit ist es hilfreich, eine Sparringspartnerin zu haben, mit der wir den „Ernstfall" trainieren können.

> **Fragen**
> Hast Du einen Sparringspartner in Deiner Organisation, mit dem Du auf Augenhöhe in die konstruktive Auseinandersetzung gehen kannst? Falls Du noch niemanden an Deiner Seite hast: Wer könnte es sein?

Manchmal braucht es ein gutes Gespräch, um wieder klar zu sehen. Und es tut gut, zu erfahren, dass Du getragen bist. Und das gelingt dort, wo Menschen sind, die es gut mit Dir meinen.

Führung fängt bei Dir an

Wer sich selbst gut führt, kann auch andere führen, davon sind wir überzeugt. Wenn es Dir gelingt, für Deine eigene Unterstützung Sorge zu tragen, Deine Gesundheit zu pflegen, auf die Zeichen Deines Körpers zu hören und Dich um ihn zu kümmern, dann wird es Dir auch gelingen, Dich um andere zu kümmern.

Wenn Du beginnst, Dich nicht mehr als Erfüllungsgehilfe für die Ziele anderer benutzen zu lassen, wenn Du nicht mehr versuchst, die Erwartungen anderer zu erfüllen und zu funktionieren, damit Du die Anerkennung erhältst, die Du Dir so sehnlichst wünschst, dann wird sich etwas in Dir wandeln. Ich schreibe bewusst „wandeln", weil sich nur Maschinen und Geräte „verändern lassen", nicht aber Menschen. Wenn es Dir gelingt, wieder (kindliche) Freude zu erleben und Verbundenheit mit den Menschen, die Dir nahestehen, wenn es Dir gelingt, Dich an Deinen eigenen Kompass zu erinnern, der Dir Orientierung schenkt, dann wirst Du das nicht nur an Deiner Seele spüren, sondern auch körperlich. Weil Du in Verbindung bist – mit Dir und dem, was Du tust. Diese Wandlung wird sich auch auf Dein Verhalten gegenüber Deinen Mitmenschen auswirken und Du kannst selbst dazu beitragen, dass der Umgang in Deiner Umgebung „liebevoller" wird.[8] Ja, Du hast richtig gelesen: Es soll liebevoller werden und Du fängst damit am besten bei Dir selbst an:

Sei liebevoller zu Dir selbst!

---

[8] Wenn Du die wissenschaftliche Grundlage nachlesen möchtest, dass liebevolles Verhalten nicht nur zu mehr würdevollem Verhalten führt, sondern auch dafür sorgt, dass Du nicht „krank" wirst an Leib und Seele, kannst Du dies in dem wunderbaren Buch „Lieblosigkeit macht krank" (2021) von Gerald Hüther nachlesen.

Der liebevolle Blick auf Dich selbst wird Dich nicht nur in eine bessere Verbindung zu Dir selbst bringen, er wird Dich auch Dankbarkeit spüren lassen, für all das, was Du erlebst, erfährst und was Dir widerfährt, und Dich die notwendige Demut erleben lassen.

Dieser Gedanke ist nicht neu und doch müssen wir Menschen immer wieder daran erinnert werden. Wenn Du in der Menschheitsgeschichte etwas weiter zurückgehen möchtest, findest Du diesen Hinweis auch schon in der Bibel: Liebe Deinen Nächsten wie Dich selbst![9] Ich glaube, dass Jesus wusste, warum er uns Menschen dieses Gebot ans Herz gelegt hat.

Am Ende einer internationalen Veranstaltung für Führungskräfte, in der viele Führungsthemen zum Teil auch hart diskutiert wurden, sagte eine sehr erfahrene Führungskraft in der Feedbackrunde am Schluss, dass bei allem harten Ringen um Lösungen und Positionen doch eines für ihn ganz wesentlich sei: *„Don't forget to be gentle!"* – und ich erlaube mir zu ergänzen: *„… to yourself and others!"*

Handlungs- und Denkanstöße

> **So kannst Du heute den Impuls in Deinem Führungsalltag umsetzen**
> 1. Verabrede Dich heute für eine Stunde mit Dir selbst und verbringe „absichtsfreie Zeit".
> 2. Tue etwas, das Dir guttut: Ernähre Dich besonders gesund und mit Ruhe oder mache Sport, gehe spazieren, fahre Rad oder lies ein gutes Buch.
> 3. Vereinbare heute eine Verabredung mit einem Menschen, der nach Dir schaut und Dir Gutes will, zum Beispiel mit Deinem Sparringspartner.

---

[9] Mk 12,29 ff.

Tag 35 – Fotoimpuls

Dein Lebensweg ist Deine wichtigste Ressource!
Du hast bereits alles, was Du brauchst, um zufrieden und erfüllt Deinen Weg gehen zu können.

Foto: © Jo Herrmann (2011): ver-bunden, istanbul
u.a. abgedruckt in Jo Herrmann (2020): A Walk through Black & White.

Tag 36 – Dein Pausentag

Willst Du alles schaffen oder schaffst Du Orientierung? – Woche 6 (Sven)

Tag 37

Wo sollte ich Zeit, Aufmerksamkeit und andere Ressourcen investieren?

Unterstützung zu organisieren, Standardaufgaben zu bündeln und möglichst effiziente Routinen aufzubauen, ist nicht nur hilfreich, sondern – wie wir letzte Woche gesehen haben – essenziell. Wenn wir mit den begrenzten Ressourcen in unserem Alltag möglichst viel schaffen wollen, ist dies unumgänglich. Es ist in den meisten Fällen wenig sinnvoll, dass sich alle Mitarbeiterinnen eines Teams mit den gleichen lästigen Verwaltungsaufgaben quälen. Was spricht also dagegen, diese Aufgaben kritisch zu durchforsten und bei einer Person zu bündeln. Genauso ist es auch im eigenen persönlichen Alltag wertvoll, Aufgaben in Paketen abzuarbeiten und zum Beispiel E-Mails nicht direkt spontan zu beantworten, sondern Zeitfenster für das Lesen und Verfassen von digitalen Nachrichten vorzusehen.

Uns ist durchaus bewusst, dass wir mit unseren Ideen und Impulsen Deinen Alltag sicher nicht nur entschlackt haben. Unsere Vorschläge in Woche 2 zur Nutzenorientierung oder in Woche 5 zur Unterstützung mögen Deinen Fokus bereits ein wenig geschärft und in Deinem Tagesablauf zu ein wenig Entlastung geführt haben, doch sind wahrscheinlich im Gegenzug auch neue Aspekte und To-dos in den letzten Wochen entstanden. Alle diese To-dos sind wichtig und wertvoll und doch braucht es umso mehr Orientierung, wo Zeit, Aufmerksamkeit und alle anderen Ressourcen am besten zu investieren sind. Gerade diese Orientierung ist nach unserer Einschätzung der zentrale Wert von Führung. Was gilt es nun von all den sinnvollen, am Nutzen ausgerichteten Aufgaben zu tun? Hier braucht es Deine wache Wahrnehmung der Situation, ein kritisches Reflektieren der Dringlichkeiten und Zusammenhänge und schlussendlich klare Entscheidungen zu den Prioritäten sowie den jeweils einzusetzenden Ressourcen. Erst hierdurch entsteht Klarheit für die nächsten und übernächsten sinnvollen Schritte und Orientierung für das eigene Handeln sowie das Engagement anderer.

In unserem Beratungsalltag erfahren wir, wie schwer es für viele Führungskräfte ist, klare Zeitbudgets, finanzielle Ressourcen und eigene Aufmerksamkeit eindeutig bestimmten Themen und Aufgaben zuzuordnen. Da sollen zwar Ziele inzwischen fast überall SMART (Spezifisch, Messbar, Attraktiv, Realistisch, Terminiert) formuliert werden, doch die Ressourcenfrage wird meist nicht geklärt. Wie viel Zeit kannst Du in die Zielerreichung investieren? Diese eigentlich einfache Frage bei Jahreszielen, Projektzielen oder auch persönlichen Zielen bleibt oft nur unkonkret oder inhaltlich überhaupt nicht beantwortet. Wir hören oft Sätze wie: *„Aber das bearbeite ich doch in meinem normalen Alltag."*, *„Warum sollen wir Zeiten von Mitarbeitenden zuordnen? Die sind doch eh da!"* oder: *„Wie soll ich die notwendigen Ressourcen einschätzen können?"*. Wir sind davon überzeugt, dass sich erst durch klare Entscheidungen zum möglichen Input bewerten lässt, ob Ziele realistisch zu erreichen und Aufgaben in der gewünschten Form zu bearbeiten sind. Genau hier braucht es Orientierung!

Was mache ich den ganzen Tag?

Dort, wo gedanklich die Zuordnung von Ressourcen schwierig erscheint, fehlt wahrscheinlich im Alltag auch ein wichtiger Orientierungspunkt für die Planung des Tages, der Woche und auch längerer Perioden. Die Macht des Faktischen steigt in der Konsequenz an und das, was um uns herum passiert, „schnappt" sich einfach Ressourcen und verschlingt Kraft. So kommt es zu diesen Tagen, an denen wir uns abends fragen: „Wollte ich mich eigentlich nicht um etwas anderes kümmern?" Das Umfeld und damit Andere entscheiden dann letztlich über unsere Zeit und unsere wertvollen Ressourcen, egal ob für uns als Person, als Team oder in ganzen Organisationen.

Gerne arbeiten wir mit Menschen an der faszinierenden Frage: „Was mache ich eigentlich den ganzen Tag?" Diese Frage ist deshalb so faszinierend, weil sie so viele Widersprüchlichkeiten, Paradoxien und wiedersprechende Perspektiven enthält. Natürlich beschreiben die Führungskräfte in unserer Beratung mehr oder weniger klar, was sie im Alltag tun. Und sie sind meist auch bereit, sich festzulegen, welchen Anteil am „Stundenkuchen" eines Tages welche Aktivität bekommen soll. Schauen wir jedoch im Nachgang einmal konkreter in ihren jeweiligen Alltag und versuchen durch Beobachtung, Aufzeichnung oder Feedback von Kolleginnen und Vorgesetzten die tatsächlich investierten Ressourcen besser zu greifen, fällt interessanterweise eigentlich immer ein deutlicher Unterschied auf: Die ursprüngliche Wahrnehmung und Einschätzung der Zeitanteile weicht von dem auf der Analyse aufbauenden Kuchendiagramm ab. Im Laufe der Zeit wird dann vieles sichtbar und wenn wir im Dialog um Ehrlichkeit bitten und Mut machen, sich auch den Störungen, Pausen und Unproduktivitäten zu stellen, wird das Bild immer differenzierter.

In der Konsequenz bedeutet dies eigentlich: Wir wissen ohne dieses kritische Hinsehen nicht wirklich, was wir den ganzen Tag tun! Manches, was wir tun, scheinen wir nicht im Blick zu haben. Anderes, was wir innerlich für wichtig erachten oder was wir in der Kultur unseres

Unternehmens als erwünscht erleben, wird gedanklich vielleicht mit viel mehr Zeit versehen, als wir tatsächlich zur Verfügung stellen. Und die Zeit, die in Störungen, Unproduktivität und Ablenkung fließt, wird außerdem meist deutlich zu wenig berücksichtigt oder überhaupt nicht bedacht. Obwohl wir hier zunächst einmal „nur" die Ist-Situation reflektieren und analysieren, können wir schon so wertvolle Erkenntnisse im Abgleich des eigenen Bildes und der tatsächlichen verwendeten Zeitanteile gewinnen. Denn erst wenn wir wissen, wohin unsere Ressourcen tatsächlich fließen, können wir sie umlenken. Nur wenn wir die „Kuchenstücke" unserer Arbeitszeit kennen, können wir eine neue, bewusste Aufteilung formulieren und im Alltag umsetzen. Schaue also genau hin, wohin Deine Zeit geht, und stelle Dich mutig dem ehrlichen Blick auf Deine Analyseergebnisse.

Was sollte ich eigentlich den ganzen Tag tun?

Nachdem Du Deinen Blick für Deine Alltagsinvestitionen geschärft hast, können wir nun einen Schritt weitergehen und überlegen, wie die „Kuchenstücke" idealerweise verteilt sein **sollten,** wenn Du Deine eigenen Ressourcen selbstbestimmt verteilen könntest.

Diese Frage ist nicht wirklich einfach zu beantworten, oder? Es braucht ein Maß oder irgendein Kriterium, an dem die Entscheidung, wie die „Kuchenstücke" aufgeteilt werden sollen, festzumachen ist. Ohne einen Bezugspunkt ist es schwierig, sich festzulegen, was wichtiger oder gar wesentlicher ist als anderes.

Als erstes hilft sicher der bereits vorgestellte und reflektierte Maßstab aus Woche 2: Der Nutzen. Wenn wir auf unsere Ist-Zeiten schauen, sollte alles im Soll reduziert werden, was nicht direkt oder zumindest indirekt Nutzen stiftet. Wenn möglich, sollten diese Bereiche sogar bis hin zum „Nicht-mehr-Tun" zurückgefahren werden. Vielleicht sind Dinge dabei, die Du schon immer tust oder die besonders viel Spaß machen oder auch Aspekte, die in der Organisation sogar eingefordert werden. Doch mit welcher Berechtigung solltest Du hier weiterhin Zeit investieren, wenn anderes viel mehr Nutzen stiften würde? Tust Du es nicht mehr, so kannst Du in anderen Bereichen bewusst Ressourcen einbringen.

Wenn also keine formalen Anforderungen, die eventuell unabhängig vom Nutzenbeitrag einfach erbracht werden müssen, dagegen sprechen, könnte eine wichtige Investitionsregel sein:

> Ich investiere nur in Dinge, die Nutzen stiften!

Doch diese Abgrenzung zwischen „Nutzenbeitrag" und „kein Beitrag" alleine wird noch nicht reichen. Mit Sicherheit sind immer noch zu viele Anforderungen vorhanden und die jeweiligen Effekte der Aufgaben und Tätigkeiten in der gewünschten Richtung werden unterschiedlich stark sein. Hier gilt es, die Interessenskonflikte, die widersprüchlichen Anforderungen und Erwartungen klar zu bewerten und Prioritäten festzulegen. Als Grundlage für diese Bewertung schlagen wir den jeweiligen Effekt oder Neudeutsch „Impact" auf den Nutzen oder die Zielerreichung vor.

> **Fragen**
> Was ist **am wichtigsten,** um den angestrebten Nutzen zu erreichen?
> *und*
> Welcher der wichtigen Aspekte ist für das Erreichen der gewünschten Ziele **wesentlicher**[1]?

Dieser Vergleich ist der Schlüssel, um priorisieren zu können und so mehr Orientierung zu bekommen. Die absolute Bewertung, ob etwas als wesentlich eingeschätzt wird oder nicht, ist eher wenig hilfreich und baut meist zusätzlichen Druck auf. Denke kurz an Deinen Alltag. Es kommen wahrscheinlich immer wieder Menschen auf Dich zu, die versuchen, Ressourcen von Dir zu bekommen – sei es, dass Themen von

---

[1] Um diese vergleichende Betrachtung auch sprachlich abzubilden, benutze ich hier ganz bewusst die Steigerungsform von „wesentlich".

Dir bearbeitet werden sollen oder dass sie Dich bitten, Aufgaben zu übernehmen. Und häufig fällt dabei dieser Satz: „Das ist wirklich wichtig, kümmerst Du Dich darum?" Im Zweifelsfall wird vieles als wichtig und wesentlich bewertet und dies mag vielleicht sogar gerechtfertigt sein. Doch für die Frage der Priorisierung ist entscheidend, ob der Vergleich der Aufgaben Unterschiede aufzeigt und Du eine Aufgabe als wichtiger oder gar wesentlicher bewertest als eine andere. Ohne diese Priorisierung bleibt es bei langen To-do-Listen und nicht selten sinkt die Zufriedenheit, weil so viel Wichtiges nicht abgearbeitet wird.

Wenn Du dagegen den vorgeschlagenen Vergleich zweimal hintereinander machst, trennt sich Wünschenswertes (jenes mit keinem oder einem geringen Nutzeneffekt), Wichtiges (jenes mit einem deutlichen Beitrag) und Wesentliches (die wenigen entscheidenden Stellschrauben für den Nutzen oder die Zielerreichung). Wir nennen diese Methode das WWW der Priorisierung. Mit ein paar Haftnotizen, auf denen jeweils einzeln festgehalten ist, was es zu priorisieren gilt, und drei Feldern für unsere Ws, lässt sich gut nachvollziehbar Klarheit schaffen. Wir arbeiten hier gerne mit drei konzentrischen Kreisen – im Zentrum ist das **W**esentliche, im mittleren Segment das **W**ichtige und im äußeren größten Kreis das **W**ünschenswerte zu finden. Abb. 1 zeigt, wie das WWW aufgebaut ist. Alle Aspekte starten in dem Feld Wünschenswertes. Durch den gezielten Vergleich aller Themen und Aufgaben untereinander kommst Du zu einer Bewertung, was wichtiger ist als anderes und ziehst die entsprechenden Haftnotizen vom Feld Wünschenswertes in das Feld Wichtiges weiter. Und nun vergleichst Du alles im Segment Wichtiges miteinander, um zum Wesentlichen zu kommen. Am Ende solltest Du eine sehr überschaubare Anzahl von Notizzetteln im zentralen Feld haben.

Und der Begriff „wesentlich" ist in unserem WWW bewusst gewählt, denn das, was im Alltag als Priorität gelebt wird, sagt auch etwas über das Wesen von Menschen, Teams oder ganzen Organisationen aus. Es beschreibt die wesentlichen Dinge der Tun-Dimension, welche die Identität prägen. Entsprechend schlagen wir eine zweite Investitionsregel vor:

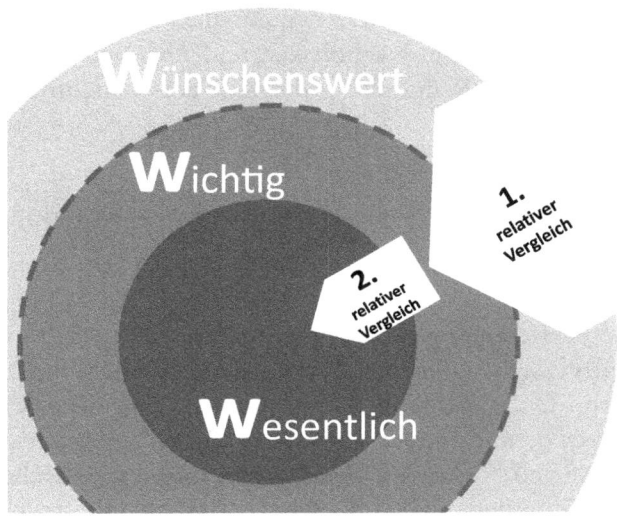

Abb. 1 Das WWW der Priorisierung. Die Priorisierung erfolgt in zwei Schritten

Investitionen in Wesentliches haben immer Vorrang vor Investitionen in Wichtiges oder Wünschenswertes.

Aspekte unter die Lupe nehmen

Die Investitionsregeln sind nach unserer Erfahrung im Alltag hilfreich und wertvoll. Das WWW ermöglicht, methodisch zu mehr eigener Klarheit zu gelangen oder auch im Team über die Prioritäten konstruktiv zu streiten. Auch wenn meist alle behaupten, dass die gemeinsamen Prioritäten klar sind, ist es spannend, die entsprechenden Diskussionen zu verfolgen und zu beobachten, wie lange es zum Teil dauert, bis schließlich weniges Wesentliches als Priorität herausgeschält, von allen anerkannt und gemeinsam dokumentiert ist.

Gerade weil wir im Alltag unsere Zeit auf allen Ebenen anders einsetzen als gewünscht, ist dieses Nachdenken und Abwägen der Prioritäten notwendig. Und diese Reflexion ist die Kernbotschaft unserer dritten Investitionsregel:

> Investiere keine Ressourcen ohne zu prüfen, ob diese an anderer Stelle sinnvoller eingesetzt werden können.

Ohne die Berücksichtigung unserer drei Investitionsregeln ist eine gute Gestaltung des „Soll-Zeitkuchens" aus unserer Sicht kaum möglich. Und klar, wenn Du es (hoffentlich!) ausprobierst, mit dem WWW Prioritäten zu setzen, und darauf aufbauend Deine Sollzeiten gestaltest, wirst Du an einigen Stellen ins Detail gehen müssen. Je nachdem, was auf den Beschäftigungsanteilen Deines „Zeitkuchens" steht, wird es auch innerhalb jedes „Stücks" Wünschenswertes, Wichtiges und Wesentliches geben. Es wird also wahrscheinlich notwendig sein, manche Aspekte genauer unter die Lupe zu nehmen. Doch egal auf welcher Ebene und in welchem Kontext – die vorgeschlagene zweistufige WWW-Priorisierung funktioniert aus unserer Erfahrung.

Wie unterschiedlich ein Kuchendiagramm aussehen kann, verdeutlicht Abb. 2.

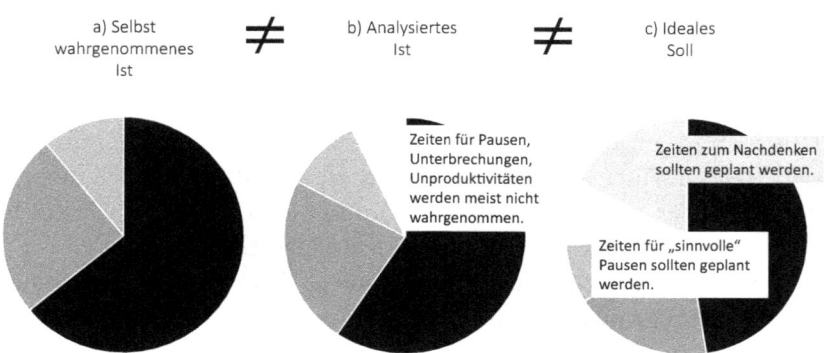

Abb. 2 Drei „Zeitkuchen": selbst wahrgenommene Einschätzung des Zeitbudgets (**a**), analysiertes Zeitbudget (**b**) und angestrebter „Soll-Zeitkuchen" (**c**)

Handlungs- und Denkanstöße

So kannst Du heute den Impuls in Deinem Führungsalltag umsetzen

1. Reflektiere einen für Dich typischen Arbeitstag. Wie viel Zeit und Aufmerksamkeit steckst Du in welches Thema und welche Aufgaben? Kannst Du ein entsprechendes Kuchendiagramm zeichnen?
2. Bitte mache Dir einmal möglichst ehrliche und genaue Aufzeichnungen (mindestens alle 15 min)[2], was Du am Tag tust und auch wann Du nichts tust und wann Du abgelenkt bist – zumindest einen Arbeitstag lang. Vielleicht schaffst Du auch eine Woche, um das „Bild" ein wenig allgemeiner fassen zu können. Zeichne hierzu ein Kuchendiagramm und vergleiche dieses mit Deinem Kuchendiagramm zu einem typischen Arbeitstag. Was siehst Du für Unterschiede?
3. Probiere einmal das WWW aus. Entscheide selbst, ob Du es für Dich alleine nutzen oder im Team ausprobieren möchtest.

---

[2] Eine entsprechende Vorlage findest Du auf www.fuehredochdu.de.

Tag 38

Fehlende oder unklare Prioritäten

Eine kraftvolle Ausrichtung sowie Klarheit im Handeln sind nur möglich, wenn die Prioritäten eindeutig sind – und wenn sich diese Fokussierung auf Wesentliches auch tatsächlich im Alltag umsetzen lässt. Gerade in Teams und größeren Einheiten gewinnen wir den Eindruck, dass komplexe und vielschichtige Anforderungen und vielfältige Perspektiven und Sichtweisen einen vielleicht vorhandenen Fokus verschwimmen und bestehende Schwerpunktsetzungen verfallen lassen. Doch egal wie „bunt" ein Team zusammengesetzt ist, darf der Fokus auf das Wesentliche nicht verloren gehen. Hier ist eine gemeinsame Kraftanstrengung aller Teammitglieder gegen die „Verzetteleritis" vonnöten. Jede und jeder im Team sollte sich verlässlich auf den gemeinsamen Fokus einlassen und im Zweifelsfall auch eine konstruktive Auseinandersetzung mit Kolleginnen und Kollegen nicht scheuen, um diesen Fokus zu „verteidigen". Denn wer zwar in großer Runde den Bewertungsergebnissen zustimmt (oder nicht offen dagegen argumentiert), jedoch im Alltag ausschließlich die ganz persönlichen Prioritäten in den Blick nimmt, schwächt das Team und lässt den gemeinsamen Erfolg unwahrscheinlicher werden. Die ehrliche und konsequente Umsetzung der Priorisierungsentscheidungen findet seinen Ausdruck in unserer vierten und letzten Investitionsregel:

> Investiere Ressourcen konsequent dort, wo Du sie eingeplant hast. Und überdenke Deinen Plan, wenn es gute Gründe gibt, davon abzuweichen.

Diese vierte Regel komplettiert unsere Empfehlungen für den Einsatz Deines Zeitbudgets. Sie macht deutlich, dass es zwar auf der einen Seite wichtig ist, sich möglichst konsequent an die eigenen Bewertungen der Soll-Zeitbudgets zu halten. Auf der anderen Seite ist aber auch Flexibilität gefragt: Gegebenenfalls müssen die Budgets an veränderte Rahmenbedingungen und Anforderungen angepasst werden. Die vierte Investitionsregel ist der Garant, dass Investitionen nicht nur heute, sondern auch morgen aktuell und sinnvoll bleiben. Und wer mit den Bewertungen anderer oder gar der Mehrheit im Team nicht einverstanden ist, muss eine Veränderung „erstreiten". Ohne offene Kommunikation funktioniert hier nichts und es ist wenig sinnvoll im Stillen, „hintenherum" oder auf eigene Faust tätig zu werden. Wirklich an einem Strang zu ziehen und die Kräfte wie die belgischen Tauzieher aus Woche 4 perfekt zu einer „Superkraft" zu bündeln, gelingt nur, wenn die Ausrichtung exakt abgestimmt ist und sich jede und jeder daran hält.

Lethargie

Dass diese Anpassung an neue Anforderungen manchmal nicht (gut) gelingt und dass die Folgen gravierend sein können, haben wir während der Coronapandemie in mehreren Sozial- und Gesundheitsorganisationen erleben müssen. Die sich im Frühjahr 2020 auch in Deutschland breitmachende erste Coronawelle führte sehr schnell zu neuen Herausforderungen in Krankenhäusern, Kindertagesstätten, Pflegeheimen, Einrichtungen für Menschen mit Behinderung und zahlreichen weiteren Institutionen, in denen Menschen betreut, begleitet oder gepflegt werden. Schnell wurden Schutzmaßnahmen eingeleitet, bauliche Vorkehrungen getroffen, umfangreiche Test- und Besuchsregeln entwickelt und auch die Formen der Zusammenarbeit im Dienst neu gestaltet.

Nach relativ kurzer Zeit wurde uns klar, dass sich in diesen Bereichen zwangsläufig Prioritäten und Zeitbudgets verschoben hatten. Und während anfänglich mit geeinten Kräften viel bewegt wurde und wir mit großer Anerkennung und Dankbarkeit auf die Menschen sowie deren Engagement schauten, erlebten wir nach kurzer Zeit, dass viele Menschen an den Rand ihrer Möglichkeiten kamen und sich überfordert fühlten. Nun kann man kritisch fragen: Bringt eine solche Krise dies nicht zwangsläufig mit sich? Sicher ist es nachvollziehbar und wahrscheinlich auch zu erwarten, dass eine Krise dieses Ausmaßes gravierende Auswirkungen hat. Aber mit deutlichem Erstaunen haben wir in mancher Einrichtung und einigen Teams eine Lethargie bezüglich der

Prioritäten erlebt, die wir nicht erwartet hätten. Statt bisherige Bewertungen zu überdenken und an die Covid-19-Herausforderungen anzupassen, blieben viele Prioritäten, Zielvereinbarungen und strategischen Vorgaben unverändert stehen. Der bisherige Fokus wurde nicht angepasst, sondern in manchen Fällen unreflektiert einfach ausgeweitet und um die Coronathemen ergänzt. In der Konsequenz beschrieben uns Mitarbeitende von der Basis, dass nicht mehr alles zu schaffen sei und die bisherigen Prioritäten nicht mehr halfen, sich auf Wesentliches zu fokussieren. Dieses Beispiel unterstreicht aus unserer Sicht, wie essenziell unsere vierte Regel ist: Fehlt die Anpassung in Krisensituationen, wird schnell Unmenschliches verlangt und bisherige Prioritäten verwässern oder lenken sogar die Aufmerksamkeit und Ressourcen in eine „falsche" Richtung. Die alljährliche Grippewelle zeigt uns auch: Wer immer alles wie geplant schaffen will, läuft Gefahr, zu verbrennen.

Dass es auch anders geht, haben uns die Teams und Einrichtungen gezeigt, die teilweise täglich die vorhandenen und im Dienst einsetzbaren Ressourcen neu bewertet und auf das Machbare ausgerichtet haben. Die gemeinsamen tagesaktuellen Prioritäten wurden im Team erarbeitet, manchmal auch erstritten, aber immer offen kommuniziert. Für jede Mitarbeitende im Dienst gab es damit einen guten Orientierungspunkt, um eigenverantwortlich zu handeln und mit den vorhandenen Kräften das zu erreichen, was möglich war. In Momenten, in denen Zeit grundsätzlich sehr knapp war, steckten die Mitarbeitenden ihre Ressourcen in die gemeinsame Priorisierung und sicherten damit Nutzen für die Menschen. Sie haben der „Verzetteleritis" gemeinsam und kraftvoll etwas entgegengesetzt und vieles erreicht.

Wenn der nächste Dominostein nicht umfällt

Ist die „Verzetteleritis" denn wirklich so schlimm? Oder können wir nicht davon ausgehen, dass es sich „unterm Strich" schon lohnt und etwas Sinnvolles erreicht werden kann, wenn jeder an etwas arbeitet. Ist Planung also wirklich nötig oder kann ich mich einfach spontan durch den Tag arbeiten? Das Bild, das uns dazu immer sofort einfällt, sind Dominosteine. Ja, genau die Steine, mit denen wir in Kindertagen lange

Reihen aufgebaut haben und die nach dem Antippen des ersten Steins hoffentlich alle umfielen. Der inzwischen emeritierte Geologie-Professor Stephen W. Morris aus Toronto hat hierzu ein wunderbares Video gedreht. Er zeigt in dem kurzen Film[3] auf, dass jeder Dominostein nicht nur einen anderen, gleichgroßen Stein umwerfen kann, sondern sogar Steine, die bis zu anderthalbmal so groß sind. Stephen setzt mit einer Pinzette einen nur fünf Millimeter hohen Dominostein vor eine Reihe von zwölf weiteren, immer größer und schwerer werdenden Steinen. Der letzte Stein, der am Ende der Reihe nach dem Umwerfen des Minis ebenfalls kippt und mit lautem Knall auf den Boden donnert, ist über einen Meter hoch und rund 50 kg schwer. Und würden weitere, immer größere Steine in der gleichen Form folgen, fiele bereits bei Nummer 29 ein Stein in der Größe des Empire State Buildings.

Für uns stecken in diesem Experiment zwei zentrale Schlussfolgerungen:

1. Eine kleine Kraft reicht aus, um eine größere in Bewegung zu setzen. Haben wir auch noch so wenige Ressourcen zur Verfügung, können wir Großes erreichen.
2. Ist der zweite Stein zu groß (oder umgekehrt der erste zu klein), bleibt die Reaktion aus. Der zweite Stein fällt nicht um und in der Konsequenz natürlich auch alle folgenden Steine nicht.

An dieser Stelle kommt für uns die „Verzetteleritis" ins Spiel. Wenn wir unsere Ressourcen auf zu viele Themen verteilen, kommt nichts in Gang. Wir können zwar jedem erklären, wie engagiert wir sind, wie viele Themen wir im Blick oder wie viele Bälle wir in der Luft haben und um was wir uns alles kümmern. Doch wir laufen Gefahr, dass unsere Energie verpufft. Wenn Stephens erster Ministein nur etwas kleiner gewesen wäre, hätte er den nächsten Stein nicht umwerfen können und es wäre nichts passiert. Wir können also sagen, dass wir nur durch Fokussierung und eine ausreichende Konzentration auf das Wesentliche den zweiten Stein zum Fallen bringen können. Vielleicht schaust Du

---

[3] Stephen W. Morris: Domino Chain Reaction (geometric growth in action), https://www.youtube.com/watch?v=5JCm5FY-dEY. Zugegriffen: 11. Mai 2023.

die kurze Sequenz einmal unter dem angegebenen Link an. Und vielleicht kann der Film auch dazu beitragen, dass Dein Team gemeinsam erkennt, wie wichtig es ist, sich auf die Prioritäten zu fokussieren und welche unerwünschten Folgen die „Verzetteleritis" haben kann.

Die Perspektive umdrehen

Doch klare Prioritäten und eine Fokussierung auf die wünschenswerten Dinge haben einen weiteren entscheidenden Vorteil: An diesen schon mehrfach angesprochenen Tagen, wenn wir nach der Arbeit überlegen, was alles liegen geblieben ist, sind wir zwangsläufig weniger zufrieden und in der Regel nur wenig motiviert. Wenn wir ehrlich zu uns sind, sind dies Tage, an denen wir aufpassen müssen, dass sie unsere Stimmung nicht in den Keller ziehen. Ohne klare Priorisierung wissen wir zudem nicht, ob tragischerweise auch Wesentliches unerledigt blieb. Manchmal gesellen sich dann auch Angst und Unsicherheit zu unserer Unzufriedenheit. Kennst Du solche Momente?

Wissen wir jedoch, was wesentlich und wichtig ist, und fokussieren wir uns möglichst konsequent darauf, schaffen wir es, diese Dinge im Alltag leichter im Blick zu haben und mit den vorhandenen Ressourcen zu erledigen. Wenn nun etwas unbearbeitet bleibt, wird es eher weniger Wichtiges sein. Wir kommen dann auf dem Heimweg wahrscheinlich häufiger zu dem Schluss: das Wesentliche und Wichtige konnte ich heute erledigen. Wir verknüpfen die drei WWW daher zusätzlich mit folgender Bewertung:

> **Bewertungsvorschlag**
> **Wesentliches** muss unter allen Umständen erledigt werden, auch wenn etwas Dramatisches oder Unvorhergesehenes passiert.
> **Wichtiges** sollte unter normalen Arbeitsbedingungen mit den zur Verfügung stehenden Möglichkeiten erledigt werden.
> **Wünschenswertes** sind diejenigen Aspekte, bei denen wir uns freuen, wenn etwas davon erledigt werden *kann*.

Damit dreht sich die Perspektive: Wir lenken den Blick auf das, was gelungen ist, und wenden uns von der beunruhigenden Wahrnehmung all der unerledigten, jedoch letztlich völlig unwichtigen Dinge ab. Es entsteht mehr Wohlwollen uns selbst, unserem Team und anderen gegenüber.

Auf dem Heimweg könnte sich dies in motivierender Freude widerspiegeln: *„Ich habe heute sogar Wünschenswertes geschafft!"* Von der unrealistischen Maximalanforderung, alles zu schaffen, wechseln wir zu einer motivierenden Minimalanforderung. Auch wenn sich dies vielleicht anhört, als wolle man den eigenen Anspruch senken, ist es das genau nicht. Zumindest dann nicht, wenn die Aufgaben, Tätigkeiten, Ziele und Anforderungen so ausgerichtet werden, dass diese im Alltag gut zu erledigen sind. Ziel ist es nicht, den Alltag so auszurichten, dass dieser völlig entspannt und ohne Anspruch an Kompetenz und Engagement zu erledigen ist. Herausfordernde Erwartungen sind angebracht, doch sie müssen realisierbar sein.

Hier sind Lernprozesse notwendig, um das Wichtige gut ausbalancieren und mit realistischem Anspruch versehen zu können. Aber im Dialog mit anderen und mit ihrem Feedback wirst Du für Dich und Deine Mitarbeitenden mit der Zeit die Balance finden. Und damit wirst Du auch einen Beitrag für realistische und umsetzbare Anforderungen in Deiner Organisation leisten. Teste es einmal aus und Du wirst sehen, dass sich mit hoher Wahrscheinlichkeit die Stimmung positiv verändert, Druck und Angst bei einigen vielleicht weniger werden und im Idealfall der gemeinsame Ehrgeiz, möglichst viel von dem Wünschenswerten (zumindest wenn es Nutzen stiftet) zu schaffen, entsteht.

Handlungs- und Denkanstöße

So kannst Du heute den Impuls in Deinem Führungsalltag umsetzen

1. Prüfe für Dich kritisch, ob Dir die Prioritäten in Deinem Team wirklich klar sind und ob Du Dich konsequent an diesen ausrichtest.
2. Schaue auf die letzten Jahre zurück. Kennst Du das Gefühl, Dich in einem Projekt oder für eine Aufgabe zu engagieren, aber damit keinen wirklichen Effekt auszulösen? Hast Du schon einmal erlebt, dass der „zweite Stein" nicht fiel? Wie wäre damals ein klarer Fokus möglich gewesen?
3. Verändere einmal den Blick auf die motivierenden Minimalanforderungen im Team und schaue, was bei Deinen Kolleginnen passiert.

Tag 39

Perfektionismus

Der größte Feind, um Dinge erledigt zu bekommen ist, ist gleichzeitig der größte Freund der „Verzetteleritis": Perfektionismus. Gerade, wenn Dinge wichtig erscheinen oder wenn wir eine neue Aufgabe übernehmen oder unseren Kollegen oder der Chefin unsere Kompetenz beweisen wollen, tappen wir schnell in die Falle und stellen zu hohe Ansprüche an uns selbst: Dann soll alles fehlerfrei gelingen und alle Dinge sollen bedacht und berücksichtigt sein. Man folgt der Idee, perfekte Ergebnisse erarbeiten zu wollen. Und selbst wenn diese Herangehensweise häufig tatsächlich zu sehr guten Ergebnissen führt, stellen sich Fragen:

> **Fragen**
> Hätte man mit den investierten Ressourcen an anderer Stelle mehr und Wirksameres erreichen können? Sind diese sehr guten Ergebnisse überhaupt relevant, oder werden sie durch andere, weniger gute Ergebnisse sofort relativiert und kommen gar nicht zur Wirkung?
> *und*
> Werden diese sehr guten Ergebnisse überhaupt von anderen wahrgenommen und gewürdigt? Können andere diesem Anspruch auch gerecht werden oder erhöht sich durch die Perfektion der Druck auf andere über Gebühr?

Schauen wir auf Bilder des spanischen Malers Salvador Dalí, lesen Zeilen aus dem Werk des deutschen Dichters und Aufklärers Gotthold Ephraim Lessing oder hören „Eine kleine Nachtmusik" des österreichischen Wunderkinds Wolfgang Amadeus Mozart, erkennen wir schnell, was durch Perfektion möglich wird: bewegende Werke von beeindruckender Strahlkraft, die kulturübergreifend und die Zeit überdauernd Bestand haben. Auch wenn dem einzelnen das eine oder andere vielleicht nicht gefallen mag, gibt es grundsätzlich eine breite gesellschaftliche Anerkennung der künstlerischen Leistungen, gerade weil diese (nahezu) perfekt sind.

Doch kann Perfektion ein angemessener Maßstab für Führungskräfte sein? Wir denken nein – zumindest nicht pauschal für alles, was zu erledigen ist. Perfektion wird möglich, wenn neben Talent auch die Bereitschaft vorhanden ist, wiederholt Zeit in die Verbesserung zu stecken. Wenn Bestehendes im übertragenen Sinne wie bei Salvador Dalí immer und immer wieder neu übermalt und noch prägnanter auf die Leinwand gebracht werden kann. Viele seiner bekanntesten Bilder wie „Die Versuchung des heiligen Antonius" (1946) oder „Der Christus des Hl. Johannes vom Kreuz" (1951) entstanden in intensiven rund einjährigen Schaffensprozessen. Und auch wenn Lessing oder Mozart für einige ihrer besten Werke recht zügig gewesen sein sollen (in Wochen und Monaten gerechnet), so war der Schaffensprozess doch sehr tiefgreifend und von zahlreichen Korrekturen und Versionen der Überarbeitung gekennzeichnet.

Im Führungskontext stehen diese Zeit und Muße für Perfektion eigentlich selten zur Verfügung. Und um es im WWW zu formulieren: Perfektion darf, wenn überhaupt, nur der Anspruch bei Wesentlichem sein. Jegliche Perfektion bei Wünschenswertem und auch Wichtigem bindet wertvolle Ressourcen, die in Wesentliches investiert werden sollten. Wir verzetteln uns dann in den Details an den falschen Stellen. Kennst Du nicht auch so manches perfekt gestaltete Formular, eine im Detail ausgestaltete oder gar in VBA programmierte Exceldatei, mit der man auf Spatzen schießt? Oder fallen Dir andere „Kanonen" ein, mit denen alltägliche Kleinigkeiten angegangen und wertvolle Ressourcen vergeudet werden?

Pragmatismus

Der größte Feind eines angemessenen Anspruchs und einer guten Qualität ist der Pragmatismus. Doch auch dieser hat nicht nur eine Schatten-, sondern ähnlich wie der Perfektionismus ebenso eine Sonnenseite: er ist der Freund der Effizienz und des Abarbeitens.

Fällt Dir hierbei vielleicht die eine Kollegin ein, die durch ein pragmatisches Vorgehen mit weniger Überstunden auskommt und einen deutlich leereren Schreibtisch hat als Du?

Bestimmt hast Du schon einmal vom Pareto-Prinzip oder der 80–20-Regel gehört. Der italienische Ingenieur, Ökonom und Soziologe Vilfredo Federico Pareto stellte vor über 100 Jahren fest, dass um das Jahr 1900 herum rund 20 % der Bevölkerung 80 % des Grund und Bodens in Italien besaßen. Fasziniert von dieser Verteilung hat er in zahlreichen Themen und Fragestellungen immer wieder ähnliche Relationen entdeckt und daraus folgende Formulierung abgeleitet: „Ein Großteil der Effekte kommt von einem kleinen Teil der Ursachen." Richard Koch hat als ehemaliger Management- und Strategieberater diese Regel weiter interpretiert und deren Gültigkeit auch in heutigen Zeiten für den Bereich der Wirtschaft nachvollziehbar begründet.[4] Und auch wenn die Relation 80/20 nicht immer stimmt, steckt für uns in diesem Prinzip eine wichtige Chance: Überall dort, wo wir mit einem pragmatischen Ergebnis leben können, können wir den Einsatz von Ressourcen deutlich reduzieren.

Wenn jedoch im entscheidenden Moment etwas nicht funktioniert, die Qualität nicht ausreicht oder Kunden unzufrieden zurückbleiben, weil ihre Erwartungen nicht erfüllt wurden, hat die Schattenseite des Pragmatismus zugeschlagen. Dann hätte wahrscheinlich genau an diesen Punkten mehr Aufmerksamkeit, Zeit und Geld in die Optimierung gesteckt und eine höhere Qualität geliefert werden müssen. 80 % sind eben an einigen Stellen nicht ausreichend, egal wir pragmatisch und zeitsparend diese zu erreichen sind.

Im Alltag einer Führungskraft stehen die Verantwortung für gute Ergebnisse und ein Anspruch an Qualität und Nachhaltigkeit einem ungezügelten Pragmatismus deutlich entgegen. Im WWW ausgedrückt,

---

[4] Vgl. Richard Koch (2015): Das 80/20-Prinzip.

bedeutet dies: Pragmatismus hat bei den wirklich wesentlichen Aspekten selten etwas verloren. Jegliche Form einer zu starken Vereinfachung beim Wesentlichen gefährdet die Wirksamkeit und Zielerreichung und – langfristig gedacht – sogar die Lebensfähigkeit einer Organisation. Dann läuft man gemeinsam Gefahr, Wesentliches als bearbeitet und erledigt anzusehen, obwohl durch zu oberflächliches, wenig reflektiertes oder zu wenig werteorientiertes Vorgehen notwendige Wirkungen ausbleiben.

Und gleichzeitig gilt: Eine pragmatische Umsetzung des Wünschenswerten und Wichtigen sichert ausreichende Grundlagen für das Wesentliche.

Neben dem „Ob?" auch das „Wie?"

Das WWW gibt uns somit nicht nur Hinweise, ob etwas zu tun ist, und, wenn ja, in welcher Reihenfolge, sondern auch „wie" es umgesetzt werden sollte. Im Spannungsfeld von Perfektionismus und Pragmatismus gibt es keine Standardantwort als Orientierung für verantwortungsvolles Führen. Doch die drei Ws zeigen auf, wo und bei welchen Aspekten welcher Pol eher Berechtigung hat. Es wird möglich, Qualitäten und Niveaus der Bearbeitung und Erledigung zu unterscheiden:

> **Bearbeitungsniveaus**
> **Wesentliches** ist nicht unbedingt in Perfektion, jedoch in sehr guter Qualität zu erledigen.
> **Wichtiges** ist in ausreichender Qualität zu gewährleisten und im Zweifel pragmatisch anzugehen, bevor es unerledigt bleibt.
> **Wünschenswertes** ist pragmatisch zu bearbeiten und Perfektion ist hier auf jeden Fall zu vermeiden.

Auch in dieser einfachen Zuordnung steckt eine klärende Kraft. Selbst wenn Prioritäten geklärt, Ressourcen zugeordnet und Verantwortlichkeiten definiert sind, bleibt die entscheidende Frage der Qualität oft unbeantwortet. Der aus dem Lateinischen ins Deutsche aufgenommene Begriff Qualität bedeutet „Beschaffenheit, Eigenschaft" und sagt zunächst nichts über die Güte aus. Die Beschaffenheit kann als „gut" oder „schlecht", „unzureichend" oder „ausgezeichnet" wahrgenommen werden. Im betrieblichen Alltag wird Qualität unserer Erfahrung nach fast automatisch mit hoher Qualität gleichgesetzt. Der Satz *„Wir müssen auf die Qualität achten!"* wird fast ausschließlich verwendet, wenn etwas verbessert, abgesichert oder weiterentwickelt werden soll. *„Wir müssen auf die Qualität achten!"* könnte jedoch auch eine berechtigte Formulierung sein, wenn bei Wünschenswertem zu viel investiert, overengineered gearbeitet oder Zeit verschwendet wird. Die Zuordnung im WWW bietet somit auch Orientierung zur angestrebten Qualität der Ergebnisse – für Dich persönlich, in Deinem Team und in Deiner Organisation. Diese Zuordnung ermöglicht eine Kongruenz zu den Vorstellungen, „wie" etwas erledigt oder bearbeitet werden soll. Es mag vielleicht Ausnahmen geben, bei denen auch Wichtiges in voller Perfektion zu bearbeiten ist, doch dann kann dies abgestimmt und vereinbart werden. Wenn nichts Gegenteiliges festgelegt wird, schlagen wir diese Grundzuordnung vor. Wir sind überzeugt, sie sichert Orientierung und bietet Klarheit – allen Beteiligten.

Nichtstun

Mit allen unseren Überlegungen zum „Zeitkuchen", den Investitionsregeln und auch den unterschiedlichen Qualitätsniveaus wollen wir nicht den Trend zur Selbstoptimierung befeuern oder die Vorstellung nähren, dass mit mehr Druck bei Führungskräften und Mitarbeitenden immer mehr aus den bestehenden Ressourcen „herauszuquetschen" ist. Uns geht es darum, Ressourcen verantwortungsvoller, wertschätzender und gezielter für den Nutzen der Menschen einzusetzen, damit weniger Überstunden bei Mitarbeitenden entstehen, deren Gesundheit erhalten und ihre Zufriedenheit idealerweise gefördert werden kann. Bei vielen Unternehmen erleben wir, dass die tatsächlich eingesetzten Ressourcen formal überhaupt nicht abgebildet werden oder auftauchen: Da sprechen Führungskräfte von einer Art ehrenamtlichem Engagement, bei dem sie private Zeit investieren, um all jenes, was während der Arbeitszeit nicht erledigt werden konnte, zu bearbeiten (und dies passiert nicht nur in Sozialorganisationen). Oder es werden vorhandene Überstunden von Unternehmen einfach gestrichen oder nicht einzuhaltende Pausenzeiten hingenommen.

Natürlich sind wir Realisten und wissen, dass es Phasen geben kann, in denen von Führungskräften und anderen Schlüsselpersonen mehr gefordert ist, als die im Vertrag vereinbarte Arbeitszeit. Wenn jedoch die Schwächen der Organisation und unzureichende Ausstattung mit Personal, Zeit und Geld durch die vorhandenen Mitarbeitenden systematisch und dauerhaft ausgeglichen werden sollen, möchten wir mit unseren Überlegungen und Denkwerkzeugen nicht dazu beitragen. Uns ist zudem bewusst, dass die Effekte unserer Vorschläge wahrscheinlich begrenzt sind und in ausbeuterischen Arbeitsverhältnissen sicher nichts bewirken würden.

An dieser Stelle möchten wir diesen Aspekt sogar – provozierend – verschärfen: Im Arbeitsalltag muss auch Zeit sein zum Nichtstun. Ein Stück vom „Stundenkuchen" sollte auch in Deiner persönlichen Zeitübersicht den Vermerk „Pausen und Nichtstun" haben. Damit meinen wir nicht die Pausen, die zwar gesetzlich vorgeschrieben sind, aber außerhalb der Arbeitszeit liegen bzw. nicht angerechnet werden. Diese Arbeitsunterbrechungen sind natürlich so gut wie möglich einzuhalten. Doch wir gehen noch weiter: Auch innerhalb der Arbeitszeiten braucht es hin und wieder Abstand und „frische Luft", um unter dem Strich wirklich produktiv sein zu können. Es klingt vielleicht paradox, aber der inzwischen emeritierte Hamburger Sozialökonom Alfred Oppolzer stellt beispielsweise in seinem Forschungsbericht „Menschengerechte Gestaltung der Arbeit durch Erholzeiten" aus dem Jahr 2006 nicht nur nachvollziehbar fest, dass Kurzpausen menschengerechteres Arbeiten ermöglichen, sondern belegt auch, dass kurze Unterbrechungen die Ergebnisse und Leistungen von Mitarbeitenden verbessern und Unfallrisiken reduzieren[5]. Schlussendlich steigt also die Produktivität durch ein angemessenes Maß an Pausen innerhalb der Arbeitszeit. Wer also meint, es gäbe keine Zeit für Pausen und solche „Unproduktivitäten" seien zu streichen, ist auf dem Holzweg. Pausen sind wesentlich, um mehr zu schaffen. Pausen müssen Priorität haben!

Alfred Oppolzer und andere Forscher empfehlen, alle 60 bis 90 min wenige Augenblicke Abstand von der Arbeit zu nehmen, etwas ganz anderes zu tun und kurz innezuhalten. Versuche einmal, solche Kurzpausen im Alltag einzubauen, und schaue, was passiert.

Handlungs- und Denkanstöße

> **So kannst Du heute den Impuls in Deinem Führungsalltag umsetzen**
> 1. Überlege für Dich, wo Du eine Tendenz zum Perfektionismus hast. Reflektiere: Wo ist dies berechtigt? Wo eher nicht?
> 2. Überlege für Dich, wo Du eine Tendenz zum Pragmatismus hast. Reflektiere: Wo ist dies berechtigt? Wo eher nicht?
> 3. Lege für Dich fest, wie viele Pausen Du im Alltag einplanen willst und welche Anteile Du von Deinem „Stundenkuchen" dafür reservierst.

---

[5] Alfred Oppolzer (2006): Menschengerechte Gestaltung der Arbeit durch Erholzeiten – Abschlussbericht. Studie im Auftrag der Hans-Böckler-Stiftung, S. 3.

Tag 40

Ohne einen persönlichen Maßstab geht es nicht

> **Fragen**
> Konntest Du Deinen „Stundenkuchen" neu portionieren? Haben inzwischen auch Pausen darin Platz gefunden?

Seit dem ersten Tag dieser abschließenden Woche beschäftigen wir uns aus unterschiedlichen Perspektiven mit der Frage, an welchem Maßstab wir Priorisierungsentscheidungen ausrichten können, egal ob für Einzelpersonen, Teams oder ganze Organisationen. Bisher haben wir uns mit dem Nutzen beholfen und diesen mithilfe des WWW weiter aufgefächert. Zusammen mit den Überlegungen zu produktiven Kurzpausen sind dies hoffentlich für Deinen Alltag förderliche Gedanken, die Dir helfen, den Fokus besser zu wahren, mit Deinen Kräften mehr zu erreichen oder im Team gemeinsame Prioritäten erfolgreicher umzusetzen.

Doch wenn wir für menschenfreundliches Führen und dem Wesen des Menschen entsprechendes Arbeiten einstehen, kann es nicht alleine bei dieser eher unpersönlich-organisationalen Sicht bleiben. Natürlich sind es Menschen, für die Nutzen entstehen soll, doch was ist mit Dir und Deinen Kolleginnen? Bei guten Nutzenüberlegungen wird zwar individuell hingeschaut und hoffentlich auch über einzelne Kunden, Leistungsempfänger und Personen exemplarisch reflektiert, doch wo finden sich die Wünsche, Erwartungen, Werte, Vorstellungen und Bedürfnisse derjenigen Menschen, die durch ihre Arbeit und Leistungen den Nutzen für andere erst ermöglichen? Wir glauben, es ist wichtig, neben die Organisationsperspektive eine ganz persönliche Sicht zu stellen. Es ist essenziell, sich im Beruf auch in den Dienst der Aufgabe, der Organisation und schlussendlich der Menschen zu stellen – doch sollte sich dabei niemand selbst vergessen. Sätze wie *„Das ist doch nur meine Arbeit!"*, *„Leben beginnt mit dem Feierabend."*, *„Ich arbeite nur für mein Gehalt."* oder *„Meine Kraft und mein Engagement stecke ich lieber in unseren Sportverein."* sind für uns Hinweise, dass sich Menschen bei ihrer Arbeit ein Stück weit „abschalten". Dann scheinen sie nur noch zu funktionieren, ohne Freude und oft mit schwindendem persönlichen Bezug zur Tätigkeit. Bei einer durchschnittlichen Lebensarbeitszeit von rund 40 Jahren[6] mit insgesamt mehreren 10.000 h Arbeitszeit scheint uns die Arbeitszeit einen zu großen Raum einzunehmen, um dabei nicht auch nach sich selbst zu sehen. Wir schlagen daher vor, den Nutzenüberlegungen einen ganz eigenen Kompass dazuzustellen. Dieser ergänzt vielleicht nahtlos die bisherigen WWW-Überlegungen, kann an der ein oder anderen Stelle vielleicht aber auch ein Spannungsfeld hervorrufen.

Persönlicher Kompass

In der ersten Woche haben wir Deine Überzeugungen reflektiert: Welche Glaubenssätze prägen Dich, welche Werte sind deren Fundament und was ist Dir ganz allgemein wichtig? Die damit verbundene Frage der Passung, ob diese Überzeugungen kompatibel sind zu den Vorstellungen in Deinem Team und zur Identität des Unternehmens, in dem Du beschäftigt bist ist, haben wir dann auch nochmals bei den Gedanken zur Erneuerung in Woche 4 aufgegriffen. Hier sind wir so weit gegangen, die Grundsatzfrage zu formulieren: Bist Du dort richtig, wo Du aktuell aktiv bist? Wenn wir in einer für uns nicht passenden Umgebung arbeiten, ist ein „Ausschalten" nachvollziehbar. Und vielleicht erscheint dieser Rückzug auch als geeigneter Weg, um mit den täglich erlebten Widersprüchen besser umgehen zu können – nach dem Motto *„Ich erledige das Notwendige und das war's.".*

Wir sind davon überzeugt, dass es eine Alternative zu diesem Rückzug geben kann, sicher keine einfache, aber eine wertvolle: Haben wir den Mut, uns mit unseren Idealen, Gefühlen und Vorstellungen im Alltag zu zeigen, können wir Einfluss auf die Ausrichtung der eigenen Stelle, auf die Formen und Inhalte der Zusammenarbeit im Team sowie

---

[6] Lebensarbeitszeit in Deutschland nach Geschlecht 2022 https://de.statista.com/statistik/daten/studie/827899/umfrage/lebensarbeitszeit-in-deutschland-nach-geschlecht/. Zugegriffen: 13. Mai 2023.

auf die Ausgestaltung von Organisationen nehmen. Vielleicht sogar in einem Ausmaß, sodass manches deutlich besser zusammenpasst und mehr Erfüllung und Zufriedenheit möglich werden als bisher. Dies setzt voraus, dass wir nicht nur ein vages Gefühl haben, was für uns nicht passend erscheint, sondern wir als allererstes für uns selbst klären und beschreiben können, was uns wichtig ist.

Gerne möchten wir für eine solche Selbstreflexion einen persönlichen Kompass vorschlagen. Ähnlich, wie die Himmelsrichtungen uns bei einer Wanderung Orientierung bieten und die Kompassnadel uns hilft, uns auszurichten, sollte uns der persönliche Kompass helfen, eigene gute Wege zu finden und in den Momenten der Orientierungslosigkeit wieder Klarheit zu gewinnen.

Denke einmal nach, was **Dir** persönlich besonders wichtig ist, was Dir am Herzen liegt und wofür Du Dich ganz engagiert einsetzen möchtest. „Ehrlichkeit", „Wertschätzung", „Freundlichkeit" oder „Zuverlässigkeit" und „Gerechtigkeit". Hier gibt es kein Richtig oder Falsch, kein Besser oder Schlechter. Du kannst hier Werte oder auch aktuelle Themen sammeln. Vielleicht möchtest Du auch Personen, konkrete Dienstleistungen oder Produkte des Unternehmens nennen. Hier braucht es nach unserer Erfahrung keine konzeptionellen Vorgaben und inhaltlich können die Aspekte auf sehr unterschiedlichen Ebenen zu Hause sein – völlig egal. Wichtig ist nur, dass Du zu allen diesen Aspekten mit einem guten und stimmigen Gefühl Sätze formulieren kannst.

> **Wichtig**
>
> „In meinem Wirken und Tun liegt mir besonders am Herzen …"
> oder
> „Wenn ich frei von allen anderen Zwängen bei uns entscheiden könnte, dann würde ich liebend gerne …"
> oder
> „Wenn ich mir von Herzen etwas wünschen könnte, wäre dies für mich …"

Male eine Windrose mit vier größeren und vier dazwischenliegenden kleineren Spitzen auf ein Blatt (oder nutze unsere Kompass-Vorlage auf www.fuehredochdu.de). Halte Deine Stichworte, mit denen Du solche Sätze ehrlich formulieren könntest, fest. Vielleicht sind Dir dabei einzelne Aspekte besonders wichtig, die Du den größeren Spitzen als Deinen wichtigsten „Himmelsrichtungen" zuordnen kannst. Wie sieht Dein Kompass aus? Entsteht ein für Dich stimmiges Bild?

Eine Kompassnadel richtet sich im Magnetfeld der Erde zwischen den beiden Polen „Nord" und „Süd" verlässlich aus. „Anziehung" und „Abstoßung" führen zu einer stabilen Klarheit und lassen die Nadel auch nach Erschütterung oder anderen Störungen immer wieder in die gleiche Position zurückfinden. Im übertragenen Sinne schlagen wir im nächsten Schritt vor, in einer anderen Farbe neben die Herzenswünsche zu schreiben, was Du auf gar keinen Fall möchtest. Gibt es Dinge, die Du mit aller Kraft verhindern möchtest oder deren Wirken Du möglichst nicht erleben willst? Vielleicht fällt es Dir schwer, hier auch „negativ" zu denken und Du würdest lieber bei den Positivpunkten bleiben. Doch es ist etwas anderes, sich vor ein Team zu stellen und zu sagen: *„In meinem Wirken und Tun liegt es mir sehr am Herzen, gute Arbeitsbedingungen für alle Mitarbeitenden, Kolleginnen und Kollegen zu sichern."* oder ob ich auch eine zusätzliche klare Grenze hierzu beschreibe: *„Wenn ich aktuell auf Eure Überstunden, Doppelschichten und die Anzahl der Sonderschichten schaue, bereitet mir dies wirklich Schmerzen. Mir liegt es sehr am Herzen, leistbare Arbeitspakete zu schnüren, Überstunden zu reduzieren und die Entstehung neuer Überstunden engagiert zu verhindern."* Es geht uns also nicht darum, eine Negativbrille aufzusetzen, sondern zusätzliche Klarheit und Motivation durch eine eindeutige Abgrenzung zu finden. So verstärkt zumindest für uns der Satz „Nein zu Sexismus am Arbeitsplatz" die Aussage: „Wir engagieren uns für Gleichberechtigung" oder die Formulierung „Wir wollen mit aller Kraft eine Erderwärmung über 1,5 Grad verhindern!" die Botschaft „Wir setzen uns für ein gutes Klima in der Zukunft ein!". Wir laden Dich in diesem Verständnis ein, solche Abgrenzungen für Dich zu finden. Schaue auch hier, ob Du Sätze formulieren und mit voller Überzeugung aussprechen kannst.

> **Wichtig**
>
> „In meinem Wirken und Tun möchte ich mit aller Kraft verhindern, dass …"

> *oder*
> „Wenn ich frei von allen anderen Zwängen bei uns entscheiden könnte, dann würde ich mit aller Kraft ausschließen ..."
> *oder*
> „Wenn mir im Herzen etwas wirklich Schmerzen bereitet, ist dies für mich ..."

Es mag sein, dass nun Aspekte vertreten sind, die genau das Gegenteil Deiner positiven Hauptrichtungen sind. So könnte etwas als zutiefst ungerecht Erlebtes Schmerzen bereiten und einer der größten Herzenswünsche „Gerechtigkeit" sein. Doch vielleicht hast Du etwas ganz anderes für Dich herausarbeiten und festhalten können. Auch hier gibt es kein methodisch Richtig oder Falsch. Für uns ist relevant, dass sich Dein immer ausdifferenzierter Kompass für Dich gut und stimmig anfühlt. Wenn Dir dies gelingt, kann dieser Kompass etwas sehr Wertvolles sein. Passe gut auf ihn auf, pflege ihn und schaue ab und zu, ob es etwas zu aktualisieren gibt. Lege Deinen Kompass an einen festen Platz oder schiebe ihn in Deinen Kalender. Kurz: Finde einen Ort, wo Du verlässlich auf ihn zurückgreifen kannst. Denn ähnlich wie ein Kompass, der bei einer langen Wanderung im Rucksack dabei sein sollte und nicht in der Schublade zu Hause vergessen wird, kann auch dieser persönliche Kompass Dir nur dann Orientierung bieten, wenn Du ihn in Zeiten der Unsicherheit und verlorener Orientierung auch nutzen kannst.

Kraft nach außen

Was denkst Du über Deinen persönlichen Kompass? Wie fühlt es sich an? Wird er eine wichtige Orientierungsgröße für Dich sein? Wenn ja, entsteht wahrscheinlich immer mehr innere Klarheit und dies ist aus unserer Sicht die zentrale Voraussetzung, um dann auch Kraft nach außen zu entwickeln. Wer klare innere Positionen hat, kann seine Vorstellungen im Team besser und kraftvoller vortragen oder kann in Konflikten innerhalb einer Organisation seine Ansichten überzeugender vertreten. Der innere Kompass kann somit ein Instrument sein, das Dich nicht nur vor dem Abschalten im Job bewahrt. Er „schaltet" Dich vielleicht in der Wirkung nach außen sogar erst richtig „an". Du hast ein Recht für Dich einzustehen und eigene Vorstellungen vorzutragen. Und wenn diese Vorstellungen nicht primär eigensinnige und egoistische Ziele verfolgen, werden sie auch dazu beitragen, die gemeinsame Ausrichtung des Teams oder der Organisation weiterzuentwickeln und zu verbessern.

Wir glauben, dass es genau aus diesem Grund eine Kultur des Streitens in Teams und Organisationen braucht. Wir wünschen uns reflektierte Menschen, die sich durch den Blick nach innen ihrer eigenen Herzenswünsche bewusst sind und dafür bereit sind, zu „kämpfen". Konflikte sind wichtig und gut. Konstruktiv ausgetragen, helfen sie aus den unterschiedlichen Perspektiven und individuellen Vorstellungen etwas Gemeinsames, Kraftvolleres zu destillieren. Sie schaffen die so wichtige Klarheit für gemeinsame gangbare Wege. Destruktiv ausgetragen, im Untergrund schwellend oder gar unentdeckt, schwächen Konflikte Menschen, Teams und Organisationen. Die Investition in konstruktive Diskussions-, Streit- und Klärungszeit ist sinnvoll und wird erfahrungsgemäß durch eine engagiertere, konfliktfreiere und fokussierte Zusammenarbeit am Ende mehr als aufgewogen. Wenn Du den Mut findest, Deine Orientierungspunkte offen auszusprechen und dafür einzustehen, steigt die Wahrscheinlichkeit einer Passung. Nicht nur, weil Du Dich auf die Organisation zubewegst oder Dich auf das Team einlässt, sondern weil Du kraftvoll das Gemeinsame mitgestaltest. Von beiden Seiten findet Annäherung statt und Du prägst aktiv die Organisation (und deren Kultur) mit.

Spannungsfelder

Auch hier sind wir nicht naiv: Annäherung wird nicht überall möglich sein und Spannungsfelder werden bleiben. Sie sind Teil der Realität von Führungskräften und kennzeichnen unsere heutige vielschichtige, ja komplexe Welt. Es kann sein, dass etwas aus Nutzenperspektive absolut sinnvoll ist, doch mein persönlicher Kompass in eine völlig andere Richtung zeigt. Wirklich kraftvolle Prioritäten werden wir erst dann festlegen und im Alltag konsequent umsetzen können, wenn diese zumindest nicht im Widerspruch zu unseren ganz eigenen Orientierungspunkten stehen. Die überzeugendsten Ergebnisse im WWW erfahren wir daher immer dann, wenn die persönliche Dimension ebenso einfließt wie der Aspekt des Nutzens. Es kann sein, dass anfangs bereits die Nutzenüberlegungen beim Priorisieren herausfordernd sind und Teams an ihre Grenzen bringen. Doch früher oder später sollten die Kompasse möglichst vieler Menschen in die Diskussion einfließen. Und auch bei Deinen persönlichen Soll-Zeiten im „Zeitkuchen" sollten Deine Herzensaspekte Berücksichtigung finden. Erst dann wird es „menschlich" und „nahbar" für Dich und die anderen. Das WWW wirkt auf den ersten Blick vielleicht technisch und doch ist es eine einfache, gut verständliche Methode genau für eine solche Form der Prioritätendiskussion. Mark Forster singt in seinem Lied „Bauch und Kopf": „Bauch sagt zu Kopf ja, doch Kopf sagt zu Bauch nein. Und zwischen den beiden steh' ich"[7]. Gelingt es uns nicht, Verstand und Herz gleichermaßen zu berücksichtigen, entstehen schnell Patt-Situationen und wir wissen nicht weiter. Folgen wir Kopf oder Bauch, dem Herzen oder dem Verstand? Beides muss zusammenkommen. Und bei einem sind wir uns sicher: Ohne Herz wird es nicht gehen.

Handlungs- und Denkanstöße

So kannst Du heute den Impuls in Deinem Führungsalltag umsetzen

1. Male Deinen persönlichen Kompass auf Papier auf und halte Deine wichtigsten Orientierungspunkte als Himmelsrichtungen fest. Schreibe auch in einer anderen Farbe dazu, was Du auf keinen Fall willst.
2. Habe den Mut, in einer Besprechung etwas von Deinen persönlichen Orientierungsgrößen preiszugeben. Versuche, an einer geeigneten Stelle einen von Dir formulierten Herzenssatz auszusprechen. Schaue, was passiert.
3. Bitte blicke auf Deinen „Zeitkuchen". Prüfe, welche Schlussfolgerungen Du hierfür aus Deinen Herzenssätzen Deines Kompasses ziehst. Male zur Orientierung Deine (vorläufig) finalen Zeitbudgets im Soll auf.

---

[7] Mark Forster (2014): „Bauch und Kopf" aus dem Album „Bauch und Kopf".

Tag 41

Herz über Kopf

Für die Situationen, in denen Kopf und Bauch sich nicht einig sind, gibt der Sänger Joris seinem Kollegen Mark Forster diesen Rat: „Herz über Kopf"[8]! Gehen wir davon aus, dass in beiden Songs Bauch und Herz eher für das Gefühl, die emotionalen Aspekte und das Intuitive im Menschen stehen, geht Joris also einen Schritt weiter und setzt im Zweifel auf das Herz.

Wir haben Dir in den letzten Wochen zahlreiche Reflexionsfragen angeboten und Vorschläge für Deinen Arbeitsalltag gemacht. Bei der Beantwortung und Bearbeitung waren wahrscheinlich sowohl Deine Ratio als auch Deine Emotionen hilfreich. Vielleicht überwog bei der einen Frage mehr die Vernunft und bei einer weiteren Aufgabe mehr die Emotion. Aus unserer Sicht ist die Gewichtung bei manchen Impulsen klar: Wie willst Du tiefgründig über den Nutzen für Kundinnen nachdenken, ohne Dich in ihre Situation einzufühlen, wie über ein angemessenes Feedback grübeln, ohne das Gespür für Dein Gegenüber und wie willst Du Schwerpunkte setzen und engagiert umsetzen, wenn Dein Herz dagegen steht? Das Motto „Herz über Kopf" passt für uns zumindest in denjenigen Fällen, in denen Menschen auch bei kritischem Blick auf die eigenen Emotionen das Unbehagen nicht in den Griff bekommen – auch wenn die Überlegungen sachlich noch so gut abgewogen sind, oder wenn das Gefühl den sachlich erarbeiteten Ergebnissen so gar nicht zustimmen will oder wenn Menschen bei Vernunftentscheidungen innerlich sogleich nach Auswegen suchen, um die Entscheidung anders umzusetzen.

Wir möchten die Leistungen des Verstandes nicht schmälern und der Gefühlsduselei nicht zureden, doch wir haben inzwischen einfach zu oft erlebt, dass Menschen laut „Ja" sagen, aber mit dem Herzen nicht dabei sind und am Ende nichts erreicht wird. Wir sehen hier einen deutlichen Zusammenhang zwischen der Umsetzung auf der einen Seite und der fehlenden Berücksichtigung der Intuition und auch der Herzen

---

[8] Joris (2015): „Herz über Kopf" aus dem Album „Hoffnungslos hoffnungsvoll".

der Menschen im Augenblick der Entscheidung auf der anderen Seite. Gerade in Unternehmenskulturen, in denen es immer sachlich zugehen soll und das Gefühl als unprofessionell gilt, erleben wir entweder ein deutliches Gap zwischen dem Vereinbartem und dem tatsächlich Umgesetzten oder aber ziemlich viele „abgeschaltete" Kolleginnen und Kollegen, die sich innerlich zurückziehen. Ohne „Kopf" wird vieles unprofessionell, oberflächlich und naiv bleiben und wahrscheinlich wird man komplexen Anforderungen nicht oder nur selten gerecht werden können – doch ohne Emotion gibt es keine Motivation[9]. Aus unserer Erfahrung heraus rechnen wir inzwischen immer mit gedanklichen und gelebten Umwegen, alternativen Wegen und Auswegen, die Menschen für sich suchen – oder zumindest versuchen werden, zu gehen, wenn das Herz nicht zustimmt.

„Herz" bedeutet dabei nicht, dass nur „eitel Sonnenschein" herrscht und alles problemlos umzusetzen ist. Gerade wenn es schwierig wird, wenn Kompromisse gefunden werden und Nachteile einer Entscheidung in Kauf genommen werden müssen, wenn Konflikte mit anderen und Gegenwehr zu erwarten sind, braucht es einen starken persönlichen Kompass des Herzens. Umso schwieriger beispielsweise ein anstehender Veränderungspfad ist, desto wichtiger scheint uns das überzeugende Gefühl der Führungskräfte, dass dieser herausfordernde Weg „notwendig" ist. Ein für uns sehr eindrückliches Erlebnis in diesem Zusammenhang war ein großes Change-Projekt bei einem schwäbischen Mittelständler. Der grundlegende Umbau des Unternehmens war lange geplant und intensiv vorgedacht worden. Mit zahleichen Tools wurden Pläne erarbeitet und Entscheidungen vorbereitet. Es wurde enorm viel Geld, Zeit und Kraft investiert. Als die Umsetzung ins Stocken geriet und die Konflikte zunahmen, wandte sich der verantwortliche Projektleiter an uns. Wir schauten uns alles in Ruhe an und waren beeindruckt, wie akribisch die Unterlagen bearbeitet worden waren und wie ausführlich die Arbeitsergebnisse präsentiert wurden. So wurden unter anderem in einer zentralen Nutzwertanalyse die sieben, gemeinsam festgehaltenen, denkbaren Wege in die Zukunft des Unternehmens in 39 Kategorien bewertet und miteinander

---

[9] Vgl. Udo Rudolph (2013): Motivationspsychologie kompakt, S. 16.

verglichen. Auf unsere einfache Frage, ob der noch recht junge Projektverantwortliche denn wirklich an den Erfolg des eingeschlagenen Weges glaube, antwortete er: *"Ich war von Anfang an unsicher und hatte Sorge, dass wir den falschen Weg nehmen, doch wenn die Nutzwertanalyse in diese Richtung zeigt, muss es doch richtig sein."* Wären wir frühzeitiger eingebunden gewesen, wäre unser Rat ganz sicher gewesen: *"Schlagen Sie keinen Weg ein, für den Sie sich nicht auch aus vollem Herzen heraus entscheiden können!"*

KI und Chatbot[10]

Microsoft® hat mit ChatGPT im Jahr 2022 die rund um den Globus laufenden, vielfältigen Entwicklungsbemühungen im Bereich der Künstlichen Intelligenz in den Alltag von Otto Normalverbraucher gebracht. Nun kann jede und jeder mit Zugang zum Internet mit der Künstlichen Intelligenz aus dem Silicon Valley plaudern und mit einigen KI-Anwendungen sogar fiktive Bilder generieren oder Musik komponieren lassen. Datenmengen werden in Sekundenschnelle ausgewertet, Relationen blitzschnell geknüpft und bewertet – sogar Lernen ist möglich.

Auch wenn KI im Management von Unternehmen Einzug halten wird (und bereits sogar in einigen Organisationen Anwendung findet), wird die Kraft des Herzens bis auf Weiteres nicht digital zu ersetzen sein. Erst unsere Gefühle machen uns menschlich, als Führungskräfte und als Mitarbeitende. Dort, wo im digitalen Raum Durchschnitte, Mehrheiten und Verteilungen für den Erkenntnisgewinn genutzt werden, macht uns unser persönlicher Kompass als Individuum erkennbar und einzigartige Gedanken können entstehen. Diese Gedanken mögen manches Mal hinderlich oder gar gefährlich sein, aber im besten Fall entsteht daraus Außergewöhnliches und radikale, die Zukunft sichernde Innovationen. Neue Ideen sind schwer mathematisch zu berechnen oder durch Logarithmen herzuleiten. Auch wenn Maschinen Formen von eigener Kreativität entwickeln können, ist diese auf keinen Fall mit der Kreativität von Menschen zu vergleichen.

---

[10] KI = Künstliche Intelligenz, Chatbot = eine KI, die in der Lage ist, mit Menschen digital zu plaudern.

Doch noch viel wichtiger ist, dass der Mensch im Alltag Eigenschaften besitzt, die so schnell nicht von der Technik übernommen werden können. Wichtige soziale Aufgaben in unserer Gesellschaft, wie Babysitting, Pflege oder Kindererziehung[11], sind schwer reproduzierbar. Auch wenn KI-Experten wie Richard Socher davon ausgehen, dass etwa 80 % der menschlichen Tätigkeiten in jeder Branche durch Maschinen zu ersetzen sein werden,[12] bleiben nach unserer festen Überzeugung die Dinge unersetzbar, die zutiefst menschlich sind. Achten wir also gemeinsam darauf, dass Gefühle und Herzensüberzeugungen in der Führung erhalten und wertvoll bleiben. Führung ist keine mathematische Aufgabe, sondern ein komplexer, sozialer und wechselseitiger Prozess. Er setzt Gefühle voraus und sollte herzlich, menschengerecht und individuell ausgestaltet werden. Wer Menschenführung „kalkulierbar" ausgestalten möchte, stimmt einer Entmenschlichung zu. KI würde in diesem Fall noch mehr von uns übernehmen und weitere Führungsmacht auf sich (bzw. die programmierenden Personen) vereinen können.

Orientierung als Prüfstein

Wenn wir uns festlegen müssten, mit welchem Wort wir das Ergebnis von gelingender Führung benennen müssten, wäre dies: **Orientierung.** In Organisationen, in denen sich unterschiedlichste Menschen für die arbeitsteilige Erfüllung einer Aufgabe zusammenschließen, ist eine orientierende Kraft notwendig. Sie muss das Zusammenspiel sichern, Menschen unterstützen, tatsächlich an einem Strang zu ziehen, und helfen, Prioritäten gemeinsam umzusetzen. In diesem Sinn kann Orientierung als eine Art Prüfstein für jegliche Führungsaktivität genutzt werden: Entsteht durch meine Führung mehr Orientierung für Menschen (inklusive mir selbst)?

---

[11] Vgl. Richard Socher, zitiert in Jan Christoph Wiechmann et al.: Wie künstliche Intelligenz unsere Welt verändert, In: Stern, Nr. 12, 16.03.2023, S. 49.
[12] Vgl. ebd., S. 49.

Eine intensive Besprechung, die am Ende keine inhaltliche Klarheit bringt und das weitere Vorgehen im Unklaren lässt, schafft keine Orientierung und ist daher infrage zu stellen.

Eine Strategie, die in einem von externen Beratern begleiteten Diskussionsprozess sorgfältig und umfassend ausgearbeitet wurde, hat keinen Wert und Zweck, wenn sie im Alltag keine ernsthafte Orientierungskraft für Führungskräfte und Mitarbeitende entfaltet.

Ein Leitbild, welches sich zwar schön anhört und von allen Seiten Zustimmung erfährt, ist eine leere Hülle, wenn es sich im Alltag der Menschen als nicht hilfreich erweist, um in schwierigen Situationen besser zurechtzukommen.

> **Wichtig**
>
> Was immer Du tust oder in den Blick nimmst, am Ende muss für Dich und andere klarer sein, was jetzt warum und wie passiert oder passieren sollte. In den letzten Wochen haben wir Dir zahlreiche Anregungen gegeben, etwa:
>
> - Wie Du vorgehen kannst, wenn Du die Identität in Deinem Verantwortungsbereich oder Deiner Organisation klären und schärfen möchtest (Woche 1).
> - Wie Du Dich engagierst, um den Nutzen für die Menschen zu verbessern und den Eigennutzen für die Organisation zu sichern (Woche 2).
> - Wie Du gemeinsames Lernen, das Verbessern von Prozessen und das Optimieren ganzer Unternehmen ins Auge nimmst (Woche 3).
> - Auf welche Art Du notwendige Erneuerung anstoßen kannst und eine erfolgreiche Umsetzung von Veränderungsprojekten förderst (Woche 4).
> - Wie es möglich ist, Aufgaben zu bündeln und effiziente Unterstützung zu organisieren (Woche 5).
> - Wie es gelingen kann, wenn Du Orientierung unter anderem durch klare Prioritäten und einen persönlichen Kompass anstrebst (diese Woche).

Nutze den Prüfstein der Orientierung für Dich und überlege, wann für Dich zusätzliche Orientierung entsteht und wann nicht. Fordere von Deiner Vorgesetzten Orientierung ein oder erarbeite Dir eine eigene Idee und lasse Dir diese im Zweifel „absegnen". Doch auch für Deine Mitarbeitenden ist dieser Prüfstein wichtig: Wenn Du um Feedback bittest, frage nicht (zumindest nicht ausschließlich), ob etwas gefallen hat. Erkundige Dich, ob die Kolleginnen durch Deinen Vortrag mehr Orientierung gewonnen haben, ob Deine Entscheidungen im Alltag hilfreiche Wegweiser sind oder ob Deine Antworten nicht nur Fragen beantworten, sondern wirklich Klarheit und Ausrichtung ermöglichen.

Eine zweite Jokerfrage

Egal wie sehr Du Dich um Orientierung bemühst, wirst Du trotz WWW und persönlichem Kompass wahrscheinlich in mancher Situation orientierungslos bleiben. Wenn Du die Ausrichtung verloren hast, wirst Du niemandem die Richtung weisen können. Dann gilt es, in sich zu gehen, das Chaos zu ordnen und wieder eigene Klarheit zu gewinnen. Dafür möchten wir Dir als letzten Gedanken und letzten Anker – wenn auch unsere Jokerfrage der zweiten Woche und nichts anderes mehr hilft – eine weitere Jokerfrage mitgeben:

> Was würde mein Herz mir sagen, wenn es direkt zu mir sprechen könnte?

Stelle Dir diese Frage und schaue, was sich in Dir tut, was die Frage bei Dir auslöst. Suche die Antwort für Deinen nächsten sinnvollen Schritt nicht im Außen, sondern in Dir und Deinem Herzen. Wir sind sicher, dass Dein Herz mit einem liebevollen Blick auf Dich und andere einen hilfreichen Hinweis für Dich parat haben wird. Sorge in solchen Momenten für ein wenig Ruhe, schalte den Lärm des Alltags so gut es geht aus und versuche, die Stimmen der anderen ein wenig leiser zu drehen, damit Du die Stimme Deines Herzens hören kannst. Wenn es nötig sein sollte, kann es durchaus sein, dass Dein Herz Dir zu klaren, vielleicht auch harten Entscheidungen rät, – Unmenschlichkeit, der ausschließliche Fokus auf den eigenen Vorteil, Vorurteile oder das gezielte Abwerten anderer wird dabei aber sicher nicht zu finden sein. Wir sind überzeugt, dass eine menschengerechtere Führung für alle Beteiligten möglich wird, wenn wir insbesondere dann, wenn es „eng" wird, unserem Herzen eine Stimme geben.

Handlungs- und Denkanstöße

So kannst Du heute den Impuls in Deinem Führungsalltag umsetzen
1. Denke über die letzten Jahre nach: Hast Du einmal etwas gegen Deine Herzensüberzeugung getan, weil Du dachtest, es sei sachlich richtig? Oder, wenn nicht: Hast Du dies bereits bei anderen beobachten können? Was ist in der Folge von „Kopf über Herz" passiert?
2. Besorge Dir die aktuelle Strategie Deines Unternehmens oder lasse Dir diese von Deiner Vorgesetzten erklären. Reflektiere für Dich: Bietet mir diese Strategie persönlich wirklich Orientierung?
3. Stelle Dir in einer schwierigen Situation die zweite Jokerfrage: „Was würde mein Herz mir sagen, wenn es direkt zu mir sprechen könnte?" Schaue, was in und mit Dir passiert.

Tag 42 – Fotoimpuls

Wahre einen klaren Fokus!

Die Welt ist riesig, dynamisch und komplex.
　Beruflicher Erfolg setzt einen klaren Fokus und die Fähigkeit voraus, der „Verzetteleritis" zu widerstehen.

Foto: © Jo Herrmann (2019): tafel-blick, kapstadt
ausgestellt 2019 bis 2020.

Tag 43 – Dein Pausentag

Nachwort – Tag 44

Heute liest Du den letzten Impuls des Sechs-Wochen-Programms: Du hast es geschafft! Ein guter Zeitpunkt, um einen Abschluss zu zelebrieren. Nur zu gerne wären wir dabei!

Sechs Wochen lang hast Du Dich intensiv mit Deinem Führungsverhalten beschäftigt: Du hast Dir immer wieder Zeit genommen, um einiges zu lesen, über manches hast Du vielleicht gegrübelt und über so manches Thema hoffentlich gute Gespräche führen können. Über den ein oder anderen Impuls konnte Klarheit entstehen und Du konntest Dein Führungsverständnis weiterentwickeln. Am Ende einer solchen Zeit ist der Moment gekommen, um zu schauen, wo Du jetzt stehst:

> **Frage**
> Wenn Du heute zurückschaust: Was hat sich in den sechs Wochen in Dir gewandelt?

Unser Anliegen war es, Dich ein Stück auf Deinem Führungsweg zu begleiten und Deinen Blick zu schärfen, Dir Impulse zu geben und

Dich einzuladen, mit anderem Blick auf Themen, auf Dein Unternehmen, auf Menschen und vor allem auch auf Dich selbst zu schauen. Ziel war es, Deine Bereitschaft und Kompetenz zu entwickeln, Deinen persönlichen Kompass mehr und mehr zu erforschen. Unsere Hoffnung ist, dass in dieser Zeit der intensiven Auseinandersetzung die Stimme in Dir immer lauter geworden ist, die zu Dir spricht und sagt: *„Führe doch Du!"* Eine Stimme, die Dich unabhängig von Hierarchie, Alter, Erfahrung oder Dienstgrad freundlich und bestimmt ermutigt, Verantwortung zu übernehmen und in Führung zu gehen. Nur so kannst Du Dein Leben selbst geführt gestalten und Unternehmen wirksam unterstützen, eine menschlichere und verantwortungsvollere Zukunft zu bauen.

Führung setzt für uns die Bereitschaft voraus, sich stetig mit sich selbst auseinanderzusetzen und sich der eigenen Entwicklung zu stellen. Vielleicht nimmst Du das Buch im nächsten Jahr wieder zur Hand, um den Weg der Führungsübung fortzusetzen. Auf den folgenden Seiten findest Du eine Übersicht über alle Handlungs- und Denkanstöße in diesem Buch. Wenn Du dort die Anregungen markierst, die Du in den vergangenen Wochen genutzt hast, bleiben noch viele für weitere Übungswochen übrig. Ein Stellenwechsel oder ein Karriereschritt sind wunderbare Gelegenheiten, neu zu beginnen. Wir sind sicher, dass Du in dem veränderten Kontext viele neue Erkenntnisse gewinnen wirst.

Wir selbst haben für uns schon ein Datum gesetzt, an dem wir das Buch erneut durcharbeiten werden. Denn auch wir möchten uns weiterentwickeln, erinnern uns gegenseitig daran, doch selbst zu führen, und nutzen viele unserer Impulse nicht nur in Seminaren und Coachings, sondern auch für uns selbst.

Dein Führungsweg geht weiter und unser gemeinsamer Weg endet hier. Wir sind dankbar, dass wir Dich auf Deiner Entwicklungsreise durch so viele Themen begleiten durften. Dir wünschen wir für Deinen Führungsalltag von Herzen alles Gute und viel Erfolg – und den Mut mit Freude auf die Stimme zu hören, die Dir zuruft:

Führe doch Du!
Deine
Margarete und Sven

Dank

Margarete:	„Ich bin so dankbar, dass wir dieses Buch gemeinsam schreiben konnten!"
Sven:	„So viele hochkompetente Führungskräfte durften wir begleiten und von ihnen lernen. Ich freue mich sehr, dass wir deren Kompetenz und Erfahrung verbunden mit unserer Erfahrung nun bündeln und so weitergeben können."
Margarete:	„Und wenn dann diese Impulse wiederum weitergegeben werden, würde sich unser Wunsch erfüllen, dadurch Wegbegleiter für viele zu sein. Ich bin sehr froh, dass auch wir bei diesem Buch wundervolle Wegbegleiter hatten."
Sven:	„Ja, dass das neben den Beratungsaufträgen, dem ganz normalen Familienwahnsinn, zahlreichen Projekten und ehrenamtlichem Engagement geglückt ist, verdanken wir vielen liebevollen und kompetenten Menschen an unserer Seite!"
Margarete:	„Ich denke da an all die Freunde und Partner, die uns bei diesem Projekt unterstützt haben – sei es durch meine „Schreibstube" oder ein Gespräch, sei es durch das kritische Hinterfra-

gen oder einen Gedanken, der mich inspiriert hat. Es tat unglaublich gut, immer wieder ermutigt zu werden, vor allem aber zu wissen, sie alle sind verbunden: Ich bin wirklich dankbar, dass diese Menschen für uns da sind!"

Sven: „Ich freue mich besonders, dass Jo bereit war, diese wunderbaren Bilder für das Buch zur Verfügung zu stellen. Sie inspirieren uns und begleiten uns inzwischen auch im Beratungsalltag. Und dass Michael uns so kompetent unterstützt hat, die Buchidee in die Verlagssprache zu übersetzen und einen passenden Verlag für uns zu finden."

Margarete: „Mich hat besonders gefreut, dass wir Alina als Lektorin für unser Buch gewinnen konnten. Es ist eine wunderbare Erfahrung, beim Schreiben von einer Lektorin so liebevoll und kompetent unterstützt zu sein. Und natürlich denke ich auch an Frau Wiegmann vom Springer-Gabler Verlag, die uns immer unterstützend zur Seite stand."

Sven: „Und am intensivsten haben doch unsere Familien den Entstehungsprozess begleitet. An euch, Corinna, Noah, Milo und Momo, vielen Dank für eure Geduld, Nachsicht, Ermutigung und den Raum zum Schreiben."

Margarete: „Das ist wahr, auch ich bin in ganz besonderer Weise meiner Familie mit Carlotta, Johanna und Markus von Herzen dankbar: Ihr wisst am besten wofür!"

Ohne euch alle wäre es nicht gelungen: Wir sind sehr dankbar!

Übersicht Handlungs- und Denkanstöße

In Tab. 1 findest Du alle Handlungs- und Denkanstöße dieses Buches in chronologischer Reihenfolge auf einen Blick. Unsere Empfehlung ist, täglich einen der drei „Tagesanstöße" auszuwählen. Nutze die Möglichkeit, die bereits im Alltag umgesetzten Handlungs- und Denkanstöße im Status zu markieren, damit Du bei einem zweiten oder dritten Durchgang der 44 Impulse schnell erkennen kannst, welche Du bereits erprobt hast.

Tab. 1 Übersicht Handlungs- und Denkanstöße

Nr.	Handlungs- bzw. Denkanstoß	Tag	Status
	Einleitung und Vorbereitung		
1	Besorge Dir bitte ein stabiles und robustes Notizbuch, welches Du ausschließlich für Dein Sechs-Wochen-Programm nutzen wirst.	1	
2	Bitte mache Dir Gedanken, zu welcher Tageszeit Du am besten zum Lesen und Reflektieren der Führungsimpulse kommst und plane diese „Verabredung" möglichst konsequent in den nächsten Wochen ein. Vielleicht kannst Du diese Termine in Deinem digitalen Kalender hinterlegen?	1	
3	Entscheide, ob Du jetzt gut mit dem Programm starten und dieses auch konsequent durchhalten kannst, oder ob es in ein paar Wochen einen besseren Einstiegszeitpunkt gäbe.	1	
	Woche 1: Thema Identität		
4	Was kannst Du besonders gut? Welche Teile Deiner Identität (Glauben, Haben, Tun) kannst Du an Deinem derzeitigen beruflichen Platz leben?	2	
5	Welche Eigenschaften haben Dir dabei geholfen, Erfolge zu erzielen – ob beruflich oder in anderen Bereichen? Leite aus Deinen Beiträgen zu Erfolgen Deine persönlichen Erfolgsfaktoren ab.	2	
6	Was sind die wesentlichen Veränderungen, die Du bei Deiner Position und in Deinem Umfeld wahrnimmst, seit Du die Stelle angetreten hast? Wie hoch ist heute die Passung?	2	
7	Gib heute einem Mitarbeiter oder einer Kollegin Feedback. Bereite das Feedback vor und orientiere Dich an der beschriebenen Vorgehensweise. Wie wird das Feedback angenommen?	3	
8	Du hast heute oder in den letzten Tagen etwas vorgetragen, eine Aufgabe erledigt oder intensiv mit anderen zusammengearbeitet. Bitte eine Person Deines Vertrauens um Feedback, bedanke Dich und beobachte, wie Du mit der Rückmeldung umgehst.	3	
9	Wie ist die Feedbackkultur in Deinem Verantwortungsbereich? Was müsste passieren, damit sich die Feedbackkultur spürbar verbessert?	3	
10	Was ist aus Deiner Sicht der Beitrag, den Dein Team zum Erfolg des Unternehmens leistet? Wie gut ist dieser Zweck allen Mitgliedern des Teams bekannt?	4	

(Fortsetzung)

Tab. 1 (Fortsetzung)

Nr.	Handlungs- bzw. Denkanstoß	Tag	Status
11	Achte bei der nächsten Teambesprechung besonders darauf, inwieweit der Zweck des Teams verfolgt wird und thematisiere ggf. die Ausrichtung.	4	
12	Wer aus Deinem Team leistet welchen Beitrag? Gibt es darüber hinaus Fähigkeiten und Kompetenzen in Deinem Team, die (in anderer Weise) für die Zweckerfüllung genutzt werden könnten?	4	
13	Welche Glaubenssätze schätzt Du in Deinem Unternehmen am meisten? Unterhalte Dich mit jemandem, der schon lange im Unternehmen arbeitet, und mit einer Person, die erst kürzlich ins Unternehmen gekommen ist.	5	
14	Wo erlebst Du Verbundenheit mit dem Unternehmen und wo fehlt sie Dir am meisten? Was glaubst Du, woran es liegt?	5	
15	Welche unausgesprochenen Glaubenssätze lebst Du selbst und welche kannst Du bei Deinen Mitarbeitenden beobachten? Welche Deiner eigenen Glaubenssätze möchtest Du noch authentischer leben?	5	
16	Tausche Dich mit einer vertrauten Kollegin in Deinem Unternehmen darüber aus, wie sie die Identität des Unternehmens wahrnimmt und welche Veränderungen sie besonders freuen oder stören.	6	
17	Wie viel Zeit hast Du Dir in dieser Woche für Dich selbst genommen? Plane schon heute „Zeiten für Dich" in der folgenden Woche ein.	6	
18	Mache einen 20-minütigen Spaziergang im Wald mit der Frage: Was mag ich an mir?	6	
	Woche 2: Thema Nutzen		
19	Bitte mache Dir Gedanken, welchen Nutzen Du wem stiftest. Bringe dies in möglichst einfachen Worten in maximal drei Sätzen auf den Punkt und halte sie für Dich fest.	9	
20	Nachdem Du die Sätze formuliert hast, suche das Gespräch zum Thema „Nutzen" mit ein, zwei Kollegen und Mitarbeiterinnen sowie (wenn möglich) mit Deiner Vorgesetzten. Erkundige Dich nach ihren Einschätzungen: Welchen Nutzen stiftest Du Deinen Gesprächspartnern und welchen dem Unternehmen als Ganzes?	9	

(Fortsetzung)

Tab. 1 (Fortsetzung)

Nr.	Handlungs- bzw. Denkanstoß	Tag	Status
21	Reflektiere nach den Gesprächen Deine drei Sätze. Schärfe Deine Formulierungen aufgrund der Rückmeldungen nochmals.	9	
22	Bitte schreibe die Jokerfrage auf einen Zettel, eine Karte oder in den Kalender, den Du im Alltag nutzt – so hast Du eine sichtbare Erinnerung. Sei mutig und wende die Frage immer wieder an. Wir empfehlen Dir, nach Möglichkeit den Moment und Kontext, in dem Du die Frage gestellt hast, zu notieren und die Reaktionen stichwortartig festzuhalten.	10	
23	Bitte bewerte, wie hoch die Übereinstimmung zwischen dem in Deinem Unternehmen angenommenen und dem von Dir tatsächlich vermuteten (oder im Kundengespräch erfahrenen) Kundennutzen ist. Wie groß ist die Schnittmenge (0 Prozent = wir arbeiten völlig am Kunden vorbei – 100 Prozent = wir wissen genau und fundiert, was unsere Kundinnen wollen)? Halte Deine Einschätzung fest.	10	
24	Reflektiere bitte nochmals Deine drei Sätze von gestern. Lasse diese vor dem Hintergrund der heutigen Überlegungen zur Kundenperspektive nochmals reifen.	10	
25	Bitte plane verbindlich einen nächsten Termin für ein Kundengespräch und trage diesen in Deinen Kalender ein. Vielleicht machst Du in Deinem digitalen Kalender direkt eine Serie daraus?	11	
26	Denke doch einmal über den Begriff Ehrlichkeit nach und überprüfe für Dich, welche Bedeutung Ehrlichkeit in Deinem Berufsalltag hat. Gelingt es Dir, stets ehrlich zu sein? Was hält Dich vielleicht auch davon ab? Hast Du den Mut, es anzusprechen, wenn Du in einer nächsten Besprechung etwas als unehrlich erlebst?	11	
27	Bitte schaue ein vorerst letztes Mal Deine drei Sätze von vorgestern an und unterziehe sie einem Realitätscheck. Haben die Sätze vor dem Hintergrund der zeitlichen Dynamik noch Bestand? Prüfe, ob Du nochmals „den Filter anlegst" und Aspekte, die Du nicht durchhalten kannst, von Deiner Essenz trennst.	11	

(Fortsetzung)

Tab. 1 (Fortsetzung)

Nr.	Handlungs- bzw. Denkanstoß	Tag	Status
28	Bitte sei heute Forscherin und analysiere, wo in Deinem Unternehmen um die Wahrheit gekämpft wird. Führe eine Strichliste. Für jeden Moment, in dem Du den Eindruck hast, hier kämpft jemand um die Wahrheit: Mache einen Strich. Du darfst gespannt sein, wie viele Striche zusammenkommen!	12	
29	Bitte beobachte Dich heute in einem Gespräch oder einer Besprechung selbst. Und stelle, wenn Du spürst, dass Du Deinem Gegenüber nicht mehr zu 100 Prozent Deine Aufmerksamkeit schenkst, Deiner Gesprächspartnerin eine interessierte Nachfrage. Zügele Dich mit Deiner Gegenrede und halte Dich mit einem neuen Argument erst einmal zurück.	12	
30	Überlege Dir, mit wie vielen Kolleginnen aus anderen Abteilungen Du im regelmäßigen Kontakt bist. Nutze Chancen zur Begegnung! Habt Ihr eine Kantine oder gehst Du mittags essen? Verabrede Dich doch mit jemandem, den Du bisher kaum kennst – oder, wenn Du mutig bist, noch gar nicht kennst. Mache Dir nach Eurem gemeinsamen Essen Notizen, was Dir alles klarer geworden ist oder wo Du die Perspektive Deiner Mittagsbegleitung besser verstehen gelernt hast.	12	
31	Ziehe für Dich einmal Bilanz: Notiere stichwortartig in einer Gegenüberstellung, was Du im Berufsalltag gibst und was Du nimmst. Schaue Dir das Ergebnis in Ruhe an und prüfe, ob Du mit der aktuellen Situation zufrieden bist.	13	
32	Bitte denke darüber nach, was Du selbst für eine bessere Balance zwischen Geben und Nehmen tun kannst. Was willst Du in Zukunft weniger oder nicht mehr tun, um Deine Investitionen zu reduzieren? Mit wem möchtest Du das Gespräch suchen, um Vorteile zu erreichen?	13	
33	Ein Gespräch mit Kolleginnen zum Thema Eigennutz wäre sicher interessant. Halte fest, welche Aspekte – neben finanziellem Ausgleich – angesprochen werden.	13	
	Woche 3: Thema Lernen		
34	Für was bist Du in den letzten zwei Jahren eingetreten, weil es Dir wirklich wichtig war? Tausche Dich mit einer Kollegin darüber aus und frage, für welche Themen sie sich einsetzt, weil sie ihr persönlich wichtig sind.	16	

(Fortsetzung)

Tab. 1 (Fortsetzung)

Nr.	Handlungs- bzw. Denkanstoß	Tag	Status
35	Frage eine Mitarbeiterin, welche Themen im Unternehmen ihr wirklich wichtig sind.	16	
36	Mit welchen Menschen in Deinem beruflichen Umfeld fühlst Du Dich verbunden? Mit welchen nicht? Was sind die Gründe?	16	
37	Gönne Dir heute in einer Pause eine Zeit des Zuhörens mit einem Mitarbeitenden, von dem Du schon lange nichts mehr „gehört" hast. Versuche, in dem Gespräch nicht Deine eigenen Beiträge anzubringen, sondern Dich ausschließlich interessiert zu zeigen für das, was Dein Gegenüber sagt, und gehe darauf ein.	17	
38	Verabrede Dich mit einem Menschen, bei dem es Dir schwerfällt, zuzuhören, und frage Dich in diesem Gespräch – abseits von Inhalten –, woran das liegt. Was hörst Du, wenn Du Deine Aufmerksamkeit auf die Stimme legst? Was schwingt in dem Gesagten mit?	17	
39	Bitte jemanden, Dir bei der Darstellung eines Themas, das Dir am Herzen liegt, zuzuhören. Was „hört" Dein Gegenüber über die inhaltliche Darstellung hinaus?	17	
40	Mute Dich heute Deinem Team oder einzelnen Kollegen mit Deinen Widerständen zu einem Thema, die Du bisher nicht angesprochen hast, möglichst offen zu. Wie geht es Dir damit und wie wird damit umgegangen?	18	
41	Erinnere Dich an Situationen, in denen Du Widerstände erlebt hast. Wie hast Du sie aufgelöst? Welche Bedürfnisse lagen den Widerständen zugrunde?	18	
42	Welche Widerstände nimmst Du in Deinem Team wahr? Führe ein Gespräch und versuche zu erfahren, welche Bedürfnisse den Widerständen zugrunde liegen.	18	
43	Führe mit einer Person ein Gespräch, die vor kurzem eine externe Veranstaltung (Seminar, Workshop, Konferenz) besucht hat und befrage sie zu den Möglichkeiten des Transfers in die Organisation.	19	
44	Stelle heute bewusst diese Frage in einem Gespräch: Was lernen wir daraus für die Organisation? Oder: Wie können wir diese Erkenntnisse in der Organisation verankern?	19	

(Fortsetzung)

Tab. 1 (Fortsetzung)

Nr.	Handlungs- bzw. Denkanstoß	Tag	Status
45	Bringe in der nächsten Teamsitzung die „Balkonübung" ein. Vereinbare mit Deinem Team, was Ihr für Euch als nächstes lernen wollt.	19	
46	Mache heute absichtlich einen Fehler mit überschaubarer Konsequenz und beobachte die Reaktion.	20	
47	Wie bist Du in Deinem Team mit dem letzten Fehler umgegangen? Was würdest Du heute anders machen?	20	
48	Wann hast Du zuletzt einen Erfolg gefeiert? Entscheide, welchen Anlass Du in nächster Zeit für eine gemeinsame Erfolgsfeier nutzen willst, und lege den Termin fest.	20	
	Woche 4: Thema Erneuern		
49	Recherchiere doch einmal „Megatrends" und reflektiere für Dich, welche Bedeutung diese Trends für die Zukunft Deines Unternehmens, Deines Jobs und für Dich persönlich haben könnten.	23	
50	Bitte suche das Gespräch mit Freundinnen, Bekannten oder Familienangehörigen, die möglichst in ganz anderen Branchen tätig sind als Du. Welche grundlegenden Zukunftstrends sehen Deine Gesprächspartner? Und haben diese Megatrends Auswirkungen auf ihren beruflichen Alltag? Halte bitte ihre Rückmeldungen ausführlich fest und prüfe im Nachgang, welche der angesprochenen Themen auch „auf Deinem Tisch liegen". Vielleicht kommen auch Aspekte zur Sprache, die Du bisher übersehen hast?	23	
51	Priorisiere die gesammelten Megatrends nach ihrer Bedeutung für Dein Unternehmen und wähle eine Metapher für die drei bedeutendsten: Sind sie eher ein Vulkanausbruch, eine tektonische Verschiebung oder ein stetig steigender Meeresspiegel?	23	
52	Bitte gehe gedanklich Veränderungsprozesse durch, die Du in Deiner Berufstätigkeit erlebt hast. Notiere die Neuerungen, die für das Unternehmen wirklich erfolgreich waren.	24	
53	Markiere auf dieser Erfolgsliste die Veränderungsprozesse, zu denen Du wirklich von ganzem Herzen „Ja" sagen konntest. Reflektiere bitte, was Dir dieses Ja ermöglicht hat und was Du dafür getan hast.	24	

(Fortsetzung)

Tab. 1 (Fortsetzung)

Nr.	Handlungs- bzw. Denkanstoß	Tag	Status
54	Sei bitte ehrlich zu Dir selbst und halte fest, welche guten Vorsätze Du Dir selbst einmal vorgenommen hast, die Du jedoch leider nicht auf Dauer erfolgreich umsetzen konntest. Gab es hier vielleicht „alte Rechenmaschinen", die Dich in alten Gewohnheiten gefangen hielten?	24	
55	Bitte werfe Deine „Rechenmaschine", die Du vielleicht gestern entdeckt hast, mutig weg oder räume sie ganz weit hinten in einen Schrank ein, möglichst weit weg von Deinem Arbeitsplatz.	25	
56	Beobachte doch einmal genau, was passiert, wenn Dich alte Gewohnheiten nicht mehr in die bestehenden Routinen locken können, sondern einfach nur noch neue, ungeübte Alternativen möglich sind. Versuche herauszufinden, ob es einen Punkt gibt, ab dem Du dem Alten nicht mehr nachtrauerst und in der Umsetzung des Neuen wirklich angekommen bist.	25	
57	Bitte reflektiere eine von Dir persönlich erlebte Erneuerung. Welche ehrlichen Sicherheiten gab es dort für Dich? Welche hättest Du Dir gewünscht?	25	
58	Bitte spüre in Dich hinein und frage Dich, welche Feuer in Dir brennen: Was interessiert Dich wirklich? Was würdest Du unheimlich gerne einmal ausprobieren? Welchen Job könntest Du Dir vorstellen, wenn Du außer Acht lässt, ob Du dafür bereits qualifiziert bist?	26	
59	Denke über Deine Werte nach. Welche Werte sind Dir so wichtig, dass Du eine geforderte Erneuerung in Deinem Job nicht mit umsetzen würdest, weil die Veränderungen gegen diese Werte verstoßen?	26	
60	Bitte nimm Dir Zeit und sei ehrlich zu Dir selbst: Bist Du beruflich am „richtigen" Ort angekommen?	26	
61	Mache Dir für eine große von Dir durch- und erlebte Veränderung Gedanken zum damaligen Zeitpunkt. War es der richtige Moment oder hätte es nach Deiner Einschätzung einen besseren Kairos gegeben?	27	
62	Bitte mache Dir für eine von Dir erlebte große Veränderung auch Gedanken zur Latenzzeit. Wurde der Erfolg der Umstellung zu einem realistischen Zeitpunkt beurteilt? Waren alle Beteiligten geduldig oder wurde zu früh über die Wirksamkeit geurteilt?	27	

(Fortsetzung)

Tab. 1 (Fortsetzung)

Nr.	Handlungs- bzw. Denkanstoß	Tag	Status
63	Bitte blicke nochmals auf Deine Notizen von letzter Woche. Prüfe, welche Deiner Schlussfolgerungen auch zur Vorbereitung und im Nachgang zu Umbrüchen wichtig sind. Markiere diese Punkte.	27	
	Woche 5: Thema Unterstützen		
64	Nimm Dir einen Moment Zeit und schaue, bei welchen Aufgaben, die Du selbst erledigst, Du Dich guten Gewissens unterstützen lassen könntest.	30	
65	Sprich mit einem Menschen, dessen Aufgabe es ist, Dich zu unterstützen: Gibt es Dinge, die diese Person gerne übernehmen würde, aber Du bist noch nicht bereit, diese abzugeben?	30	
66	Biete heute jemandem ganz konkret Deine Unterstützung an und schaue was passiert.	30	
67	Von wem wirst Du in Deiner Organisation unterstützt? Suche das Gespräch mit einer Person, die Dich unterstützt, und überprüfe die gegenseitigen Erwartungen.	31	
68	Übernehme heute einen kleinen „Dienst" für die Bürogemeinschaft, den Du üblicherweise nicht machst. Was das sein kann, weißt Du selbst am besten.	31	
69	Wofür bist Du aus ganzem Herzen dankbar? Bedanke Dich bei der verantwortlichen Person dafür.	31	
70	Bei welchen Themen merkst Du, dass der Fokus verlorengeht? Wie kannst Du sicherstellen, dass er zurückgewonnen wird?	32	
71	Wo bist Du mit den vorhandenen Ressourcen verschwenderisch?	32	
72	Frage Deine Mitarbeitenden, welches ihre bevorzugte „Umgehung" ist. Welche Erwartung steckt dahinter und wie gut ist die „Abzweigung" mit dem unterstützenden Bereich abgestimmt?	32	
73	Bedanke Dich heute bei einem Menschen, der Dir wichtige Dienste leistet und sprich eine aufrichtige Anerkennung aus.	33	
74	Sprich heute bewusst eine Bitte aus und formuliere, aus welchem Grund Dir das Ganze wichtig ist. Prüfe, ob das Gegenüber Deine Äußerung als Bitte oder als Forderung wahrnimmt.	33	

(Fortsetzung)

Tab. 1 (Fortsetzung)

Nr.	Handlungs- bzw. Denkanstoß	Tag	Status
75	An welcher Stelle fühlst Du Dich missverstanden und denkst, dass es helfen könnte, Deine Werte und Bedürfnisse offenzulegen? An welcher Stelle verausgabst Du Dich und wünschst Dir sehnlichst Anerkennung?	33	
76	Verabrede Dich heute für eine Stunde mit Dir selbst und verbringe „absichtsfreie Zeit".	34	
77	Tue etwas, das Dir gut tut: Ernähre Dich besonders gesund und mit Ruhe oder mache Sport, gehe spazieren, fahre Rad oder lies ein gutes Buch.	34	
78	Vereinbare heute eine Verabredung mit einem Menschen, der nach Dir schaut und Dir Gutes will, zum Beispiel mit Deinem Sparringspartner.	34	
	Woche 6: Thema Orientieren		
79	Reflektiere einen für Dich typischen Arbeitstag. Wie viel Zeit und Aufmerksamkeit steckst Du in welches Thema und welche Aufgaben? Kannst Du ein entsprechendes Kuchendiagramm zeichnen?	37	
80	Bitte mache Dir einmal möglichst ehrliche und genaue Aufzeichnungen (mindestens alle 15 min)[1], was Du am Tag tust und auch wann Du nichts tust und wann Du abgelenkt bist – zumindest einen Arbeitstag lang. Vielleicht schaffst Du auch eine Woche, um das „Bild" ein wenig allgemeiner fassen zu können. Zeichne hierzu ein Kuchendiagramm und vergleiche dieses mit Deinem Kuchendiagramm zu einem typischen Arbeitstag. Was siehst Du für Unterschiede?	37	
81	Probiere einmal das WWW aus. Entscheide selbst, ob Du es für Dich alleine nutzen oder im Team ausprobieren möchtest.	37	
82	Prüfe für Dich kritisch, ob Dir die Prioritäten in Deinem Team wirklich klar sind und ob Du Dich konsequent an diesen ausrichtest.	38	
83	Schaue auf die letzten Jahre zurück. Kennst Du das Gefühl, Dich in einem Projekt oder für eine Aufgabe zu engagieren, aber damit keinen wirklichen Effekt auszulösen? Hast Du schon einmal erlebt, dass der „zweite Stein" nicht fiel? Wie wäre damals ein klarer Fokus möglich gewesen?	38	

(Fortsetzung)

---

[1] Eine entsprechende Vorlage findest Du auf www.fuehredochdu.de.

Tab. 1 (Fortsetzung)

Nr.	Handlungs- bzw. Denkanstoß	Tag	Status
84	Verändere einmal den Blick auf die motivierenden Minimalanforderungen im Team und schaue, was bei Deinen Kolleginnen passiert.	38	
85	Überlege für Dich, wo Du eine Tendenz zum Perfektionismus hast. Reflektiere: Wo ist dies berechtigt? Wo eher nicht?	39	
86	Überlege für Dich, wo Du eine Tendenz zum Pragmatismus hast. Reflektiere: Wo ist dies berechtigt? Wo eher nicht?	39	
87	Lege für Dich fest, wie viele Pausen Du im Alltag einplanen willst und welche Anteile Du von Deinem „Stundenkuchen" dafür reservierst.	39	
88	Male Deinen persönlichen Kompass auf Papier auf und halte Deine wichtigsten Orientierungspunkte als Himmelsrichtungen fest. Schreibe auch in einer anderen Farbe dazu, was Du auf keinen Fall willst.	40	
89	Habe den Mut, in einer Besprechung etwas von Deinen persönlichen Orientierungsgrößen preiszugeben. Versuche, an einer geeigneten Stelle einen von Dir formulierten Herzenssatz auszusprechen. Schaue, was passiert.	40	
90	Bitte blicke auf Deinen „Zeitkuchen". Prüfe, welche Schlussfolgerungen Du hierfür aus Deinen Herzenssätzen Deines Kompasses ziehst. Male zur Orientierung Deine (vorläufig) finalen Zeitbudgets im Soll auf.	40	
91	Denke über die letzten Jahre nach: Hast Du einmal etwas gegen Deine Herzensüberzeugung getan, weil Du dachtest, es sei sachlich richtig? Oder, wenn nicht: Hast Du dies bereits bei anderen beobachten können? Was ist in der Folge von „Kopf über Herz" passiert?	41	
92	Besorge Dir die aktuelle Strategie Deines Unternehmens oder lasse Dir diese von Deinen Vorgesetzten erklären. Reflektiere für Dich: Bietet mir diese Strategie persönlich wirklich Orientierung?	41	
93	Stelle Dir in einer schwierigen Situation die zweite Jokerfrage: „Was würde mein Herz mir sagen, wenn es direkt zu mir sprechen könnte?" Schaue, was in und mit Dir passiert.	41	

Literatur- und Werkverzeichnis

Aigner, A. (2015). *Die Kunst des Leitens*. Echter.
Bauer, J. (2023). *Realitätsverlust, Wie KI und virtuelle Welten von uns Besitz ergreifen – und die Menschlichkeit bedrohen*. Heyne.
Bosten Consulting Group. (2020). Studie „Human Centered Lead," BCG.
Die-bibel.de. https://www.die-bibel.de/bibeln/online-bibeln/lesen/LU84/MAT.7/Matth%C3%A4us-7, Zugegriffen: 21. Febr. 2023.
Edmondson, A. (2020). *Die angstfreie Organisation*. Vahlens.
Forster, M. (2014). „Bauch und Kopf" aus dem Album „Bauch und Kopf".
Gode, S. *Ich war bei Trigema einkaufen und an der Kasse stand Wolfgang Grupp höchstpersönlich*. https://www.businessinsider.de/wirtschaft/handel/ich-war-bei-trigema-einkaufen-und-an-der-kasse-stand-wolfgang-grupp-hoechstpersoenlich-r/. Zugegriffen: 19. Jan. 2023.
Grant, A. (2013). *Geben und Nehmen*. Droemer.
Heifetz, R., & Linsky, M. (2002). *Leadership on the line: Staying alive through the dangers of leading*. Harvard Business Review Press.
Herrmann, J. (2020). *A walk through black & white*. epubli.
Horx, M. (2014). *Das Megatrendprinzip: Wie die Welt von Morgen entsteht*. Pantheon.
Hüther, G. (2013). *Bedienungsanleitung für ein menschliches Gehirn*. Vandenhoeck & Ruprecht.
Hüther, G. (2020). *Wege aus der Angst*. Vandenhoeck & Ruprecht.

Hüther, G. (2021). *Lieblosigkeit macht krank*. Herder.
Joris. (2015). *„Herz über Kopf" aus dem Album „Hoffnungslos hoffnungsvoll"*.
Koch, R. (2015). *Das 80/20 Prinzip*. Campus.
Lay, R. (1997). *Über die Kultur des Unternehmens*. Econ.
Lüngen, S., & Schneider, J. (2018). *ManagementMaster*. Haufe.
Malik, F. (2009). *Management – das A und O*. Campus.
Mischel, W., & Schmidt, T. (2016). *Der Marshmallow-Effekt*. Pantheon.
Morris, S. W. *Domino Chain Reaction (geometric growth in action)*. https://www.youtube.com/watch?v=5JCm5FY-dEY. Zugegriffen: 11. Mai 2023.
Oppolzer, A. (2006). *Menschengerechte Gestaltung der Arbeit durch Erholzeiten – Abschlussbericht*, Studie im Auftrag der Hans-Böckler-Stiftung.
Pörksen, B. (2014). *Schlüsselwerke des Konstruktivismus*. Springer.
Porsche Consulting. (2020). *Changemanagement-Kompass 2020*.
Purps-Pardigol, S. (2015). *Führen mit Hirn – Mitarbeiter begeistern und Unternehmenserfolg steigern*. Campus.
Rosenberg, M. B. (2012). *Gewaltfreie Kommunikation – Eine Sprache des Lebens*. Junfermann.
Rudolph, U. (2013). *Motivationspsychologie kompakt*. Beltz.
Schleske, M. (2022). *Werk-Zeuge, bene!*.
Schwarzenegger, A. (2014). *Total Recall*. Heyne.
Socher, R., zitiert in Wiechmann, Jan Christoph et al. (16.03.2023). Wie künstliche Intelligenz unsere Welt verändert. In Stern, Nr. 12, .
Statista: Lebensarbeitszeit in Deutschland nach Geschlecht. (2022). https://de.statista.com/statistik/daten/studie/827899/umfrage/lebensarbeitszeit-in-deutschland-nach-geschlecht/. Zugegriffen: 13. Mai 2023.
Torgeby, M. (2019). *Unter freiem Himmel*. Heyne.
Ulrich, D. (1997). *Human resource champions*. Harvard Business Review Press.

Printed in the USA
CPSIA information can be obtained
at www.ICGtesting.com
CBHW071222090924
14266CB00004B/134